FACHBUCHREIHE DAS MUSIKINSTRUMENT BAND 29

Geigenzettel alter Meister

VOM 16. BIS ZUR MITTE
DES 19. JAHRHUNDERTS
I. UND II. TEIL

HERAUSGEGEBEN VON
PAUL DE WIT
LEIPZIG 1910

FAKSIMILE-AUSGABE 1976

VERLAG DAS MUSIKINSTRUMENT
FRANKFURT/MAIN

1976 REPRINT BY VERLAG DAS MUSIKINSTRUMENT
FRANKFURT AM MAIN
BUCHREDAKTION H. K. HERZOG, KONSTANZ
HERSTELLUNG: DRUCKEREI UND VERLAGSANSTALT
KONSTANZ AM FISCHMARKT
ISBN-NUMMER: 3 920112 51 2

GEDANKEN ZUR FAKSIMILE-AUSGABE VON 1976

Als Paul de Wit vor nunmehr 75 Jahren, also anno 1901, das Vorwort zur ersten Auflage seines Werkes »Geigenzettel alter Meister« schrieb, betonte er bereits, daß es zwar wichtig sei, die Originalzettel der Meister und ihrer Instrumente zu kennen und Möglichkeiten zum Vergleichen zu haben, daß er aber weit davon entfernt sei, den Zettel als wesentliches Element bei der Beurteilung eines Instrumentes zu betrachten. Damit spricht er Gedanken aus, die gerade in der Zeit nach 1950 durch verschiedene Ereignisse besonders aktuell geworden sind. Paul de Wit, der große Kenner des Marktes seiner Zeit, wußte, wo den Geigenbauern, den Händlern mit alten Meistergeigen und denen, die als Sammler oder Freunde dieser Instrumente nach exakten Unterlagen suchten, der Schuh drückt. Ein Instrument mit einem Originalzettel war nicht immer ein Beweis für die Echtheit. Die Fachkenner im Geigenhandel und unter den Sammlern wissen, daß gerade im 19. Jahrhundert, also in der Zeit nach den berühmten Perioden des klassischen Geigenbaus, eine Epoche der Kopien und Fälschungen sowie der Verfälschungen folgte, die weit in das 20. Jahrhundert hinein reicht. Albert Berr gibt in seinem Büchlein »Geigen – Originale, Kopien, Fälschungen, Verfälschungen«, das auch im Verlag Das Musikinstrument erschienen ist, einen bemerkenswerten Überblick über die Situation und eine gekonnte Analyse von Begriffen und Möglichkeiten. Er geht an verschiedenen Stellen seiner gut lesbaren Ausführungen auf die Relation von Instrument und Zettel ein. Wir wissen auch, daß der Wirrwarr noch dadurch erhöht wurde, daß man vielerorts Nachdrucke originaler Geigenzettel, ohne daß sie als solche gekennzeichnet waren, kaufen konnte. – Paul de Wit hat es sich jedenfalls nicht leicht gemacht, wirklich echte Geigenzettel aufzufinden und das Gefundene durch namhafte zeitgenössische Geigenbauer, die als Experten bekannt waren und denen er in seinen Vorworten den Dank für ihre Mitarbeit ausspricht, beurteilen und bestätigen zu lassen. Sein Buch mit 420 Zetteln, das als Teil I 1901 erschien, wurde viel gekauft, denn schon 1910 konnte er zusammen mit einem Teil II, der Abbildungen von nochmals 450 Zetteln brachte, eine Neuauflage herausbringen. Das Interesse an dieser für die damalige Zeit einmaligen Publikation ist nie erloschen. Dies hat uns bewogen, im modernen Reprintverfahren eine unveränderte Faksimile-Ausgabe zu veröffentlichen. Dabei haben wir beide Teile in einem Band vereinigt. 870 originale Geigenzettel von Meistern bis zur Mitte des vergangenen Jahrhunderts enthält nun das zusammengefaßte Werk. Es wäre nun eine schöne Aufgabe, das Werk Paul de Wits zu vervollständigen, das heißt mit Zetteln der Meister, die bis in die Gegenwart hinein neue Meistergeigen bauen, zu ergänzen. Zunächst wollen wir aber ganz im Sinne von Paul de Wit erreichen, daß der vorliegende Band helfendes Nachschlagewerk für eine der interessantesten Zeitabschnitte des Geigenbaus sein möge.

Januar 1976 *H. K. Herzog*

Gesetzlich geschützt gegen Nachdruck und Vervielfältigung auch nur einzelner Teile.

Geigenzettel alter Meister

vom 16. bis zur Mitte des 19. Jahrhunderts.

I. Teil.

Zweite
neu bearbeitete und vermehrte Auflage.

Enthaltend auf

38 TAFELN

in photographischer Reproduktion (Autotypie)

über

420 Geigenzettel.

Herausgegeben

von

Paul de Wit in Leipzig,
Redakteur und Verleger der „Zeitschrift für Instrumentenbau".

Leipzig.
Verlag von Paul de Wit.
1910.

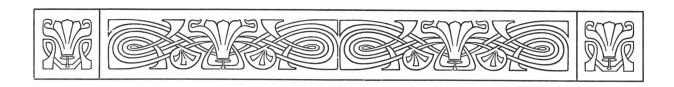

VORWORT
zur ersten Auflage.

Obwohl ich angesichts der unleugbaren und unbestrittenen Zweckmäßigkeit des vorliegenden Werkes eigentlich der Mühe überhoben bin, demselben noch viele empfehlende Worte mit auf den Weg zu geben, dürften doch einige Erläuterungen über seine Art und Verwendbarkeit wohl am Platze sein. Heute, wo die Musik Gemeingut aller Schichten der Bevölkerung geworden ist, wo sich Liebhaberei und Sammeleifer ganz besonders den edelsten unter den Tonwerkzeugen — den Streichinstrumenten — zugewendet haben, wird der Käufer eines Instrumentes, sei er nun Fachmann oder Laie, nur zu oft durch eingeklebte gefälschte Zettel irregeführt oder von wenig gewissenhafter Seite hintergangen. Da dürfte es nun gewiß einem Jeden höchst willkommen sein, in dem vorliegenden Sammelwerke einen Leitfaden zu finden, der ihm, wenn auch nicht bei allen, so doch bei 330 alten Meistern — darunter fast alle bedeutenderen Namen der klassischen Periode — hierüber Aufschluß gibt. An Hand der in photographischer Reproduktion (Autotypie) wiedergegebenen echten Originalzettel — über 400 an der Zahl — vermag sich Laie wie Fachmann sofort über die Echtheit der Zettelinschrift irgendeines alten Saiteninstrumentes Gewißheit zu verschaffen. Wenn wir auch weit davon entfernt sind, den Zettel als wesentlichstes Moment bei der Beurteilung eines Instrumentes hinzustellen, so möchte doch wohl kein Geiger oder Cellist den Originalzettel aus seinem Instrumente vermissen wollen. Sicherlich wird es von großem Interesse für ihn sein, in dem vorliegenden Werke nachzuschlagen, und mit Genugtuung wird es ihn erfüllen, wenn er sich durch Vergleichen von der Echtheit des in seinem Instrumente befindlichen Zettels hat überzeugen können. Andererseits wird ein gefälschter Zettel stets ein zweifelhaftes Licht auf das Instrument selbst werfen und dessen Wert beeinträchtigen.

Wenn unser Vorwort etwas ausführlich und lang wird, so geschieht das, weil wir gleich von vornherein uns gegenüber denjenigen rechtfertigen wollen, die etwa den einen oder den anderen Zettel vergeblich suchen werden. Das ist aber bei der Art dieses Werkes nicht anders zu erwarten. Man wolle nur die großen Schwierigkeiten in Betracht ziehen, die mit der Beschaffung mehrerer Hundert von Originalzetteln verknüpft sind und ferner bedenken, daß es galt, eine sachgemässe Auswahl unter den Meistern der verschiedenen Schulen zu treffen und das Zettelmaterial möglichst zu sichten, um das Werk nicht übermäßig zu verteuern und seine Anschaffung auch den weniger Bemittelten zu ermöglichen. Es standen mir bei dieser Arbeit hunderte alter Saiteninstrumente aus meinem musikhistorischen Museum zur Verfügung, ein Material, wie sich dessen kaum ein zweiter Sammler in Deutschland rühmen kann. Eine große Zahl von diesen Instrumenten mußten von kundiger Hand geöffnet werden, um die Zettel photographieren zu können. Außerdem wurde mir aber auch aus Fachkreisen die uneigennützigste Unterstützung zu teil, und es ist mir eine Freude, auch an dieser Stelle den Herren Geigenbauern Xaver Kerschensteiner in Regensburg, G. Fiorini in München, Carl Padewet in Karlsruhe, Eugen Gärtner in Stuttgart, Georg Piegendorfer in Augsburg, Karl Ad. Hörlein in Würzburg, Rud. Heckel in Dresden, Ernst Liebich in Breslau, Gustav Siefert und W. H. Hammig in Leipzig für die Überlassung von Originalzetteln zur photographischen Reproduktion meinen herzlichen Dank auszusprechen. Ohne die Mitarbeiterschaft der genannten Herren wäre das Zustandekommen des Werkes, und noch dazu in einer so relativen Vollständigkeit, wohl sehr fraglich gewesen.

Das den Tafeln vorangestellte alphabetische Verzeichnis der betr. Meister mit kurzen Notizen soll nur zur Orientierung dienen, zur Feststellung der Zeit, in welcher der Meister arbeitete, und zur Richtigstellung von Irrtümern, die sich seither von Verfasser auf Verfasser übertragen haben. Nur bei einigen bisher wenig bekannten und gewürdigten Meistern sind die Notizen etwas ausführlicher geworden. Wer eine Charakteristik der alten Meister und ihrer Arbeiten sucht, der findet das Gewünschte in einer Reihe von Werken der französischen, englischen und deutschen Geigenbau-Literatur; er findet dort eine Menge wissenschaftlichen Materials, durch welches er unsere kurzen Notizen ergänzen und sich über die Eigenheiten und die Vorzüge der verschiedenen Meister ein Urteil bilden kann.

Nachdem ich mich so im vorstehenden über den Zweck und die Bedeutung des Werkes zur Genüge ausgesprochen habe, darf ich mich wohl der Hoffnung hingeben, daß es in Liebhaber- und Fachkreisen als ein treuer Berater freudige Aufnahme und weiteste Verbreitung finden wird.

Leipzig, im Dezember 1901.

Paul de Wit,
Redakteur und Verleger der „Zeitschrift für Instrumentenbau".

VORWORT
zur zweiten Auflage.

Die überaus günstige Aufnahme, die der vor 9 Jahren erschienene I. Teil meines Geigenzettelwerkes gefunden hat, veranlaßten mich, im Februar 1910 einen II. Teil mit 457 weiteren Originalzettel-Reproduktionen erscheinen zu lassen.

Inzwischen ist nun der I. Teil vollständig vergriffen, und ich habe mich infolge der vielen Nachfragen aus Liebhaber- und Fachkreisen genötigt gesehen, eine neue Auflage desselben folgen zu lassen. Die nunmehr vorliegende zweite Auflage des I. Teiles der „Geigenzettel alter Meister" ist im textlichen Teile völlig umgearbeitet, das Zettelmaterial ist auf 38 Tafeln mit 424 Zetteln vermehrt worden, und die Ausstattung des ganzen Bandes steht jetzt auf der gleichen Höhe wie die des II. Teiles. Statt des weißen Glanzpapieres ist ebenfalls mattes Kunstdruckpapier in gelbem Ton genommen und dadurch für die Zettelreproduktion der Eindruck der Originalität erhöht worden. Unter den neu hinzugekommenen Zetteln befindet sich auch ein für die Entwickelungsgeschichte des deutschen Geigenbaues wichtiges Dokument: ein aus Cremona datierter Geigenzettel von Jakob Stainer, der bisher völlig unbekannt war und auch noch nirgends veröffentlicht worden ist.

Die zweite Auflage des I. Teiles paßt sich in dem neuen Gewande nunmehr völlig dem II. Teile an. In beiden Teilen zusammen sind jetzt 881 Geigenzettel von 670 alten Meistern in originalgetreuen Reproduktionen vereinigt.

Leipzig, im Juni 1910.

Paul de Wit,
Redakteur und Verleger der „Zeitschrift für Instrumentenbau".

INHALTSVERZEICHNIS
mit erläuternden Notizen.

Der öfters vorkommende Hinweis *(Siehe auch Teil II)* bezieht sich auf den zu Anfang des Jahres 1910 erschienenen II. Teil des Werkes „Geigenzettel alter Meister".

Achner, Michael, Wallgau in Oberbayern. 1764. Gedruckter Zettel: **Taf. 1,** *No. 1.*

Albani (Alban), Mathias, Bozen in Tirol. Geb. um 1621, gest. gegen 1709 (?). Man nahm bisher an, dass zwei Geigenbauer dieses Namens, der Vater (um 1621—1673) und der Sohn (um 1650 bis 1709) in Bozen gelebt haben, von Lütgendorf glaubt aber bestimmt annehmen zu können, dass es sich in dieser langen Arbeitsperiode nur um einen Albani handelt, dessen Instrumente in der ersten Periode deutsches Gepräge haben, in der zweiten Periode aber italienisches Gepräge und an die Amati-Schule erinnern. Gute und sorgfältige Arbeit. Gedruckte Zettel: **Taf. 2,** *No. 2, 3, 4.*

Aletsee, Paul, München. Um 1698—1740. Einer der besten bayrischen Meister. Violinen, Violen, Violoncelli usw. in schöner Arbeit. Er scheint auch vorübergehend in Venedig gearbeitet zu haben, denn Louis van Waefelghem in Paris besass eine Viola d'amour mit der Inschrift: „Paolo Aletzie, Venetia, 1720." Gedruckte Zettel in altdeutscher und lateinischer Schrift: **Taf. 1,** *No. 5, 6.*

Aman, Georg, Augsburg. Um 1680—1720. Lauten, Violinen, Violoncelli und Bässe. Gedruckter Zettel: **Taf. 1,** *No. 7.*

Amati, Antonius et Hieronymus, Cremona. Söhne des Andreas Amati, arbeiteten gemeinschaftlich in der Zeit 1570 bis um 1630 (Antonius geb. 1555, gest. um 1640; Hieronymus I., geb. um 1556, gest. 1630). Gedruckte Zettel: **Taf. 1,** *No. 8 u. 9.*

Amati, Hieronymus II, Cremona, Sohn des Nicolas Amati. Geb. 1649, gest. 1740. (Nicht zu verwechseln mit dem weit talentvolleren Hieronymus I., einem Sohne von Andreas Amati). Arbeitete bis gegen 1700. Seine Arbeiten stehen denen seiner Vorgänger bedeutend nach. Geschriebener Zettel: **Taf. 1,** *No. 10.*

Amati, Nicola, Cremona. Geb. 1596, gest. 1684. Sohn des Hieronymus I. Bedeutendster Meister der Amati-Familie. Benutzte nur gedruckte Zettel, wie: **Taf. 1,** *No. 11.*

Amati, D. Nicolaus, Bologna. Anfang 18. Jahrhundert. Mittelmäßige Arbeit. Benutzte gedruckte Zettel (wie in Teil II) und geschriebene: **Taf. 1,** *No. 12.*
(Siehe auch Teil II.)

Amici, Luigi, Saiten- und Instrumentenmacher in Rom. Um 1800. Gitarren und Mandolinen. Gedruckter Zettel aus einer Mandoline: **Taf. 1,** *No. 13.*

Bachmann, Anton, Kgl. Preuss. Hofinstrumentenmacher in Berlin. Geb. 1716, gest. 1800. Sein Sohn und Geschäftsnachfolger Carl Ludwig Bachmann in Berlin (geb. 1743, gest. 1809) arbeitete viele Jahre gleichzeitig mit ihm. Gedruckte Zettel in Schriftsatz oder in Stich: **Taf. 2,** *No. 14 u. 15.*

Balestrieri, Thomas, Mantua. Soll Schüler von Stradivari gewesen sein und zuerst in Cremona gearbeitet haben (um 1720—1750). In Mantua arbeitete er um 1755—1772. Gute Violoncelli und Violinen. Gedruckte Zettel verschiedener Art: **Taf. 2,** *No. 16, 17, 18.*

Barbey, Guillaume, Paris. Anfang des 18. Jahrhunderts. Violen. Geschriebener Zettel: **Taf. 4,** *No. 48.*

Bartl, Andreas Nicolaus, Wien. Siehe: **Partl.**

Bellosio, Anselmo, Venedig. Schüler von St. Seraphin. Geb. um 1716, gest. nach 1783. Gedruckter Zettel: **Taf. 2,** *No. 20.*
(Siehe auch Teil II.)

Ber, Ignatz, Bernau. Ende des 18. Jahrhunderts. Violinen und Violen. Gedruckter Zettel: **Taf. 2,** *No. 21.*

Bergonzi, Carlo, Cremona. Geb. um 1690, gest. 1747. Bester Schüler von Stradivari. Instrumente ersten Ranges, deren Preise ständig steigen. Eines der schönsten ist die Viola da Gamba im musikhistorischen Museum von Wilh. Heyer in Cöln (früher im Besitz von Paul de Wit). Gedruckte Zettel: **Taf. 2,** *No. 22, 23.*

Bergonzi, Nicola, Cremona. Um 1740—1780. Sohn von Michel-Angelo Bergonzi (geb. um 1720, gest. um 1765) und Enkel von Carlo Bergonzi. Seine Instrumente haben weit weniger Wert als die seiner Vorgänger. Gedruckter Zettel: **Taf. 2,** *No. 24.*

Bergonzi, Zosimo, Cremona. Zweite Hälfte des 18. Jahrhunderts. Dritter Sohn von Michel-Angelo Bergonzi. Arbeitete etwas besser als sein Bruder Nicola. Gedruckter Zettel: **Taf. 3,** *No. 25.*

Bernardel, Auguste Sebastien Philippe, Paris. Geb. in Mirecourt 1802, gest. 1870. Schüler von Nicolas Lupot, arbeitete er später bei Gand und machte sich 1826 selbständig. Einer der besten französischen Meister des 19. Jahrhunderts. Gestochener Zettel: **Taf. 3,** *No. 26.*

Bertrand, Nicolas, Paris. Um 1685—1735. Mittelmäßige Arbeit. Violen und Gamben. In Druckschrift gemalter Zettel: **Taf. 3,** *No. 27.*

Bochem, Johannes, Cöln a. Rh. Um 1745—1770. Gute Violen. Geschriebener Zettel: **Taf. 3,** *No. 28.*

Boeland, Johann Christian, Klingenthal i. Sachsen. 18. Jahrh. Gedruckter Zettel: **Taf. 3,** *No. 29.*

Boivin, Claude, Paris. Um 1720—1760. Guter Meister. Gitarren und Violen. Große, mittels Holzstempel gedruckte Zettel mit verschiedenen Adressen. **Taf. 3,** *No. 30.*

Boller, Michael, siehe: **Poller**.

Boquai, Jacques, Paris. Um 1700—1740. Gute Arbeit. Geschickter Imitator von Hieron. Amati. Gedruckter Zettel: **Taf. 3,** *No. 32.*

Borbon (Bourbon), Gaspar, Brüssel. Um 1670 bis nach 1702. Arbeitete nach Brescianer Modellen. Gedruckter Zettel: **Taf. 3,** *No. 33.*

Borelli, Andrea, Parma. Um 1720—1746. Gute Arbeit. Vorzüglicher Imitator von L. Guadagnini. Gedruckter Zettel: **Taf. 3,** *No. 34.*

Boumeester, Jan, Amsterdam. Um 1635—1690. Saubere Arbeit. Gute Violen und Violoncelli. Gedruckter Zettel: **Taf. 3,** *No. 35.*

Brandstaetter, Matthaeus Ignaz, Wien. Erste Hälfte des 19. Jahrhunderts. Gedruckter Zettel: **Taf. 3,** *No. 36.*
(Siehe auch Teil II.)

Breton F., Mirecourt. Um 1780—1830. Saubere Arbeit. Benutzte gedruckte Zettel, von 1816 ab solche mit dem Wappen der Herzogin von Angoulême: **Taf. 4,** *No. 37.*

Buchstetter, Gabriel David, Stadtamhof bei Regensburg. Um 1750—1780. Gute Arbeit. Lauten, Violen und Geigen. Gedruckte Zettel verschiedener Art: **Taf. 4,** *No. 38, 39.*

Buchstetter, Josef, Stadtamhof bei Regensburg. Sohn von Gabriel David Buchstetter. Um 1776 bis nach 1800. Gedruckter Zettel: **Taf. 4,** *No. 40.*

Busan, Dominico, Venedig. Um 1740—1780. Gedruckte Zettel und gestochene Vignetten mit geschriebenem Namen: **Taf. 4,** *No. 41, 42.*

Busch, Ernst, Nürnberg. Um 1612—1648. Lauten, Violen und Gamben. Gedruckter Zettel aus einer Gambe: **Taf. 4,** *No. 43.*

Bussetto, Giovanni Maria del, Cremona u. Brescia. Um 1640—1680. Violinen von hoher Wölbung. Er wird von Valdrighi irrtümlich als Zeitgenosse des Andreas Amati (um 1540—1580) angeführt. Gedruckter Zettel: **Taf. 4,** *No. 44.*

Camilli, Camillo, Mantua. Um 1714—1750. Geschickter Imitator von Stradivari, dessen Schüler er auch gewesen sein soll. Benutzte gedruckte Zettel (wie in Teil II wiedergegeben), meist aber geschriebene Zettel, wie: **Taf. 4,** *No. 45, 46.*
(Siehe auch Teil II.)

Cappa, Giofredo, Saluzzo. Um 1640—1700. Arbeitete meist im Stile der Amati. Gedruckter Zettel: **Taf. 4,** *No. 47.*

Carcassi, Lorenzo, Florenz. Um 1738—1770. Geigen und Gitarren von guter Arbeit. Arbeitete längere Zeit zusammen mit seinem Bruder Tommaso. Gedruckter Zettel: **Taf. 4,** *No. 49.*

Carcassi, Tommaso, Florenz. Um 1745—1786. Arbeitete einige Zeit zusammen mit seinem Bruder Lorenzo. Gedruckter Zettel: **Taf. 4,** *No. 51.*

Carcassi, Lorenzo e Tommasso, Florenz. 18. Jahrhundert. Gemeinsamer Zettel der oben genannten zwei Brüder: **Taf. 4,** *No. 50.*

Caron, Versailles. Um 1770—1790. War Hofinstrumenten-Macher der Königin Marie Antoinette. Gedruckter Zettel: **Taf. 5,** *No. 52.*

Casini (Cassini), Antonio, Modena. Um 1640—1690. Violinen, Violoncelli und Contrabässe. Geschriebener Zettel: **Taf. 5,** *No. 53.*

Castagneri, André, Paris. Um 1730—1755. Gute Violinen und Violoncelli. Gedruckter Zettel: **Taf. 5,** *No. 54, 55.*

Castello, Paolo, Genua. Um 1750—1780. Arbeitete vorwiegend nach Amati. Gedruckter Zettel: **Taf. 5,** *No. 56.*

Cati, Pietro Antonio, Florenz. 1738. Arbeitete ähnlich wie Gabrielli. Gedruckter Zettel: **Taf. 5,** *No. 57.*

Celioniato (Celoniato), Giovanni Francesco, Turin. 1733. Seine Arbeit erinnert an die von Cappa. Mittels Stempel gedruckter Zettel: **Taf. 5,** *No. 58.*

Cerin, Marco Anton, Venedig. Ende des 18. Jahrhunderts. Schüler von Anselmo Bellosio. Schöne Arbeit. Gedruckter Zettel: **Taf. 5,** *No. 59.*

Ceruti, Giovanni Battista, Cremona. Um 1770 bis 1817. Schüler und Nachfolger von Lorenzo Storioni. Arbeitete meist nach Nicolaus Amati, aber auch nach Guarneri und vereinzelt nach Stradivari. Gedruckter Zettel: **Taf. 5,** *No. 60* u. **Taf. 6,** *No. 61.*

Champion, René, Paris. Um 1730—1760. Arbeitete ähnlich wie Boquai. Gedruckter Zettel: **Taf. 6,** *No. 62.*

Chanot, François, geb. in Mirecourt 1788, gest. in Rochefort 1823. War Marine-Ingenieur und stellte nach einer eigenen Theorie ein neues Streichinstrumenten-Modell ohne Ecken her. Die Instrumente haben nur noch Wert als Kuriositäten. Geschriebener Zettel: **Taf. 6,** *No. 63.*

Chanot, Georges, Paris. Geb. in Mirecourt 1801, gest. 1883. Bruder von François Chanot. Guter Meister. Imitierte vorwiegend Stradivari und Guarneri und arbeitete seit 1823 selbständig in Paris. Gedruckter Zettel: **Taf. 6,** *No. 64.*

Chappuy, Nicolas Augustin, Paris und Mirecourt. Um 1760—1790. Brannte vielfach seinen Namen in den Boden ein, oben am Halse. Seine gedruckten Zettel tragen das Wappen der Herzogin von Montpensier: **Taf. 6,** *No. 65.*

Charles, J., Marseille. Zweite Hälfte des 18. Jahrhunderts. Gedruckter Zettel: **Taf. 6,** *No. 66.*

Chibon, Jean Robert, Paris. Um 1755—1785. Gedruckter Zettel: **Taf. 6,** *No. 67.*

Christa, Joseph Paul, Lauten- und Geigenmacher in München. Um 1730—1777. Bester Schüler von Alletsee. Gedruckter Zettel: **Taf. 6,** *No. 68.*

Coenen, Ludwig u. Franz, Rotterdam. Anfang des 19. Jahrhunderts. Mittelmäßige Arbeit. Gedruckter Zettel: **Taf. 6,** *No. 69.*

de Comble, Ambroise, Tournay. Um 1740—1768. Guter vlämischer Meister. Geschriebener Zettel: **Taf. 6,** *No. 70.*

Compostano, Antonio, Mailand. Um 1700. Arbeitete im Style von Grancino. Geschriebener Zettel: **Taf. 6,** *No. 71.*

Comuni, Antonio, Piacenza. Anfang des 19. Jahrhunderts. Gedruckter Zettel: **Taf. 7,** *No. 72.*

Cortesi, Carlo, Pesaro. 17. Jahrhundert. Geschriebener Zettel: **Taf. 7,** *No. 73.*

Costa, Felice Mori, Parma. 1804. Gedruckter Zettel: **Taf. 7,** *No. 76.*

Costa, Pietro Antonio della, (auch **a Costa** oder **dalla Costa**), Treviso. Um 1700—1760. Guter Meister. Imitator der Brüder Antonius und Hieronymus Amati. Benutzte gedruckte und geschriebene Zettel: **Taf. 7,** *No. 74 u. 75.*
(Siehe auch Teil II.)

Cuypers, Johannes, Haag. 1718. Ist neben Hendrik Jacobs der beste niederländische Meister. Geschriebener Zettel: **Taf. 7,** *No. 77.*

Dalla Costa, siehe: **Costa.**

de Comble, siehe: **Comble.**

Deconet (Deconetti), Michael, Venedig. Um 1750 bis 1790. Instrumente von großem Patron nach Jos. Guarnerius. Gedruckte Zettel verschiedener Art: **Taf. 7,** *No. 78 u. 79.*
(Siehe auch Teil II.)

Deleplanque, Gérard J., Lille. Um 1760—1790. Saubere Arbeit. Vorwiegend Lauten, Cistern etc. Gedruckte Zettel: **Taf. 7,** *No. 80 u. 81.*

Diehl, Heinrich, Frankfurt a. M. 1848. Wenig bedeutend. Gestochener Zettel: **Taf. 8,** *No. 82.*

Diehl, Martin, Lauten- und Geigenmacher in Mainz. Ausgang des 18. Jahrhunderts Gedruckter Zettel: **Taf. 8,** *No. 83.*

Doerffel, Johann Andreas, Klingenthal i. Sachsen. Um 1717—1755. Gedruckter Zettel aus einer Viola d'amour: **Taf. 8,** *No. 84.*

Döring, Christoph, Cassel. 1667. Lauten und Violen. Geschriebener Zettel aus einer Viola di gamba von guter Arbeit: **Taf. 8,** *No. 85.*

Döring, Wilhelm, Cassel. 1765. Vermutlich ein Nachkomme von Christoph Döring. Geschriebener Zettel aus einer Gambe: **Taf. 8,** *No. 86.*

Duclos, Nicolaus, Barcelona. Mitte des 18. Jahrhunderts. Guter spanischer Meister. Geigen und Mandolinen. Gedruckter Zettel: **Taf. 8,** *No. 87.*

Du Mesnil, Jacques, Paris. Mitte des 17. Jahrhunderts. Geschriebener Zettel: **Taf. 25,** *No. 283.*

Duncan, Robert, Aberdeen. Mittelmäßiger englischer Meister. Um 1740—1770. Gedruckter Zettel: **Taf. 8,** *No. 88.*

Eberle (Eberll), Johann Ulrich, Prag. Geb. 1699 in Vils, gest. 1768 in Prag. Arbeitete in Prag 1726—1768. Sehr guter Meister der Prager Schule. Violinen, Gamben, Violas d'amour usw. Arbeitete nur nach Stainer-Modell und anderen tiroler Meistern. Benutzte gedruckte Zettel verschiedener Art. **Taf. 8,** *No. 89.*
(Siehe auch Teil II.)

Eberle, Magnus, Wiener-Neustadt, vorübergehend in Raab. Erste Hälfte des 18. Jahrhunderts. Gedruckter Zettel: **Taf. 8,** *No. 90.*

Eberle, Thomas, Neapel. Zweite Hälfte des 18. Jahrhunderts. Guter Arbeiter nach der Schule der Gagliano. Benutzte in Druckschrift gemalte Zettel: **Taf. 8,** *No. 91.* *(Siehe auch Teil II.)*

Ebner, Gotthard, Lauten- und Geigenmacher in Regensburg. Um 1724—1760. Gedruckter Zettel: **Taf. 8,** *No. 92.*

Edlinger, Thomas, Augsburg. Arbeitete um 1656 bis 1690. Violinen, Violen, Lauten usw. Saubere Arbeit. (Nicht zu verwechseln mit seinem Sohne Thomas Edlinger, der 1692—1729 in Prag arbeitete). Gedruckte Zettel: **Taf. 9,** *No. 93, 94.*
(Siehe auch Teil II.)

Elg, Jonas, Stockholm. Erste Hälfte des 18. Jahrhunderts. Lauten, Theorben, Violen. **Taf. 9,** *No. 95.*

Emde, J. F. Christian, Leipzig. Um 1830—1878. Mittelmäßige Arbeit. Gedruckter Zettel: **Taf. 9,** *No. 96.*

Emery, Jean, Genf. 1722. Gedruckter Zettel: **Taf. 9,** *No. 97.*

Emiliani, Francesco de, Rom. Erste Hälfte des 18. Jahrhunderts. Arbeitete nach Techler. Gedruckter Zettel: **Taf. 9,** *No. 98.*

Engleder, Andreas, München. Geb. um 1810, gest. gegen 1860. Geschickter Geigenbauer. Gestochener Zettel mit Wappen: **Taf. 9,** *No. 99.*
(Siehe auch Teil II.)

Engleder, Josef, Kehlheim. Geb. 1815, gest. um 1860. Geschickter Reparateur. Gedruckter Zettel: **Taf. 9,** *No. 100.*

Fent, François, Paris. Um 1765—1790. Sehr geschickter Meister und Imitator von Stradivari. Gedruckter Zettel: **Taf. 9,** *No. 101.*

Fichtl, Johann Ulrich, Mittenwald in Oberbayern. Guter Meister im Stile der Amati. Um 1750 bis 1770. Gedruckter Zettel: **Taf. 9,** *No. 102.*

Ficker, Johann Christian I, Marknneukirchen. Erste Hälfte des 18. Jahrhunderts. Sorgfältige Arbeit. Gedruckter Zettel: **Taf. 9,** *No. 103.*
(Siehe auch Teil II.)

Finolli, Giuseppe Antonio, Mailand. Um 1750. Gedruckter Zettel: **Taf. 9,** *No. 104.*

Fiori, Andrea und **Gaetano,** Modena. Erste Hälfte und über die Mitte des 19. Jahrhunderts. Streich- und Rupfinstrumente. Große gedruckte Vignetten mit geschriebenem Text: **Taf. 10,** *No. 106.*

Fiorini, Antonio, Bologna. 1720. Vermutlich Sohn von Alessandro Fiorini (siehe Teil II). Gedruckter Zettel: **Taf. 9,** *No. 105.*

Fischer, Johann Ulrich, Landshut und München. Um 1720. Violen, Gamben, Violinen. Gute Arbeit. Geschriebener Zettel: **Taf. 10,** *No. 107.*

Fischer, Joseph, Regensburg. Geb. 1769, gest. 1834. Guter Meister. Arbeitete meist nach Stradivari. Benutzte kleine gedruckte Zettel oder große gestochene Zettel mit Doppeladler und Krone: **Taf. 10,** *No. 108, 109.*

Fischer, Philipp Jacob, Würzburg. Lauten- und Geigenmacher. 1714. Vermutlich Vater von Zacharias Fischer. Gedruckter Zettel: **Taf. 10,** *No. 110.*

Fischer, Zacharias, Würzburg. Lauten- u. Geigenmacher. Geb. 1730, gest. 1812. Arbeitete geschickt nach Amati-Modellen. Die Instrumente der letzten Jahre sind minderwertig. Gedruckter Zettel in lateinischer und deutscher Schrift: **Taf. 10,** *No. 111, 112, 113.*

Fleury, Benoît, Paris. Um 1759—1790. Gamben, Violas, Radleiern usw. Gedruckter Zettel: **Taf. 10,** *No. 114.*

Floreno (Florenus), siehe: **Guidante.**

Fourrier, François Nicola, siehe: **Nicola,** Paris.

Frank, Meinrad, Linz. Ende des 18. und erste Hälfte des 19. Jahrhunderts. Schüler und Nachfolger von Joh. Bapt. Havelka. Gestochene Vignetten mit geschriebenem Text: **Taf. 11,** *No. 115.*

Fritzsche, Johann Benjamin, Dresden. Kgl. Sächs. Hof-Instrumentenmacher. Anfang des 19. Jahrhunderts. Gestochener Zettel: **Taf. 11,** *No. 116.*
(Siehe auch Teil II.)

Gabrielli, Giovanni Battista, Florenz. Um 1740 bis 1770. Gute Bratschen und Violoncelli. Geschriebener Zettel: **Taf. 11,** *No. 117.*
(Siehe auch Teil II.)

Gaffino, Giuseppe, Paris. 18. Jahrhundert. Schüler von Castagneri. Gedruckter Zettel: **Taf. 11,** *No. 118.*

Gagliano, Alessandro, Neapel. Geb. um 1640, gest. 1725. Schüler von Stradivari. Ältester und bester Meister der Familie Gagliano. Benutzte geschriebene und gedruckte Zettel: **Taf. 11,** *No. 119, 120.*
(Siehe auch Teil II.)

Gagliano, Antonio I, Neapel. Zweite Hälfte des 18. Jahrhunderts. Arbeitete meist zusammen mit seinem Bruder Giuseppe. Gemeinsame gedruckte Zettel: **Taf. 12,** *No. 129.*
(Siehe auch Teil II.)

Gagliano, Ferdinando, Neapel. Geb. 1706, gest. 1781. Ältester Sohn von Nicolaus Gagliano. Gedruckter Zettel: **Taf. 11,** *No. 121.*
(Siehe auch Teil II.)

Gagliano, Gennaro (Januarius), Neapel. Um 1720 bis 1770. Sohn von Alessandro und Bruder von Nicola. Gedruckte Zettel: **Taf. 11,** *No. 122, 123, 124.*
(Siehe auch Teil II.)

Gagliano, Giovanni (Johannes), Neapel. Geb. um 1740, gest. 1806. Sohn von Nicola und Neffe von Gennaro. Gedruckte Vignette mit geschriebenem Text: **Taf. 11,** *No. 125.*
(Siehe auch Teil II.)

Gagliano, Giovanni Battista, Cremona. Anfang des 18. Jahrhunderts. Wenig bekannt. Gedruckter Zettel: **Taf. 11,** *No. 126.*

Gagliano, Giuseppe (Joseph), Neapel. Um 1750 bis 1793. Sohn von Nicola. Arbeitete in den letzten Jahren zusammen mit seinem Bruder Antonio. Gedruckte Zettel verschiedener Art: **Taf. 12,** *No. 127, 128.*
(Siehe auch Teil II.)

Gagliano, Nicola, Neapel. Geb. um 1670, gest. 1740. Ältester Sohn von Alessandro. Arbeitete nach Stradivari. Gedruckter Zettel: **Taf. 12,** *No. 130.*

Gairaud, Louis, Nantes. Um 1735 bis 1770. Gedruckter Zettel: **Taf. 12,** *No. 131.*

Galiani, Alexander, jedenfalls derselbe wie **Alessandro Gagliano.** Zettel: **Taf. 11,** *No. 120.*

Gändl, Johannes Joseph, Lauten- und Geigenmacher in Goisern. 1754. Gedruckter Zettel: **Taf. 12,** *No. 132.*

Garani, Angelo Michele, Bologna. Imitierte Stradivari. Um 1680—1720. Gedruckter Zettel: **Taf. 12,** *No. 133.*

Gaviniès, François, Bordeaux und Paris. Um 1730 bis 1770. Guter Meister. Gedruckter Zettel: **Taf. 12,** *No. 134.*

Gedler, Johann Anton, Füssen i. Bayern. Um 1760 bis 1796. Violen, Violinen. Violoncelli. Gedruckter Zettel: **Taf. 12,** *No. 135.*
(Siehe auch Teil II.)

Gedler, Joseph Benedikt, Füssen in Bayern. Um 1780—1812. Sohn von Joh. Ant. Gedler. Gedruckter Zettel: **Taf. 12,** *No. 136.*

Gilbert, Simon, Metz. Um 1730—1760. Mittelmäßige Arbeit. Violinen, Quintons. Gedruckter Zettel: **Taf. 12,** *No. 137.*

Gilkes, Samuel, London. Geb. 1787, gest. 1827. Arbeitete nach Amati-Modell. Violinen und Violoncelli von guter Arbeit. Gedruckter Zettel: **Taf. 12,** *No. 138.*

Glandenberg, Heinrich Wilhelm, Leipzig. 1740. Violen, Violinen. Gedruckter Zettel: **Taf. 12,** *No. 139.*

Gobetti, Francesco, Venedig. Um 1690—1730. Gehört zu den besten venetianischen Meistern. Gedruckte Zettel: **Taf. 12,** *No. 140,* u. **Taf. 13,** *No. 141.*

Goffriller (Gofriller), Matteo, Venedig. Um 1690 bis 1740. Guter Meister. Vorzügliche Violoncelli. Ungefähr gleichzeitig mit ihm arbeitete sein Bruder Francesco. Gedruckte Zettel verschiedener Schreibart: **Taf. 13,** *No. 142, 143, 144, 145.*

Gollberg (Goltberg), Johann, Geigen- und Lautenmacher in Danzig. Um 1730—1760. Violen, Violoncelli, Lauten, Gitarren. **Taf. 13,** *No. 146.*

Grancino, Giovanni, Mailand. Sohn von Paolo Grancino. Vorzüglicher Meister der Mailänder Schule. Um 1695—1737. Gedruckter Zettel: **Taf. 13,** *No. 148.*
(Siehe auch Teil II.)

Grancino, Giovanni Battista I, Mailand u. Ferrara. Sohn von Paolo Grancino und Bruder von Giovanni. Um 1690—1710. Gedruckter Zettel: **Taf. 13,** *No. 147.*

Grancino, Giovanni Battista II, Mailand. Ende 17. und Anfang 18. Jahrhundert. Ältester Sohn von Giovanni. Arbeitete meist mit seinem Bruder Francesco zusammen. Geschriebener Zettel: **Taf. 13,** *No. 149.*

Grancino, Francesco, Mailand. Zweiter Sohn von Giovanni. Um 1690—1740. Arbeitete längere Zeit zusammen mit seinem Bruder Giovanni Battista II. Geschriebener Zettel: **Taf. 13,** *No. 149.*

Guadagnini, Giovanni Battista I, Mailand und Parma. Geb. in Piacenza um 1685, gest. nach 1768. Vermutlich Bruder von Lorenzo. Imitierte Stradivari und Amati. Guter Meister, kommt aber nicht Lorenzo und Giovanni Battista II gleich. Gedruckte Zettel: **Taf. 13,** *No. 151,* **Taf. 14,** *No. 152.*

Guadagnini, Giovanni Battista II, Piacenza und Turin. Geb. 1711 in Cremona, gest. 1786 in Turin. Sohn von Lorenzo. Sehr guter Meister und Imitator von Stradivari. Seine Arbeiten werden denen seines Vaters gleichgeschätzt. Gedruckter Zettel: **Taf. 13,** *No. 150.*

Guadagnini, Lorenzo, Cremona und Piacenza. Um 1695—1760. Arbeitete von 1730 ab in Piacenza. Ältester Meister dieses Namens. Vorzüglicher Schüler von Stradivari, in dessen Werkstatt er lange arbeitete. Prächtige Arbeit nach Stradivari-Modellen. Gedruckter Zettel: **Taf. 14,** *No. 153.*

Guarneri, Andrea, Cremona. Geb. um 1626, gestorben 1698. Schüler von Nicolaus Amati und ältester Meister und Stammvater der berühmten Guarneri-Familie. Gedruckte, wenig von einander abweichende Zettel: **Taf. 14,** *No. 154, 155.*
(Siehe auch Teil II.)

Guarneri, Giuseppe (Joseph), mit dem Beinamen „del Gesù", Cremona. Geb. 1687, gest. 1745. Berühmtester und bester Meister der Familie Guarneri und mit Stradivari grösster Meister dieser Kunst. Gedruckter Zettel stets mit dem bekannten eucharistischen Zeichen: **Taf. 14,** *No. 156.*

Guarneri, Giuseppe Gan Battista (Joseph), Cremona. Geb. 1666, gest. um 1738. Dritter Sohn und Nachfolger von Andreas, den er in seinen Instrumenten weit übertrifft. Bekannt unter dem Namen „Joseph Guarnerius". Nach Guarneri del Gesù bester Meister der Familie Guarneri. Gedruckter Zettel: **Taf. 14,** *No. 157.*

Guarneri, Pietro Giovanni, Cremona und Mantua. Sohn von Andreas und Bruder von Joseph. Geb. 1655, gest. nach 1728. Geschriebene und gedruckte Zettel: **Taf. 14,** *No. 158, 159.*

Guersan, Louis, Paris. Geb. um 1713, gest. um 1780. Sehr geschickter und fruchtbarer Meister; leider ein Vorkämpfer des Spirituslackes. Gedruckte Zettel der verschiedensten Art: **Taf. 14,** *No. 160, 161, 162 u.* **Taf. 15,** *No. 163.*

Guidante, Giovanni Floreno (Johann Florenus), Bologna. Ende des 17. und Anfang des 18. Jahrhunderts. Gedruckter Zettel: **Taf. 15,** *No. 165.*

Guidante, Floreno (Florinus), Bologna. Erste Hälfte des 18. Jahrhunderts. Vielleicht ein Sohn oder Verwandter von Giovanni Floreno. Gedruckter Zettel: **Taf. 15,** *No. 164.*

Hädl, Johann, Lauten- und Geigenmacher in Regensburg. Um 1690—1720. Gedruckter Zettel: **Taf. 15,** *No. 166.*

Hammig (auch **Hamig**), **Johann Christian,** Markneukirchen. Geb. 1732, gest. 1816. Geschriebener Zettel: **Taf. 15,** *No. 167.*
(Siehe auch Teil II.)

Hampe, W., Amsterdam. Um 1840—1880. Geschriebener Reparaturzettel: **Taf. 15,** *No. 169.*

Hassert, Johann Georg Christian, Eisenach und Rudolstadt. 18. Jahrhundert. Geschickter Imitator der Cremoneser. Gedruckter Zettel: **Taf. 15,** *No. 168.*

Havelka, Johann Baptist, Linz a. D. Um 1756 bis 1800. Gedruckte Vignette mit eingeschriebenem Namen: **Taf. 15,** *No. 170.*
(Siehe auch Teil II.)

Havelka, Simon Johannes, Linz a. D. 1765. Wahrscheinlich ein Bruder von Joh. Baptist Havelka. Gedruckter Zettel: **Taf. 15,** *No. 171.*

Havemann, David Christian, Klingenthal i. Sachs. Erste Hälfte des 18. Jahrhunderts. Gedruckter Zettel: **Taf. 15,** *No. 172.*

Hellmer (Helmer), Carl Joseph, Prag. Geb. 1739, gest. 1812. Schüler von Joh. Ulrich Eberle-Prag. Benutzte verschiedenerlei Zettel, auch solche mit Bild von Löwe und Laute in der Mitte. **Taf. 15,** *No. 173.*
(Siehe auch Teil II.)

Hellmer (Helmer), Johann Georg, Prag. Geb. 1687, gest. 1770. Schüler von Thomas Edlinger-Prag. Benutzte verschiedene Zettel, mit und ohne Instrumenten-Emblem. **Taf. 15,** *No. 174.*
(Siehe auch Teil II.)

Hentschl, Johann Joseph, Brünn i. Mähren. Lauten- u. Geigenmacher. Um 1737—1780. Gedruckter Zettel: **Taf. 15,** *No. 175.*

Heringer, Jonas, Füssen in Oberbayern. 1642. Gedruckter Zettel aus einer Viola großen Formats: **Taf. 15,** *No. 176.*

Hiebler, Josef, Augsburg. Um 1740—1792. Arbeitete nach dem Stainer-Modell. Gedruckter Zettel: **Taf. 15,** *No. 177.*

Hilani, Franz, Geigen- und Gitarrenmacher, Wels (Österreich). Erste Hälfte des 19. Jahrhunderts. Gedruckter Zettel: **Taf. 16,** *No. 178.*

Hill, Joseph, London. Geb. 1715, gest. 1784. Schüler von Peter Wamsley. Gute Violoncelli. Gedruckte Zettel verschiedenen Wortlautes: **Taf. 16,** *No. 179, 180.*

Hirschstein, Matthäus, Geigenmacher und Händler in Leipzig. 18. Jahrhundert. Gedruckter Zettel: **Taf. 16,** *No. 181.*

Hoffmann, Johann Christian, Kgl. Poln. u. Kurfürstl. Sächs. Hof-Instrumentenmacher in Leipzig. Um 1710—1750. Sohn von Martin Hoffmann-Leipzig. Einer der besten deutschen Meister. Lauten, Gamben, Violas, Violoncelli. Baute nach den Angaben Joh Seb. Bachs die Viola pomposa. Das musikhistorische Museum von Wilh. Heyer in Cöln besitzt von ihm eine Kollektion prächtig gearbeiteter Instrumente, darunter mehrere Violas pomposas. Benutzte nur geschriebene Zettel: **Taf. 16,** *No. 182, 183.*

Hoffmann, Johann Martin, Fürstl. Hof-Instrumentenmacher in Schillingsfürst. Um 1800. Gedruckter Zettel: **Taf. 16,** *No. 185.*

Hoffmann, Martin, Leipzig. Um 1680—1725. Sohn des um 1650 von Ilmenau nach Leipzig übergesiedelten Veit Hoffmann. Baute gute Lauten, Gamben, Violen usw. Gedruckter Zettel aus einer Gamba: **Taf. 16,** *No. 184.*
(Siehe auch Teil II.)

Hollmayr, Joseph, Lauten- und Geigenmacher, zuerst in Ingolstadt, dann in Neuburg a. Donau. Um 1770—1795. Gedruckter Zettel: **Taf. 16,** *No. 186.*
(Siehe auch Teil II.)

Hopf, Christian Donat, Klingenthal i. Sachsen. Um 1716—1740. Gedruckter Zettel: **Taf. 17,** *No. 187.*

Hornsteiner, Josef II, Mittenwald i. Oberbayern. Um 1790—1825. Sohn von Josef I (um 1730 bis 1780). Gedruckter Zettel: **Taf. 17,** *No. 188.*

Hornsteiner, Martin, Mittenwald i. Oberbayern. 1765. Gedruckter Zettel (in der Schreibart: **Harnsteiner**): **Taf. 17,** *No. 189.*

Hornsteiner, Mathias I, Mittenwald i. Oberbayern. Arbeitete um 1735—1760. Sorgfältige Arbeit. Gedruckte Zettel (auch in der Schreibart Harnsteiner): **Taf. 17,** *No. 190, 191.*

Hornsteiner, Mathias II, Mittenwald i. Oberbayern. Zweite Hälfte des 18. bis Anfang des 19. Jahrhunderts. Bester Geigenmacher der Familie Hornsteiner. Gedruckte Zettel verschiedener Art: **Taf. 17,** *No. 192, 193.*

Hoß, Georg, Mittenwald i. Oberbayern. 1783. Gedruckter Zettel: **Taf. 17,** *No. 194.*

Höss, Rudolph, Hof-Lauten- und Geigenmacher in München. Um 1680—1730. Violen, Gamben. Gedruckte Zettel: **Taf. 17,** *No. 195, 196.*

Hoyer, Andreas, Klingenthal i. Sachs. Arbeitete 1729—1788. Guter Arbeiter. Verwendete gedruckte und geschriebene Zettel. Gedruckter Zettel aus einem kleinen Cello: **Taf. 17,** *No. 197.*
(Siehe auch Teil II.)

Hulinzky, Thomas, Prag. Geb. 1731, gest. 1788. Schüler von J. U. Eberle. Violinen, Violas d'amour. Gedruckte und geschriebene Zettel: **Taf. 17,** *No. 198, 199.*

Hummel, Matthias, Lauten- und Geigenmacher in Nürnberg. Ende des 17. und Anfang des 18. Jahrhunderts. Zettel aus einer Viola di gamba: **Taf. 18,** *No. 200.*

Jacobs, Hendrik, Amsterdam, Ende des 17. und Anfang des 18. Jahrhunderts. Einer der besten niederländischen Meister. Gedruckte und auch mit Druckschrift geschriebene Zettel: **Taf. 18,** *No. 201, 202.*

Jais, Anton, Mittenwald. Geb. 1748, gest. um 1836. Sohn von Franz Jais in Mittenwald. Gedruckte Zettel: **Taf. 18,** *No. 203, 204, 205.*
(Siehe auch Teil II.)

Jais, Johannes, Bozen. Geb. 1752 in Mittenwald als Sohn von Franz Jais. Gedruckter Zettel: **Taf. 18,** *No. 206.*

Jerner, Johann, Stockholm. Um 1790—1820. Gestochener Zettel aus einer Theorbe: **Taf. 18,** *No. 207.*
(Siehe auch Teil II.)

Kämbl, Johann Andreas, Hof-Lauten- und Geigenmacher in München. Geb. 1699, gest. 1781. Gehört zu den besten Münchner Meistern des 18. Jahrhunderts. Gedruckter Zettel: **Taf. 18,** *No. 208.*

Keil, Bernhard, Gotha. Erste Hälfte des 19. Jahrhunderts. Gedruckter Zettel aus einer prächtig gearbeiteten Lyra-Gitarre: **Taf. 19,** *No. 209.*

Kempter, Andreas, Dillingen. Geb. um 1700, gest. 1786. Guter Meister. Gedruckte Zettel mit abweichender Schreibart des Namens: **Taf. 19,** *No. 210, 211.*

> Bei besonderer Gelegenheit benutzte er auch geschriebene Zettel, so z. B. in einer prächtigen Viola d'amour (jetzt im musikhistorischen Museum von Wilh. Heyer in Cöln) einen Zettel folgenden Wortlautes:
> „Andreas Kempter, Lauten- und Geigenmacher in Dillingen hat diese grand viol d'amour im Jahre 1746 gemacht für den Geistlichen Herrn Johann Anton Walther, Chorivicario und Caeremoniario zu Eichstätt in Dombstyft."
(Siehe auch Teil II.)

Kerschensteiner, Xaver, Regensburg. 19. Jahrhundert. Schwiegersohn und Geschäftsnachfolger von Peter Schulz in Regensburg. Gedruckter Zettel ältester Form: **Taf. 19,** *No. 212.*

Khögl (Kögl), Hans, Lauten- und Geigenmacher in Wien. Um die Mitte u. zweite Hälfte des 17. Jahrhunderts. Gedruckter Zettel: **Taf. 20,** *No. 223.*

Klotz, Aegidius, Mittenwald i. Oberbayern. Sohn von Sebastian und Enkel von Mathias Klotz. Geb. 1733, gest. 1805. Gedruckter Zettel: **Taf. 19,** *No. 213.*
(Siehe auch Teil II.)

Klotz, Georg II, Mittenwald i. Oberbayern. Geb. 1723, gest. 1797. Nicht zu verwechseln mit Georg Klotz (Sohn von Mathias), der 1687 geboren wurde und 1737 starb. Gedruckter Zettel: **Taf. 19,** *No. 214.*

Klotz, Johann Karl, Mittenwald. Geb. 1709, gest. um 1790. Sohn von Mathias Klotz. Gedruckter Zettel: **Taf. 19,** *No. 215.*
(Siehe auch Teil II.)

Klotz, Joseph (senior), Mittenwald. Geb. 1743, gest. nach 1807. Sohn von Sebastian Klotz. Tüchtiger Geigenmacher. Verwendete meist gedruckte, vereinzelt auch geschriebene Zettel (wie in Teil II wiedergegeben). Zettel 216 befindet sich in einem schönen Kontrabasse von außergewöhnlicher Größe, jetzt im musikhistorischen Museum von Wilh. Heyer in Cöln. **Taf. 19,** *No. 216, 217.*
(Siehe auch Teil II.)

Klotz, Joseph junior, Mittenwald. Ende des 18. u. erste Hälfte des 19. Jahrhunderts. Sohn von Joseph Klotz senior. Geschriebener Zettel: **Taf. 19,** *No. 218.*
(Siehe auch Teil II.)

Klotz, Mathias, Mittenwald. Geb. 1653, gest. 1743. Begründer der Geigen-Industrie Mittenwalds und ältester Meister der Familie Klotz. Gedruckter Zettel: **Taf. 19,** *No. 219.*
(Siehe auch Teil II.)

Klotz, Michael, Mittenwald. Um 1750—1790. Gedruckter Zettel: **Taf. 20,** *No. 220.*

Klotz, Sebastian II, Mittenwald. Geb. 1762, gest. 1825. Nicht zu verwechseln mit Sebastian I (Sohn von Mathias), der 1696 geboren wurde und um 1750 starb. Gedruckter Zettel: **Taf. 20,** *No. 221.*

Kloz siehe: **Klotz.**

Knitl, Franz, Hof-Lauten- und Geigenmacher in Freysing (Bayern). Zweite Hälfte des 18. Jahrhunderts. Gedruckter Zettel: **Taf. 20,** *No. 222.*

Kögl siehe: **Khögl.**

Kolditz, Jacob, Rumburg i. Böhmen. Geb. um 1718, gest. 1796. Violen und Geigen von guter Arbeit. **Taf. 20,** *No. 224.*

Kolditz, Matthias Johannes, Lauten- und Geigenmacher in München. Geschätzter Meister. Um 1730—1760. Gedruckter Zettel: **Taf. 20,** *No. 225.*

Köllmer, Georg Nicolaus, Crawinkel bei Ohrdruf (Thüringen). Geb. 1775, arbeitete bis gegen 1840. Der beste Geigenmacher dieses Namens. Geschriebener Zettel: **Taf. 20,** *No. 226.*

Kraft, Math. Peter, Stockholm. Kgl. Hof-Instrumentenmacher. Ende des 18. und Anfang des 19. Jahrhunderts. Einer der besten schwedischen Meister. Lauten, Harfen und Streichinstrumente. Kupferdruck-Vignette aus einer schwedischen Theorbe: **Taf. 20,** *No. 227.*

Kranabetter, Franz, Klagenfurt. Erste Hälfte des 19. Jahrhunderts. Gedruckter Zettel: **Taf. 20,** *No. 228.*

Kratschmann, Joseph, Reichenberg, Znaim u. Brünn. Erste Hälfte des 19. Jahrhunderts. Gedruckter Zettel aus einer Gitarre: **Taf. 21,** *No. 229.*

Krausch, Georg Adam, Iglau. 1829. Gedruckter Zettel: **Taf. 21,** *No. 230.*

Kretzschmann, Georg Carl, Markneukirchen. Geb. 1703. gest. 1783. Erlangte 1723 das Meisterrecht. Gedruckter Zettel: **Taf. 21,** *No. 231.*

Kriner, Josef, Mittenwald in Oberbayern. Zweite Hälfte des 18. Jahrhunderts. Gedruckter Zettel: **Taf. 21,** *No. 232.*

Kriner, Simon, Mittenwald in Oberbayern. Geb. um 1780, gest. 1821. Tüchtiger Geigenmacher. Gedruckter Zettel: **Taf. 21,** *No. 233.*
(Siehe auch Teil II.)

Lambert, Jean Nicolas, Paris. Gestorben 1761. Violoncelli, Gitarren, Radleiern, Violas d'amour. Gedruckte Vignette mit Rokoko-Verzierung: **Taf. 21,** *No. 234.*

Landolfi, Carlo Ferdinando, Mailand. Um 1735 bis 1770. Einer der letzten Meister, der den altitalienischen klassischen Lack benutzte. Gedruckte Zettel: **Taf. 21,** *No. 235, 236.*
(Siehe auch Teil II.)

Landolfi, Pietro Antonio, Mailand. Zweite Hälfte des 18. Jahrhunderts bis gegen 1800. Sohn von Carlo Ferdinando Landolfi. Seine Arbeit steht der des Vaters bedeutend nach. Gedruckter Zettel: **Taf. 21,** *No. 237.*

Langerwisch, J. G., Leipzig. Anfang des 19. Jahrhunderts. Streichinstrumente, Gitarren etc. Geschriebener Zettel aus einer lautenförmigen Gitarre: **Taf. 21,** *No. 238.*

Laske, Josef, Anton, Prag. Geb. 1738, gest. 1805. Schüler von Jac. Kolditz in Rumburg. Arbeitete von 1764 ab in Prag. Benutzte geschriebene und gedruckte Zettel verschiedenen Wortlautes. Zettel aus einer Taschengeige: **Taf. 21,** *No. 239.*

Le Clerc, J. N., Paris. Um 1760—1780. Gedruckter Zettel: **Taf. 21,** *No. 240.*

Leeb, Johann Georg, Preßburg. Ende des 18. und Anfang des 19. Jahrhundert. Guter Meister. Arbeitete nach Stainer und Amati. Gedruckter Zettel: **Taf. 22,** *No. 241.*
(Siehe auch Teil II.)

Le Jeune, François, Paris. Um 1754—1790. Benutzte gedruckte Zettel mit und ohne Fabrikmarke (Harfe). **Taf. 22,** *No. 242.*

Leißmüller, Martin, Krinn bei Mittenwald. Zweite Hälfte des 18. Jahrhunderts. Saubere Arbeit. Gedruckter Zettel: **Taf. 22,** *No. 243.*

Liebich, Gottlieb, Geigenmacher in Hermsdorf in Schlesien. 18. Jahrhundert. Gedruckter Zettel: **Taf. 22,** *No. 244.*

Liebich, Johann Gottfried, Breslau. Geb. um 1755, gest. 1824. Ein Vorfahre des noch heute in Breslau arbeitenden Hof-Instrumentenmachers Ernst Liebich. Gute Arbeit. Gedruckter Zettel: **Taf. 22,** *No. 245.*

Linarolo, Ventura di Francesco, Venedig. Zweite Hälfte des 16. Jahrhunderts. Einer der ältesten Meister der klassischen Periode des italienischen Geigenbaues. Lauten, Violen und Liren (Vorläufer der Violine). Geschriebener Zettel aus einer prächtig gearbeiteten Lira da gamba, jetzt im musikhistorischen Museum von Wilh. Heyer in Cöln: **Taf. 22,** *No. 246.*

Lipp, Martin, Dillingen i. Bayern. Geb. 1809, gest. 1843. Gedruckter Zettel: **Taf. 22,** *No. 247.*

Lippold, Carl Friedrich, Markneukirchen. Geb. 1772, gest. 1854. Sohn von Johann Georg Lippold. Gedruckter Zettel: **Taf. 22,** *No. 248.*

Lippold, Johann Georg, Markneukirchen. Geb. 1739, gest. 1824. Wurde 1760 Meister. Bester Geigenmacher aus der Familie Lippold. Gedruckte Zettel: **Taf. 22,** *No. 249, 250.*

Lombardi, Julius, Rimini. 1789. Wenig bekannter italienischer Meister der nachklassischen Periode. Gedruckter Zettel: **Taf. 22,** *No. 251.*

Lotz, Robert, Gotha. Geb. 1817, gest. um 1864. Gestochener Zettel aus einer Baßgitarre: **Taf. 23,** *No. 252.*

Lupot, François, Stuttgart und Orléans. Geb. in Plombières 1736, gest. in Paris 1804. Ging 1758 nach Stuttgart und arbeitete dort als Hof-Instrumentenmacher 10 Jahre. 1770 ließ er sich in Orléans nieder und blieb hier bis 1794, worauf er seinem Sohne Nicolas nach Paris folgte. Gedruckter Zettel: **Taf. 23,** *No. 253.*

Lupot, Nicolas, Orléans und Paris. Sohn von François Lupot. Geb. 1758 in Stuttgart, gest. 1824 in Paris. Arbeitete 1776—1794 in Orléans, dann in Paris. Größter französischer Meister und nach Cremona bis jetzt wohl der bedeutendste Geigenbauer. Geschicktester Imitator von Stradivari. Benutzte in der ersten Zeit geschriebene, später nur gedruckte Zettel: **Taf. 23,** *No. 254, 255, 256, 257, 258, 259.*

Maggini, Giovanni Paolo, Brescia. Geb. 1580, gest. um 1632. Schüler des Gasparo da Salò und Meister ersten Ranges der älteren klassischen Periode. Benutzte nur einfache gedruckte Zettel, auf denen entweder beide Vornamen Gio. Paolo oder nur Paolo angegeben sind. **Taf. 23,** *No. 260, 261.*

Maldoner, Johann Stephan, Füssen i. Bayern. Um 1720—1790. Violoncelli und Bässe. Gedruckter Zettel: **Taf. 23,** *No. 262.*

Malvolti, Pietro Antonio, Florenz. Um 1700—1730. Arbeit ähnlich wie Gabrielli. Gedruckter Zettel: **Taf. 24,** *No. 263.*

Mantegazza, Pietro Giovanni, Mailand. Um 1750 bis 1790. Arbeitete in der ersten Zeit zusammen mit seinen Brüdern, dann allein. Bester Geigenmacher der Familie. Es existieren sowohl einfache gedruckte Zettel als auch gestochene Vignetten. **Taf. 24,** *No. 264, 265.*

Marchi, Giovanni Antonio, Bologna. Um 1760 bis 1800. Gedruckte Zettel: **Taf. 24,** *No. 266, 267.*

Mariani, Antonio, Pesaro. Um 1650—1700. Arbeit im Stile der alten Brescianer Schule. Geschriebene und gedruckte Zettel: **Taf. 24,** *No. 268, 269.*

Martin, Joh. Adam, Markneukirchen. Geb. 1740, gest. 1808. Wurde 1760 Meister. Gedruckte Zettel: **Taf. 24,** *No. 270, 271.*

Maussiell, Leonhard, Nürnberg. Um 1700—1755. Imitator von Stainer. Gute Arbeit. Gedruckter Zettel: **Taf. 24,** *No. 272.*

Mayr, Andreas Ferdinand, Salzburg. Um 1720 bis 1750. Lauten und Streichinstrumente. Gedruckter Zettel aus einer Laute: **Taf. 25,** *No. 273.*

Médard, Nicolas, Nancy und Paris. Um 1620 bis 1650. Arbeitete wie sein Bruder François nach Amati. Geschriebene und gestochene Zettel. **Taf. 25,** *No. 274.*

Melzl, Joh. Georg, Gitarren- und Geigenmacher, Straubing i. Bayern. Erste Hälfte des 19. Jahrhunderts. Gedruckte Zettel: **Taf. 25,** *No. 275, 276.*

Mezzadri, Alessandro, Ferrara. Um 1690—1730. Gewöhnliche Arbeit. Gedruckte Zettel: **Taf. 25,** *No. 277.*

Michelot, Jean Pierre, Paris. Um 1760—1793. Streichinstrumente und Gitarren. Gedruckter Zettel: **Taf. 25,** *No. 278.*

Minozzi, Matteo, Bologna. 1769. Gedruckter Zettel: **Taf. 25,** *No. 279.*

Mollenberg, Lorents, Stockholm. Erste Hälfte des 19. Jahrhunderts. Gestochener Zettel aus einer schwedischen Theorbe: **Taf. 25,** *No. 280.*

Montagnana, Domenico, Venedig. Geb. um 1690, gest. um 1750. Schüler von Stradivari. Vorzüglicher Meister. Gedruckter Zettel: **Taf. 25,** *No. 281.*

Morella, Morglato, Mantua und Venedig. Um 1550—1600. Lauten und Violen. Gedruckter Zettel: **Taf. 25,** *No. 282.*

Mougenot, Rouen. Zweite Hälfte des 18. Jahrhunderts. Gedruckter Zettel: **Taf. 25,** *No. 284.*

Neuner (Neiner), Johann Georg, St. Petersburg. Anfang des 19. Jahrhunderts. Gestochener Zettel: **Taf. 26,** *No. 285.*

Neuner (Neiner), Mathias I, Mittenwald i. Oberbayern. Ende des 18. und Anfang des 19. Jahrhunderts. Er legte den Grund zu der Bedeutung der noch heute bestehenden Firma Neuner & Hornsteiner. Die von ihm selbst verfertigten Geigen tragen seinen eigenen Zettel. Gedruckter Zettel: **Taf. 26,** *No. 286.*
(Siehe auch Teil II.)

Nicolas, Paris. Sein richtiger Name ist François Nicolas Fourrier; er wurde aber insgemein „Nicolas de Paris" genannt. Geb. 1758, gest. 1816. Benutzte geschriebene und gestochene Zettel. **Taf. 26,** *No. 287.*

Niggell, Sympertus, Füssen in Bayern. Um 1740 bis 1780. Gute Geigen und Violen, Violoncelli ähnlich denen von Leop. Widhalm. Gedruckter Zettel: **Taf. 26,** *No. 288.*
(Siehe auch Teil II.)

Odoardi, Giuseppe, Picene bei Ascoli. Geb. 1746, gest. um 1786. Gedruckter Zettel: **Taf. 26,** *No. 289.*
(Siehe auch Teil II.)

Olry, J., Amiens. Erste Hälfte des 19. Jahrhunderts. Schüler von Georges Chanot. Gedruckter Zettel: **Taf. 26,** *No. 290.*

Ostler, Franz, Lauten- und Geigenmacher, Wien. 1721. Gedruckter Zettel: **Taf. 26,** *No. 291.*

Ouvrard, Jean, Paris. Um 1720—1750. Schüler von Claude Pierray. Gedruckter Zettel: **Taf. 26,** *No. 292.*

Padewet, Johann, Hof-Saiteninstrumenten-Macher in Karlsruhe. 19. Jahrhundert. Arbeitete zuerst in Basel, seit 1843 in Karlsruhe, wo er das noch bestehende und jetzt von seinem Sohn geführte Geschäft begründete. Gedruckter Zettel: **Taf. 26,** *No. 293.*

Pallotta, Pietro, Perugia. Ende des 18. und Anfang des 19. Jahrhunderts. Violen und Violoncelli. Geschriebener Zettel: **Taf. 26,** *No. 294.*
(Siehe auch Teil II.)

Pandolfi, Antonio, Venedig. Um 1711—1740. Guter Meister. Gedruckter Zettel: **Taf. 27,** *No. 295.*

Panorma, Vincenzo Trusiano, Paris und London. Geboren 1734 in Palermo, gest. 1813 in London. Kam um 1750 nach Paris und arbeitete hier bis 1772, dann in London bis 1783, hierauf wieder bis 1789 in Paris, darauf abwechselnd in beiden Orten. Recht guter Meister. Benutzte gedruckte Zettel, am meisten gestochene Vignetten mit dem Wappen von Palermo: **Taf. 27,** *No. 296.*

Pantzer, Johann Carl, Klingenthal i. Sachs. 1741. Gedruckter Zettel: **Taf. 27,** *No. 297.*

Partl (Bartl), Andreas Nicolaus, Wien. Um 1703—1763. Geschriebener Zettel in gemalten Großbuchstaben: **Taf. 2,** *No. 19.*

Partl (Bartl), Michael Andreas, Wien. Um 1730—1780. Sohn von Andreas Nicolaus Partl. Geschriebener Zettel in Druckschrift: **Taf. 27,** *No. 298.*

Petz, Jakob, Vils in Tirol. Um 1763—1798. Gute Arbeit. Gedruckter Zettel: **Taf. 27,** *No. 299.*

Pfenner, Johann Georg, Lauten- und Geigenmacher, Innsbruck. Um 1760—1790. Gedruckter Zettel: **Taf. 27,** *No. 300.*

Pfretzschner, Johann Gottlob, Markneukirchen. Geb. 1753, gest. 1823. Arbeitete zuerst nach Stainer-, dann nach Stradivari-Modell. Bester Geigenmacher der Familie Pfretzschner. Sein gedruckter Zettel — eine sinnlose Aneinanderreihung unverstandener, teilweise falsch geschriebener lateinischer Worte — ist ein typischer Beweis für die damals grassierende Sucht, jedweder Arbeit durch einen fremdartig lautenden Zettel einen italienischen Anstrich zu geben. Gedruckter Zettel: **Taf. 27,** *No. 301.*

Pierray, Claude, Paris. Um 1700—1740. Guter Meister. Gedruckter Zettel: **Taf. 28,** *No. 307.*
(Siehe auch Teil II.)

Pique, François Louis, Paris. Geb. 1758, gest. 1822. Sehr guter Meister. Vorzüglicher Imitator von Stradivari. Benutzte geschriebene und gestochene Zettel. Geschriebener Zettel: **Taf. 27,** *No. 302.*

Placht, Franz, Schönbach i. Böhmen. Zweite Hälfte des 18. Jahrhunderts. Gedruckter Zettel: **Taf. 27,** *No. 303.*

Platner, Michael, Rom. Erste Hälfte des 18. Jahrhunderts. Gedruckter Zettel: **Taf. 27,** *No. 304.*

Poller (Boller), Michael I, Mittenwald. Um 1760 bis 1803. Gedruckter Zettel: **Taf. 3,** *No. 31.*
(Siehe auch Teil II.)

Rauch, Thomas, Breslau. Lauten- und Geigenmacher. Erste Hälfte des 18. Jahrhunderts. Sohn von Seb. Rauch in Prag. Guter Meister. Eigenes Modell. Gedruckter Zettel aus einer Viola d'amour: **Taf. 27,** *No. 305.*

Raymann, Jacob, London. Um 1620—1655. Vermutlich aus Tirol stammend. Gilt als erster Erbauer von Violinen in England. Gedruckter Zettel: **Taf. 37,** *No. 306.*

Reichel, Johann Caspar II, Markneukirchen. Geb. 1693, gest. 1755. Sohn von Joh. Casp. Reichel I (gest. 1706). Erlangte 1708 das Meisterrecht. Gedruckter Zettel: **Taf. 28,** *No. 308.*

Reichel, Johann Gottfried, Markneukirchen. Geb. gegen 1735. Der sonderbare Wortlaut seines Zettels ist die Veranlassung gewesen, daß in der einschlägigen Literatur vielfach fälschlicherweise Absam i. Tirol als Ort seiner Wirksamkeit genannt wird. Gedruckter Zettel: **Taf. 28,** *No. 309.*

Remy, Mathurin François, Paris. Um 1760—1800. Gitarren, Geigen, Harfen. Arbeit nach der Art von Guersan. Gedruckter Zettel: **Taf. 28,** *No. 310.*

Rief, Dominicus, Vils in Bayern. Ende des 18. und Anfang des 19. Jahrhunderts. Vielleicht ein Sohn von Antoni Rief dem älteren (1722). Wohl der beste Geigenmacher seiner Familie, von der noch ein Johann Georg R. (um 1795—1835) und ein Anton R. (um 1810) in Vils arbeiteten. Benutzte geschriebene und gedruckte Zettel. **Taf. 28,** *No. 311.*

Rodiani, Giovita, Brescia. Um 1580—1625. Arbeitete im Stile von da Salò und Maggini. Wird fälschlicherweise in älteren Werken der Geigenbauliteratur mit Budiani bezeichnet. Gedruckter Zettel: **Taf. 28,** *No. 312.*

Rogeri, Giovanni Battista, Brescia. Geb. um 1650, arbeitete bis gegen 1725. Schüler und Imitator von Nicolas Amati. Benutzte geschriebene und gedruckte Zettel, auf denen sein Name, weil er aus Bologna stammte, meist den Zusatz „Bon" hat. Gedruckter Zettel: **Taf. 28,** *No. 313.*

Roth, Christian, Prag. Lauten- und Geigenmacher. Ende 17. und Anfang 18. Jahrhundert. Gedruckter Zettel: **Taf. 28,** *No. 314.*

Ruggeri (Rugieri), Francesco, Cremona. In der Cremoneser Mundart auch Ruger genannt. Arbeitete um 1670—1720. Hervorragender Meister. Schüler von Amati. Um Verwechslungen mit den gleichzeitig in Brescia arbeitenden Rogeri zu vermeiden, gebrauchte er, wie sein Sohn Vincenzo, auf den Geigenzetteln den Zusatz „detto il per". Gedruckte Zettel: **Taf. 28,** *No. 315, 316.*
(Siehe auch Teil II.)

Ruggeri (Rugieri), Vincenzo, Cremona. Um 1690 bis 1735. Sohn von Francesco. Vorzügliche Violoncelli und Gamben. Gedruckter Zettel: **Taf. 28,** *No. 317.*

Sacquin, Paris. Erste Hälfte des 19. Jahrhunderts. Arbeitete nach Stradivari. Contrabässe. Gedruckter Zettel: **Taf. 28,** *No. 318.*

Salò, Francesco da (eigentlich Francesco Bertolotti), Brescia. Sohn und Schüler des Gasparo da Salò. Geb. 1565. Geschriebener Zettel aus einer Lira di gamba, jetzt im musikhistorischen Museum von Wilh Heyer in Cöln: **Taf. 29,** *No. 320.*

Salò, Gasparo da (eigentlich Gasparo Bertolotti) Brescia. Geb. um 1542 in Salò als Sohn des Francesco Bertolotti, gest. 1609 in Brescia. Gilt nach den neuesten Forschungen von Giovanni Livi als erster Erbauer von Violinen. Verwendete vermutlich mit Holzstempel gedruckte Zettel mit großen Antiqua-Lettern: **Taf. 29,** *No. 319.*
(Siehe auch Teil II.)

Salomon, Jean Baptiste Deshayes, Paris. Um 1740—1772. Arbeitete im Stile von Guersan. Benutzte gedruckte und geschriebene Zettel. **Taf. 29,** *No. 321.*

Santagiuliana, Gaetano, Vicenza. Um 1800. Gedruckter Zettel: **Taf. 29,** *No. 322.*

Schedelich (Schetelig), Christian Gottfried, Innsbruck. Erste Hälfte des 18. Jahrhunderts. Stammte aus Markneukirchen. Gedruckter Zettel: **Taf. 29,** *No. 323.*

Scheinlein, Matthaeus Friedrich, Langenfeld bei Nürnberg. Arbeitete meist nach Stainer. Um 1730—1771. Gedruckter Zettel: **Taf. 29,** *No. 324.*
(Siehe auch Teil II.)

Schelle, Sebastian, Nürnberg. Erste Hälfte des 18. Jahrhunderts. Schüler von M. Hummel in Nürnberg. Sehr geschätzter Geigen- und Lautenmacher. Gedruckter Zettel: **Taf. 29,** *No. 325.*

Schmidbauer, Jacob, Regensburg. Mittelmäßige Arbeit. Erste Hälfte des 19. Jahrhunderts. Geschriebener Zettel: **Taf. 30,** *No. 326.*

Schödler, Simon, Passau. Zweite Hälfte des 18. Jahrhunderts. Gedruckter Zettel aus einer prächtig gearbeiteten Viola Baryton, jetzt im musikhistorischen Museum von Wilh. Heyer in Cöln: **Taf. 30,** *No. 327.*

Schönfelder, Johann Adam, Markneukirchen. Geb. 1707, gest. 1763. Erlangte 1729 das Meisterrecht. Gedruckter Zettel: **Taf. 30,** *No. 328.*

Schorn, Johann Paul, Innsbruck und Salzburg. Um 1680—1716. Arbeitete bis 1690 in Innsbruck, dann in Salzburg. Guter Meister. Gedruckte Zettel verschiedener Form: **Taf. 30,** *No. 329, 330.*
(Siehe auch Teil II.)

Schulz, Peter, Regensburg. Geb. 1808, gest. 1871. Guter Meister. Schüler von Joseph Fischer in Regensburg und Begründer des Geschäftes von Xaver Kerschensteiner in Regensburg. Zettel verschiedener Art: **Taf. 30,** *No. 331, 332, 333.*

Schuster, Johann Christian, Markneukirchen. 18. Jahrhundert. Datierte seine Zettel aus „Prag". **Taf. 30,** *No. 334.*

Schuster, Joseph Anton, Schönbach in Böhmen. 1778. Guter Geigenmacher. Gedruckter Zettel: **Taf. 30,** *No. 335.*

Schwaicher, Leopold, Floridsdorf bei Wien. Um 1768—1813. Gedruckter Zettel: **Taf. 30,** *No. 336.*
(Siehe auch Teil II.)

Schwartz, Anton, Breslau. 1758. Gedruckter Zettel aus einer Violine: **Taf. 30,** *No. 337.*

Schwartz, Bernhard, Straßburg i. E. Geb. 1744, gest. 1822. Arbeitete mit seinen beiden Söhnen Georges Frédéric (geb. 1785, gest. 1849) und Theophile Guillaume (geb. 1787, gest. 1861) bis zu seinem Tode (1822) zusammen, worauf diese das Geschäft unter der Firma „Schwartz frères" weiterführten. Der ältere, Georges Frédéric, hat sich als Bogenmacher einen Namen gemacht. Geschriebener Zettel: **Taf. 30,** *No. 338.*

Schweitzer, Johann Baptist, Budapest. Geb. um 1798, gest. um 1865. Guter Imitator von Stradivari und Nicolas Amati. Gedruckter Zettel: **Taf. 31,** *No. 339.*

Seraphin, Santo, Udine und Venedig. Ende des 17. und erste Hälfte des 18. Jahrhunderts. Schüler von Nicolaus Amati. Sehr guter Meister. Benutzte gedruckte Zettel meist in Form einer verzierten Vignette, wie: **Taf. 31,** *No. 340.*
(Siehe auch Teil II.)

Sidtler, Gregor, München. Um 1762—1800. Gedruckter Zettel: **Taf. 31,** *No. 341.*

Simmann, Johann Michael, Mittenwald i. Oberbayern. Zweite Hälfte des 18. Jahrhunderts. Gedruckter Zettel aus einer Gitarre: **Taf. 31,** *No. 342.*

Simon, Franz, Salzburg. Fürstbischöfl. Hof-Geigenmacher. Geb. 1757, gest. 1803. Gedruckte Zettel: **Taf. 31,** *No. 343, 344.*

Socquet, Louis, Paris. Um 1750—1800. Mittelmäßige Arbeit. Benutzte zuerst geschriebene Zettel, dann gestochene Vignetten, wie: **Taf. 31,** *No. 345.*

Stadelmann, Daniel Achatius, Wien. Geb. um 1680, gest. 1744. Guter Meister im Stile Stainers. Gedruckte Zettel (No. 346 aus einer prächtigen Viola Baryton, jetzt im musikhistorischen Museum von Wilh. Heyer in Cöln): **Taf. 31,** *No. 346, u.* **Taf. 32,** *No. 347, 348.*

Stadelmann, Joseph, Wien. 1807. Geschriebener Zettel: **Taf. 32,** *No. 349.*

Stadelmann, Michael Ignatz, Wien. Lauten- und Geigenmacher. Geb. um 1745, gest. 1813. Enkel von Daniel Achatius St. Gestochener Zettel: **Taf. 32,** *No. 350.*

Stainer, Jacob, Absam bei Innsbruck. Geb. 1621, gest. 1683. Größter deutscher Meister und Vater der deutschen Geige. Benutzte nur geschriebene Zettel. Der Zettel No. 351 ist aus einer prächtigen Viola, jetzt im musikhistorischen Museum von Wilh. Heyer in Cöln.

Der Zettel No. 352 der hier zum ersten Male veröffentlicht wird, ist ein wichtiges historisches Dokument, denn er liefert uns den bis jetzt fehlenden Beweis, daß Stainer tatsächlich in Cremona gearbeitet hat, vermutlich in der Werkstätte der Amati. Er wurde im Jahre 1910 von dem Geigenbauer Carl Hermann Voigt in Wien in einer dem bekannten Großindustriellen und Stainergeigen-Sammler Th. Hämmerle in Wien gehörigen, ihm zur Reparatur übergebenen Geige entdeckt, und zwar (wie auch die photographische Wiedergabe zeigt) am oberen Klotze. Die Jahreszahl ist leider beschädigt worden, wahrscheinlich durch einen eisernen Nagel, der — wie man das bei alten Geigen häufig findet — zur Befestigung des Halses hier eingetrieben war und bei einer früheren Reparatur entfernt wurde. An der üblichen Stelle auf dem Boden befindet sich ein Antonius und Hieronymus Amati-Zettel, von dem aber Voigt glaubt, daß er später eingefügt wurde, denn nach seiner Ansicht ist es keine Amati-, sondern eine Stainer-Geige, und zwar eines der schönsten Exemplare dieses deutschen Meisters. Nach der Überzeugung des Geigenbauers Giuseppe Fiorini in München, der die Geige bei Voigt sah, ist es eine Amati-Geige, die aus der Werkstätte der Amati hervorging, aber dort von Stainer angefertigt wurde; denn es finden sich öfters echte Amati, die die Spuren einer stainerartigen Arbeit erkennen lassen. Aber sei dem, wie ihm wolle. Der als untrüglich echt erkannte interessante Zettel beweist, daß Stainer in früheren Jahren in Cremona gelebt und gearbeitet hat.
Taf. 32, *No. 351, 352.*

Staininger, Jakob, churfürstlicher Hof-Lauten- und Geigenmacher in Mainz, später Frankfurt a. M. und Aschaffenburg. Um 1770—1818. Gestochene Vignette: **Taf. 32,** *No. 353.*

Staudinger, Matthäus Wenceslaus, Würzburg. Um 1740—1780. Guter Meister. Gedruckte Zettel aus einem Violoncello und einer Geige: **Taf. 32,** *No. 354 u.* **Taf. 33,** *No. 355.*

Staufer, Johann Georg, Wien. Anfang des 19. Jahrhunderts. Das musikhistorische Museum von Wilh. Heyer in Köln besitzt von diesem Meister eine schön gearbeitete Violine von eigentümlicher Form (1828) und ein Arpeggione oder Gitarre-Violoncell (1821), ein Instrument, für welches Franz Schubert eine Sonate geschrieben hat. Gedruckter Zettel: **Taf. 33,** *No. 356.*

Steiner, Josef, Mittenwald. Vermutlich ein vogtländ. Geigenmacher. 1792. Wenig bekannt. Gedruckter Zettel: **Taf. 33,** *No. 357.*

Steininger, Jakob, Mainz. Siehe: **Staininger.**

Sternberg, Heinrich Franz, Lüneburg. 18. Jahrhundert. Gedruckter Zettel: **Taf. 33,** *No. 358.*
(Siehe auch Teil II.)

Stöhr, Johann, Salzburg. Anfang des 19. Jahrhunderts. Gedruckter Zettel: **Taf. 33,** *359.*

Storch, Georg, Danzig. Anfang des 18. Jahrhunderts. Gedruckter Zettel: **Taf. 33,** *No. 360.*

Storioni, Lorenzo, Cremona. Geb. 1751, gest. nach 1799. Letzter Cremoneser Meister, dessen Arbeiten noch an die klassische Epoche erinnern. Gedruckter Zettel: **Taf. 33,** *No. 361.*
(Siehe auch Teil II.)

Stoß, Franz Anton, Füssen i. Bayern. Geb. 1737, arbeitete um 1760 bis 1802. Guter Meister. Contrabässe gesucht Verzierte Vignetten: **Taf. 33,** *No. 362.*

Stoß, Josef Anton, Füssen, Padua. (?) Geb. 1707 in Füssen, arbeitete noch 1779? Gute Arbeit. Lütgendorff glaubt nicht, daß er in Padua gearbeitet hat, sondern daß unter „Patavii" wohl Passau zu verstehen sei. Gedruckter Zettel: **Taf. 33,** *No. 363.*

Stradivari, Antonio, Cremona. Geb. 1644, gest. 1737. Schüler des Nicolas Amati und neben Joseph Guarneri del Gesù der größte Meister des Geigenbaues. Benutzte meist gedruckte Zettel, nur ausnahmsweise geschriebene. Eine Kollektion von Zetteln aus den verschiedenen Perioden findet sich in Teil II. **Taf. 33,** *No. 364, 365.*
(Siehe auch Teil II.)
Stradivari, Francesco, Cremona. Geb. 1671, gest. 1743. Sohn von Antonio Stradivari. Arbeitete einige Jahre mit seinem Bruder Omobono zusammen. Gedruckter Zettel: **Taf. 33,** *No. 366.*
Stradivari, Omobono, Cremona. Zweiter Sohn von Antonio Stradivari. Geb. 1679. Unbedeutend. Geschriebener Zettel: **Taf. 34,** *No. 367.*
Tanegia, Carlo Antonio, Mailand. Erste Hälfte des 18. Jahrhunderts. Gedruckter Zettel: **Taf. 34,** *No. 368.*
Tassini, Bartolommeo, Venedig. Arbeitete im Stile von Testore. Um 1740—1760. Gedruckter Zettel: **Taf. 34,** *No. 369.*
Techler (Dechler), David, Rom. Geb. 1666, arbeitete noch 1743. Meister deutscher Abkunft. Vorzügliche Arbeit. Gute Geigen, Violoncelli und Lauten. Benutzte gedruckte Zettel mit verschiedener Schreibweise des Namens. **Taf. 34,** *No. 370, 371.*
Tentzel, Johann, Mittenwald i. Oberbayern. Anfang des 18. Jahrhunderts. Gedruckter Zettel: **Taf. 34,** *No. 372.*
Testore, Carlo, Antonio, Mailand. Geb. um 1688, arbeitete noch 1760. Ältester Sohn von Carlo Giuseppe Testore (um 1680—1720). Gedruckte Zettel. **Taf. 34,** *No. 373, 374.*
Testore, Paolo Antonio, Mailand. Geb. um 1690, arbeitete bis gegen 1760. Bruder von Carlo Antonio Testore. Gedruckte Zettel. **Taf. 34,** *No. 375, 376.*
Thielemann, J. G., Berlin. Anfang des 19. Jahrhunderts. Gestochener Zettel aus einer Gitarre: **Taf. 34,** *No. 377.*
Thir (Thier), Johann, Georg, Wien. Arbeitete um 1738—1781. Guter Geigenmacher. Gedruckte Zettel: **Taf. 34,** *No. 378, 379.*
Thir (Thier, Dier), Mathias, Wien. Zweite Hälfte des 18. Jahrhunderts. Gedruckter Zettel: **Taf. 35,** *No. 380.*
(Siehe auch Teil II.)
Thumhardt, Gottlieb Alois, Straubing. Anfang des 19. Jahrhunderts. Gedruckter Zettel: **Taf. 35,** *No. 381.*
Thumhardt, Johann Georg, Amberg. Ende des 18. und Anfang des 19. Jahrhunderts. Gedruckter Zettel: **Taf. 35,** *No. 382.*
Thumhardt, Johann Stephan, Straubing. Arbeitete um 1770—1817. Gedruckter Zettel: **Taf. 35,** *No. 383.*
Tiefenbrunner, Georg, München. Geb. 1812, gest. 1880. Gründer der noch bestehenden gleichnamigen Firma. Gestochener Zettel: **Taf. 35,** *No. 384.*
Tielke, Joachim, Hamburg. Geb. 1641, gest. 1719. Einer der besten deutschen Meister, der hinsichtlich Feinheit der Arbeit und prächtiger Ausstattung der Instrumente unübertroffen dasteht. Das musikhistorische Museum von Wilh. Heyer in Cöln besitzt von diesem Meister mehrere prachtvolle Instrumente (1 Quinterna, 1 Laute, 1 fünfsaitige Viola und 1 Viola da gamba). Gedruckter Zettel aus der Viola: **Taf. 35,** *No. 385.*
Tononi, Carlo, Bologna. Um 1690—1720. Sehr gute Arbeit. Benutzte gedruckte Zettel (wie in Teil II) und gestochene Vignetten, wie: **Taf. 35,** *No. 386.*
(Siehe auch Teil II.)
Tononi, Carlo Antonio, Venedig. Um 1728—1770. Vermutlich Sohn von Carlo Tononi in Bologna. Gedruckter Zettel: **Taf. 35,** *No. 387.*
Tononi (de Tononis), Giovanni, Bologna. Um 1690—1740. Sohn von Felice Tononi. Vorzügliche Violen und Violoncelli. Gedruckter Zettel: **Taf. 35,** *No. 388.*
(Siehe auch Teil II.)
Tononi, Pietro, Bologna. 1713. Gedruckter Zettel: **Taf. 35,** *No. 389.*
Toppani, Angelo de, Rom. 1735. Arbeitete im Stile von Techler. Gedruckter Zettel: **Taf. 35,** *No. 390.*
Valenzano, Giovanni Maria, Valenza und Rom. Ende des 18. und Anfang des 19. Jahrhunderts. Gedruckter Zettel: **Taf. 35,** *No. 391.*
(Siehe auch Teil II).
Van der Slaghmeulen, Johannes, Antwerpen. Zweite Hälfte des 17. Jahrhunderts. Arbeitete im Stile der Brescianer. Gedruckter Zettel: **Taf. 36,** *No. 392.*
Varotti, Giovanni, Bologna. Um 1785—1815. Gedruckter Zettel: **Taf. 36,** *No. 393.*
Vitor, Pietro Paolo de, Brescia. 1740. Arbeit venetianischer Typus. Gedruckter Zettel: **Taf. 36,** *No. 394.*
Vogler, Johann Georg, Würzburg. Geb. 1692, arbeitete bis 1750. Guter Meister. Gedruckter Zettel: **Taf. 36,** *No. 395.*
Voigt, Johann Georg, Markneukirchen in Sachsen. Geb. 1748, gest. 1802. Gedruckter Zettel: **Taf. 36,** *No. 396.*
Voigt, Simon, Markneukirchen in Sachsen. Geb. 1711, gest. 1781. Wurde 1732 Meister. Gedruckter Zettel: **Taf. 36,** *No. 397.*
Vuillaume, Jean Baptiste, Paris. Geb. 1798, gest. 1875. Einer der bedeutendsten Geigenbauer des 19. Jahrhunderts und hervorragender Imitator der altitalienischen Meister. Benutzte zuerst (Anfang der zwanziger Jahre) geschriebene, dann gedruckte Zettel: **Taf. 36,** *No. 398, 399, 400, 401.*
Wachter, Antoni, Faulenbach bei Füssen in Bayern. Zweite Hälfte des 18. Jahrhunderts. Gedruckter Zettel: **Taf. 36,** *No. 402.*
Wagner, Benedict, Ellwangen i. Württemberg. Um 1720—1770. Guter Meister. Gedruckter Zettel: **Taf. 36,** *No. 403, u.* **Taf. 37,** *No. 404.*
Wagner, Joseph, Konstanz. Zweite Hälfte des 18. Jahrhunderts. Zettel aus einer in Rokoko-Linien geschweiften Violine, jetzt im musikhistorischen Museum von Wilh. Heyer in Cöln: **Taf. 37,** *No. 405.*

Wagner, Xaver, Ellwangen i. Württemberg. Anfang des 19. Jahrhunderts. Gedruckter Zettel: **Taf. 37,** *No. 406.*

Wainert (Vainert), Anton, Warschau. 1806. Gedruckter Zettel aus einer Gitarre: **Taf. 37,** *No. 407.*

Wamsley, Peter, London. Um 1727—1750. Guter Imitator von Stainer. Gestochene Vignetten: **Taf. 37,** *No. 408.*

Waßlberger, Christoph, Hallein. 1763. Guter Geigenmacher. Gedruckter Zettel: **Taf. 37,** *No. 409.*

Weigert, Johann Blasius, Linz a. Donau. Um 1717 bis 1760. Gute Violen. **Taf. 37,** *No. 410.*

Weiß, Jacob, Lauten- und Geigenmacher in Salzburg. Um 1714—1740. Gute Violen und Lauten. Gedruckter Zettel: **Taf. 37,** *No. 411.*

Wenger, Gregor, Ferdinand, Augsburg. Arbeitete um 1700—1760. Gute Violen, Celli, Bässe und Lauten. Gedruckte und in Druckschrift geschriebene Zettel: **Taf. 37,** *No. 412, 413.*

(Siehe auch Teil II.)

Widhalm, Anton, Stadtamhof bei Regensburg. Um 1750—1790. Gute Arbeit. Gedruckter Zettel: **Taf. 37,** *No. 414.*

Widhalm, Leopold, Nürnberg. Zweite Hälfte des 18. Jahrhunderts. Guter Meister und geschickter Imitator von Stainer. Gedruckte Zettel verschiedener Form: **Taf. 38,** *No. 415, 416, 417, 418.*

Wöndner, Hans, Regensburg. 1677. Violen und Violinen. Gedruckter Zettel: **Taf. 38,** *No. 419.*

Wörle, Franz, Mittenwald i. Oberbayern. Anfang des 19. Jahrhunderts. Gedruckter Zettel: **Taf. 38,** *No. 420.*

Zacher, Maximilian, Breslau. Um 1730—1770. Gedruckter Zettel aus einer Viola d'amour: **Taf. 38,** *No. 421.*

Zanetto, Peregrino, Brescia. 1610. Gedruckter Zettel: **Taf. 38,** *No. 422.*

Zanoli, Giacomo, Venedig und Verona. Sohn von Giov. Battista. Mitte des 18. Jahrhunderts. Gedruckter Zettel: **Taf. 38,** *No. 423.*

Zanoli, Giovanni Battista, Verona. Um 1730 bis 1760. Gedruckter Zettel aus einer Gitarre: **Taf. 38,** *No. 424.*

A

1. Michael Achner, Geigenmacher in Wallgau, Anno 1764

2. Mattio Alban fecit Bolzan. 17

3. Matthias Albanus, fecit in Tyroli Bulsani 1644

4. Matthias Albanus me fecit, Bulsani in Tyroli. 1706

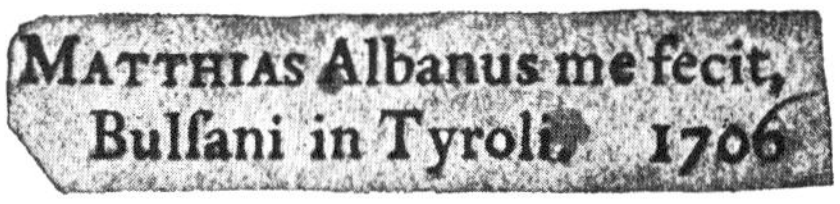

5. Paulus Alletsee, fecit Monachij. 1714

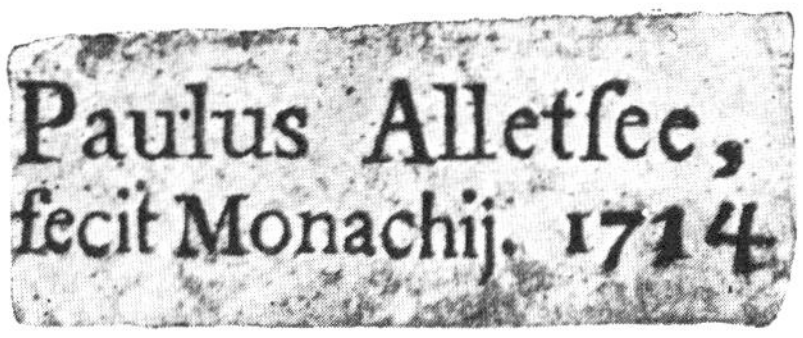

6. Paulus Alletsee, Hof Lauten und Geign macher in München 1730

7. Georg Aman, Lauten und Geigen Macher, in Augspurg. 1713

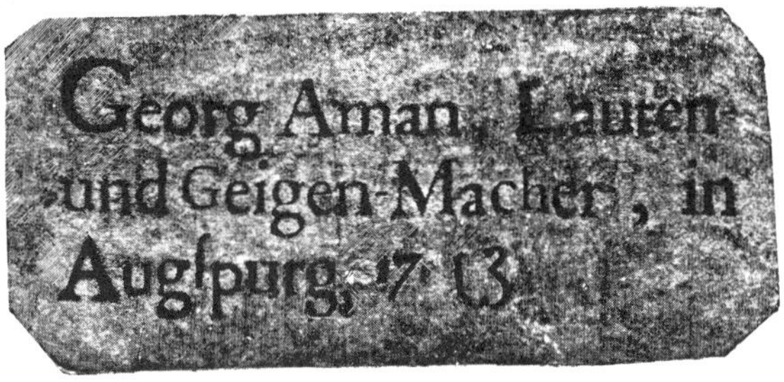

8. Antonius, & Hieronymus Fr. Amati Cremonen. Andreæ F. 16

9. Antonius, & Hieronym. Fr. Amati Cremonen. Andreæ fil. F. 16

10. Hieronimus Amati Cremonensis fecit Anno Salutis 1697

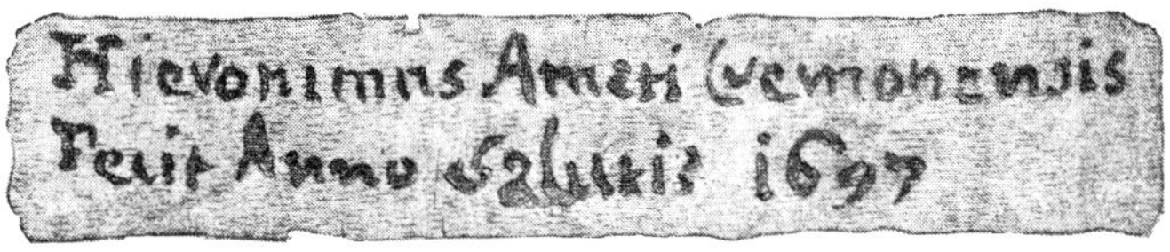

11. Nicolaus Amatus Cremonen. Hieronymi Fil. ac Antonij Nepos Fecit. 1677

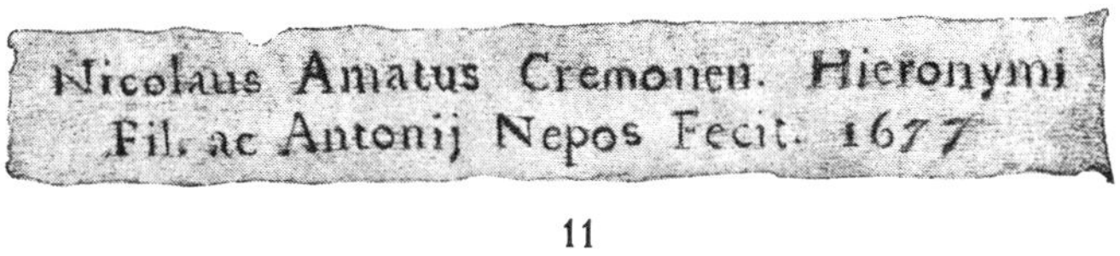

12. D. Nicolaus Amati Fecit Bononiæ Apud SS. Cosma et Damiani 1723

13. LUIGI AMICI
FABBRICATORE D' ARMONICI
ROMA
Via del Pellegrino N° 44

Tafel 1

B

Antonius Bachmann,
Königl. Preuß. Hofinstrumentenmacher
in Berlin. 1756.

14

Antonius Bachmann
Königl: Preuß. Hofinstrumentenmacher
in Berlin. 1759.

15

Thomas Balestrieri
Cremonensis
Fecit Mantuæ anno 1759

16

Thomas Balestrieri Cremonensis
Fecit Mantuæ Anno 1761

17

Thomas Balestrieri Cremonensis
Fecit Mantuæ Anno 1771

18

ANDREAS NICOLAUS
BARTL. VIENNÆ 1786

19

Anselmus Bellosius Fecit
Venetiis 1783

20

Jgnatij Ber. Instrumentalischer Violin-Macher
in Bernau 1787

21

Anno 17   Revisto, e corretto da me
Carlo Bergonzi in Cremona

22

Anno 1733 Carlo Bergonzi
fece in Cremona

23

Nicolaus Bergonzi
Cremonensis faciebat
Anno 1760

24

= Tafel 2 =

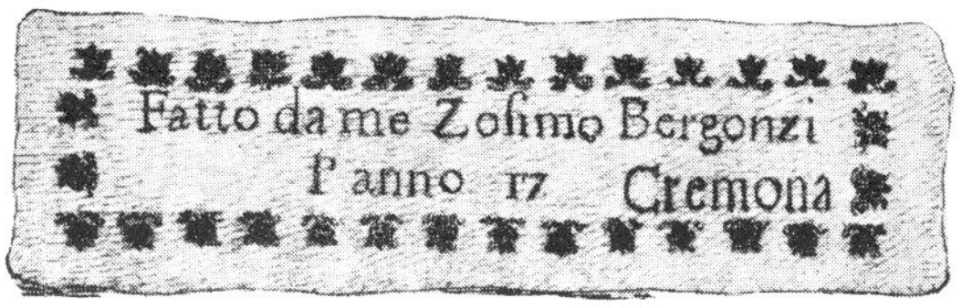

25

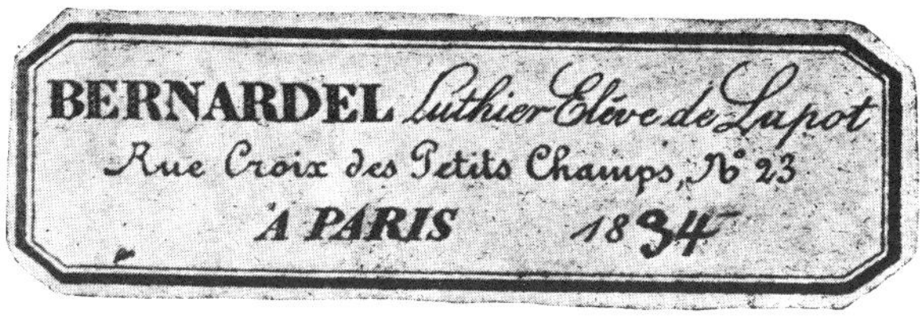

26

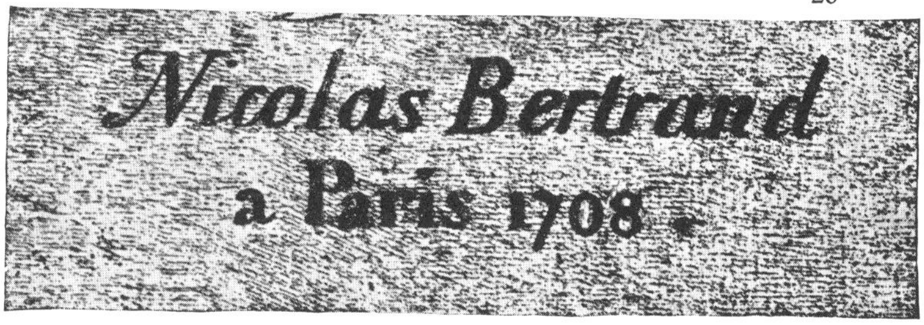

27

28

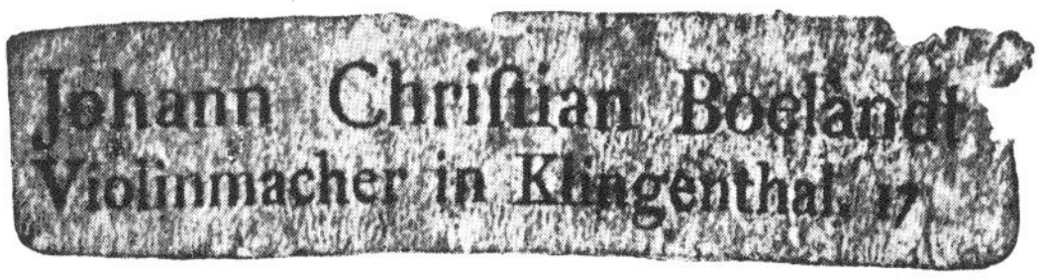

29

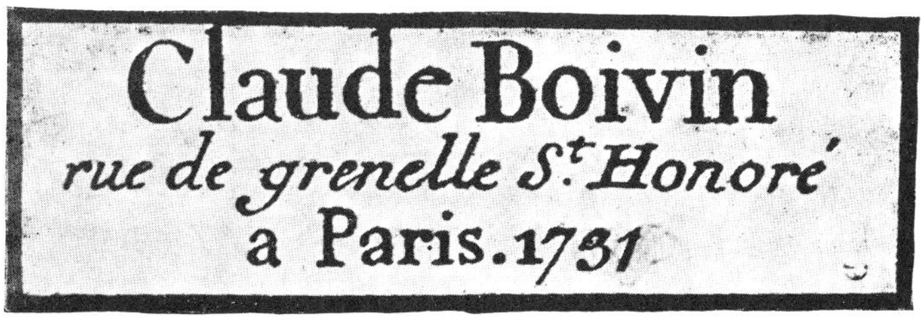

30

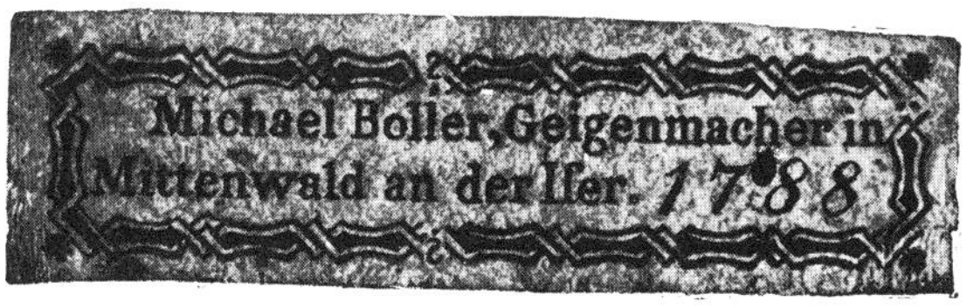

31

32

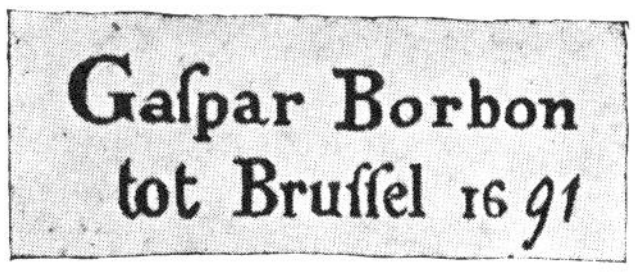

33

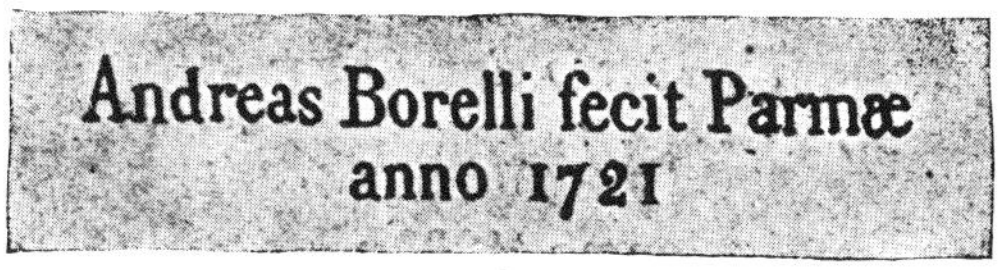

34

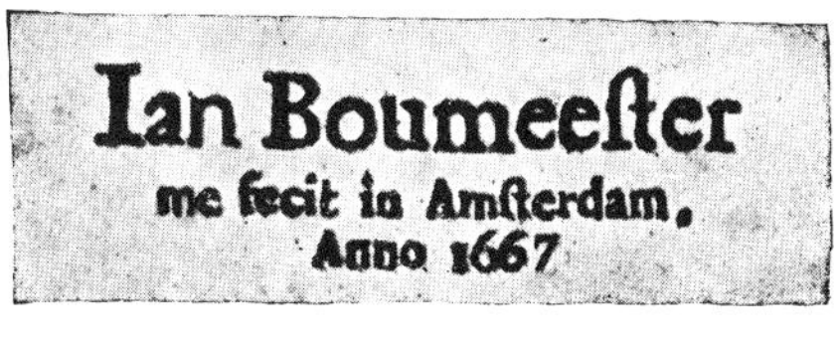

35

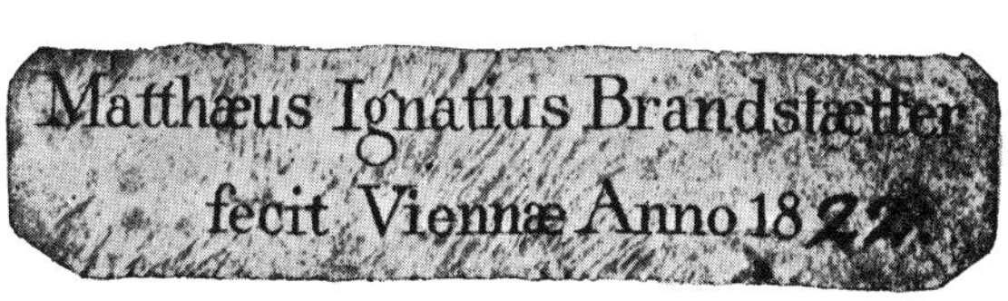

36

B—C

F. Breton breveté de S. A. R.
Mme LA DUCHESSE D'ANGOULÊME,
A. Mirecourt, 18   Breton

37

Gabriel Buchstetter, Lautten- und Geigen-
macher zu Stadt am Hof
prope Ratisbonæ
1762

38

Gabriel David Buchstetter, Lautten-
und Geigenmacher, Pedeponti pro-
pe Ratisbonam. Anno 1764

39

Josephus Buchstetter, Filius Gabrielis
Davidis, Pedeponti prope Ratis-
bonam. Anno 1776.

40

Dominicus Busan
Venetus Fecit
Anno 1746

41

Dominicus Busan
fecit Venetiis 1761

42

Ernst Busch
in Nürnberg

43

Gio. Maria del Bussetto
fece in Cremona. 1659

44

Camillo de Camilli
Fece in Mantova
1734

45

Camillus Camilli Fecit
Mantuæ 1739

46

IOFREDVS CAPPA FECIT
SALVTVS ANNO 1630

47

Guillaume Carbey
fait a Paris 1719

48

Lorenzo Carcassi in Borgo San Fridiano
fece l' Anno 174

49

LOR.° E TOM.° CARCASSI
In Firenze nell' Anno 1749
All' Insegna del Giglio.

50

TOMMASO CARCASSI
Firenze 1786

51

Tafel 4

52

53

CARON, Luthier de la Reine, Rue Royale, à Versailles, 1775

Antonio Casini Modena 1673

ANDREA CASTAGNERI nell' Pallazzo di Sœffone, Pariggi 1745

54

55

André Castagneri Fait à Paris à l'Hôtel de Soissons 1730

56

Paulus Castello fecit Genuæ Anno 1776

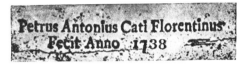

57

Petrus Antonius Cati Florentinus Fecit Anno 1738

58

Joannes Franciscus Celoniatus fecit Taurini Anno 1733

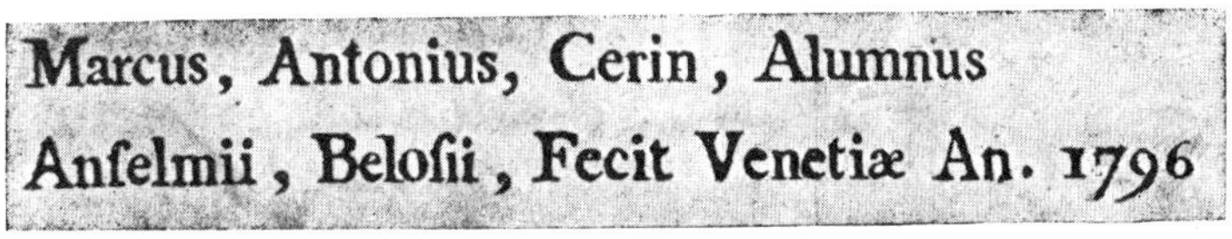

Marcus, Antonius, Cerin, Alumnus Anselmii, Belosii, Fecit Venetiæ An. 1796

59

60

Jo: Baptista Ceruti Cremonensis fecit Cremonæ An. 1804

Tafel 5

Jo: Baptista Ceruti Cremonensis fecit Cremonæ An. 1804 [GBC]

61

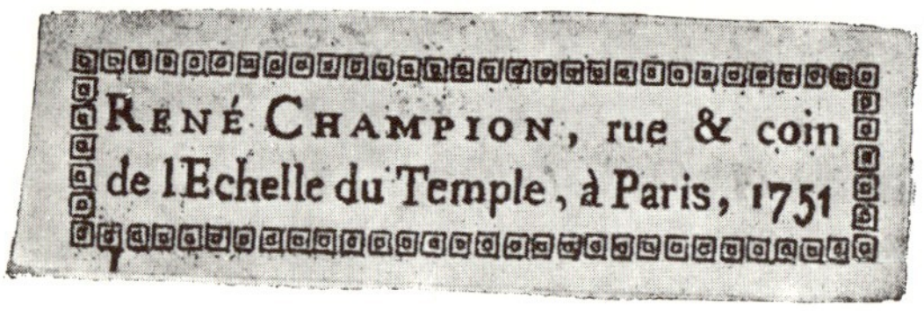

RENÉ CHAMPION, rue & coin de l'Echelle du Temple, à Paris, 1751

62

63

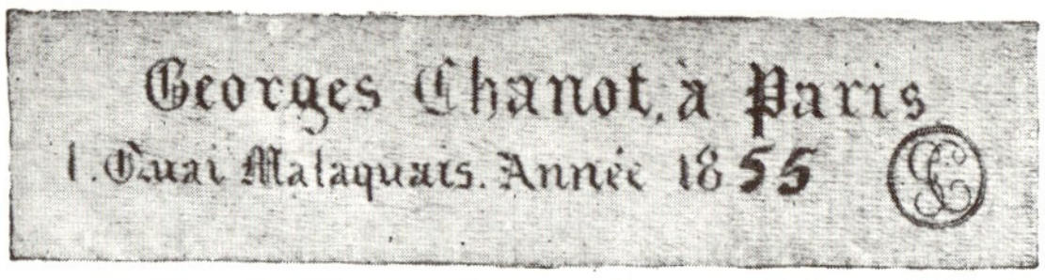

Georges Chanot, à Paris
1. Quai Malaquais. Année 1855

64

65

J. CHARLES, Maître Luthier de Paris, Neveu du sieur Guersan, rue St. Ferréol, à côté du Café Dupai. A Marseille 1783

66

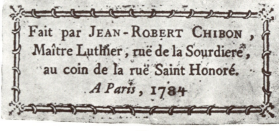

Fait par JEAN-ROBERT CHIBON, Maître Luthier, rue de la Sourdiere, au coin de la rue Saint Honoré. A Paris, 1784

67

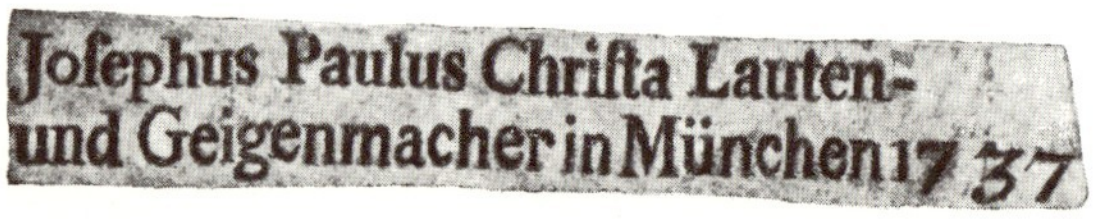

Josephus Paulus Christa Lauten- und Geigenmacher in München 1737

68

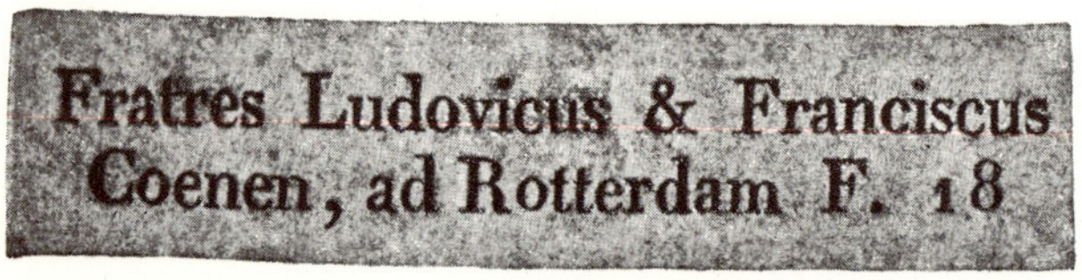

Fratres Ludovicus & Franciscus Coenen, ad Rotterdam F. 18

69

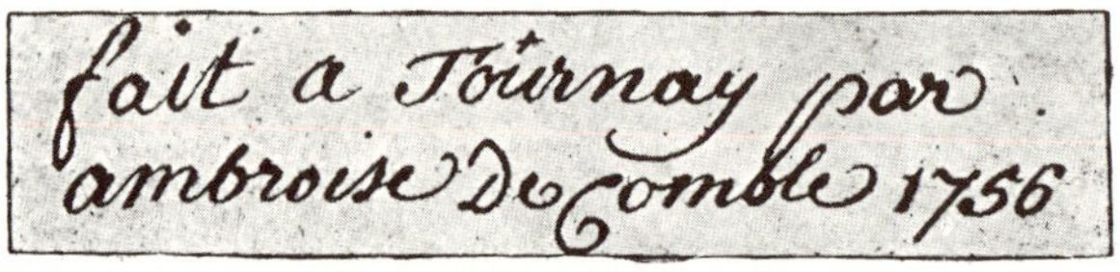

fait a Tournay par ambroise De Comble 1756

70

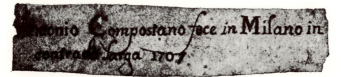

Antonio Compostano fece in Milano in contrada larga 1707

71

Tafel 6

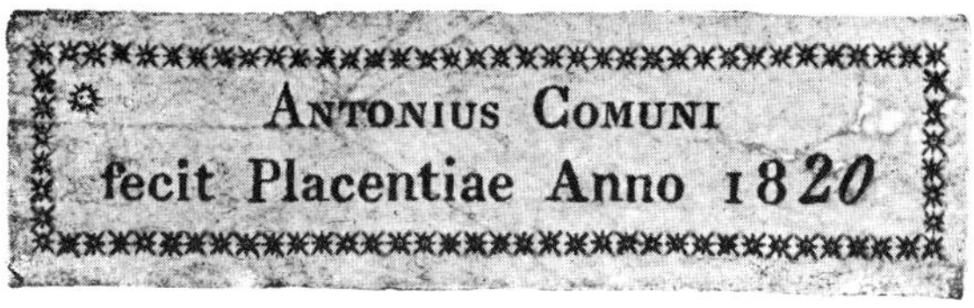

C—D

ANTONIUS COMUNI
fecit Placentiae Anno 1820

72

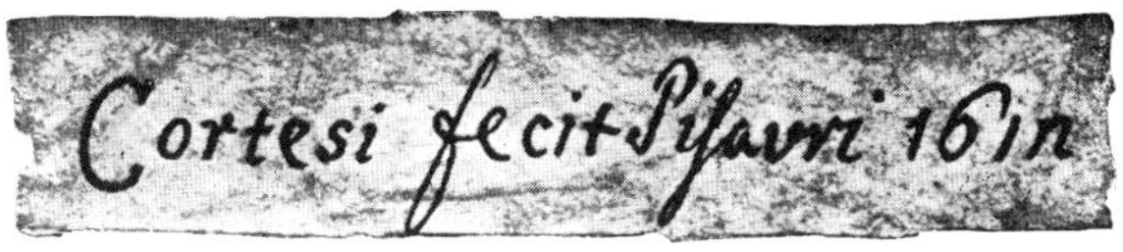

Cortesi fecit Pisauri 16]n

73

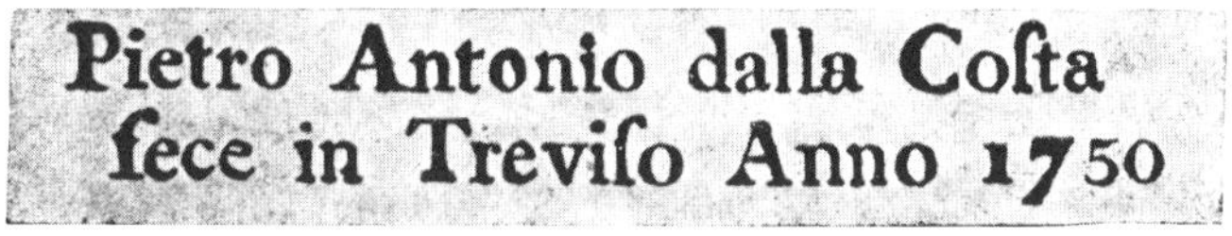

Pietro Antonio dalla Costa
fece in Treviso Anno 1750

74

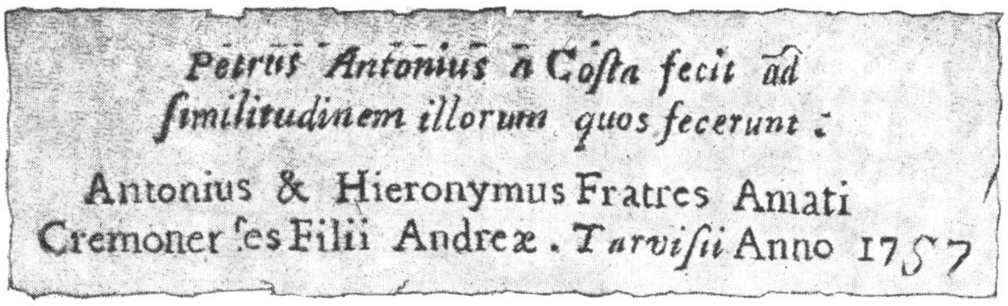

Petrus Antonius a Costa fecit ad
similitudinem illorum quos fecerunt :
Antonius & Hieronymus Fratres Amati
Cremonenses Filii Andreæ . Tarvisii Anno 1757

75

76

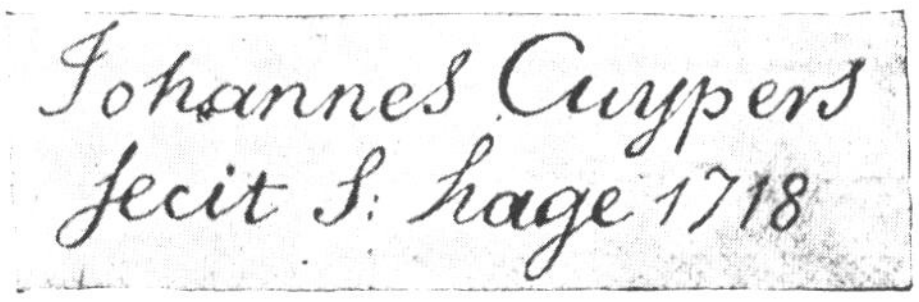

77

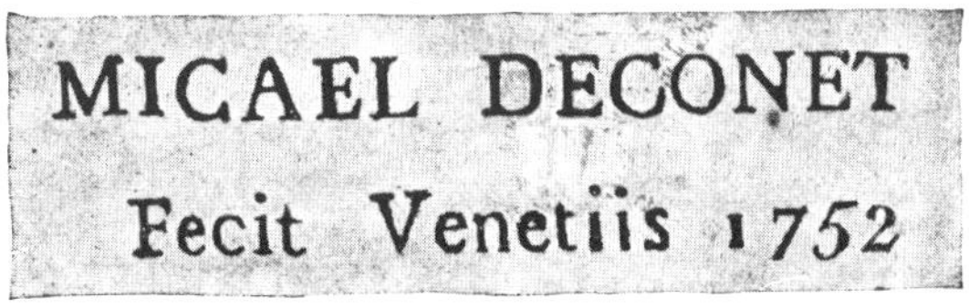

MICAEL DECONET
Fecit Venetiis 1752

78

Michele deconet.
fecit, Venetijs Anno
1754

79

80

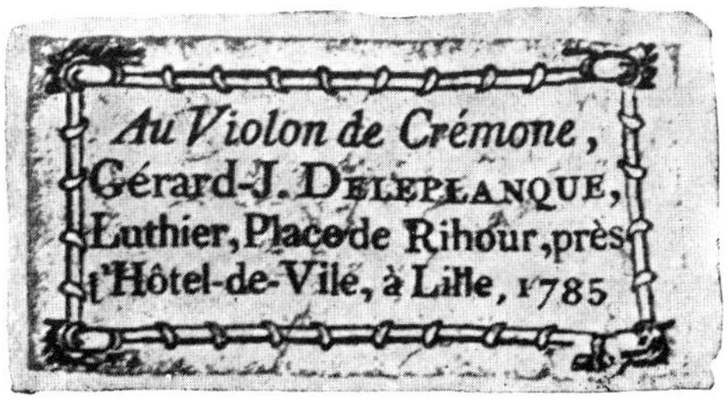

Au Violon de Crémone,
Gérard-J. DELEPLANQUE,
Luthier, Place de Rihour, près
l'Hôtel-de-Ville, à Lille, 1785

81

Tafel 7

D—E

82. Reparirt von Heinrich Diehl in Frankfurt a/M. 1848.

83. Martin Dihl, Chur-Maynzischer Lauten- und Geigenmacher 1782

84. Iohann Andreas Doerffel Violin- u. Lautenmacher in Orgenthal

85. Christoph Döring Lauthen und Violenmacher in Cassell. Anno 1687

86. Wilhelm Döring me fecit Cassellis. Anno 1765

87. Nicolaus Duclos fecit en la Real Ciutadel de Barcellonna, anno 1759

88. Robert Duncan Maker, ABERDEEN, 1742

89. Joan. Udalricus Eberll, fecit Pragæ 1749

90. Magnus Eberle fecit W. Neostadi 1835

91. Tomaso Eberle Fecit Nap. 1774

92. Gotthard Ebner Lauten- und Geigenmacher Music. fecit Ratisbonæ. 1724

E—F

Thomas Edlinger, Lauten- und Geigenmacher in Augspurg 1672.
93

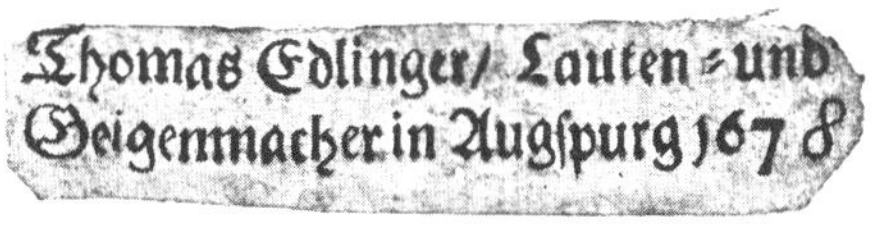

Thomas Edlinger, Lauten- und Geigenmacher in Augspurg 1678
94

JONAS ELG Renovavit Holmiæ 1732
95

J. F. Chr. Emde, Bogen-Instrumentenmacher in Leipzig Verfertigt 1841.
96

Fait a GENEVE Par JEAN EMERY Maitre Luthie. l'An 1722.
97

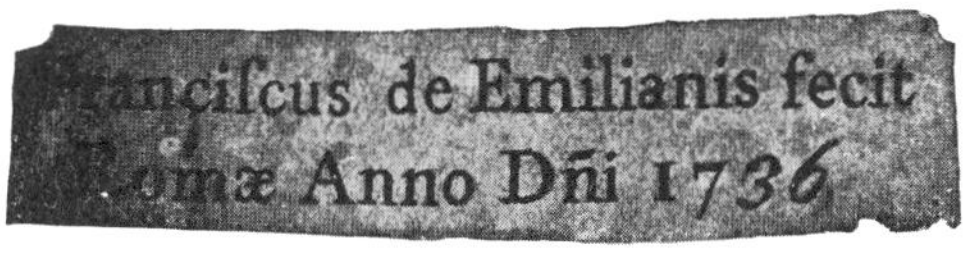

Francifcus de Emilianis fecit Romæ Anno Dñi 1736.
98

Andreas Engleder fecit Monachii 1845
99

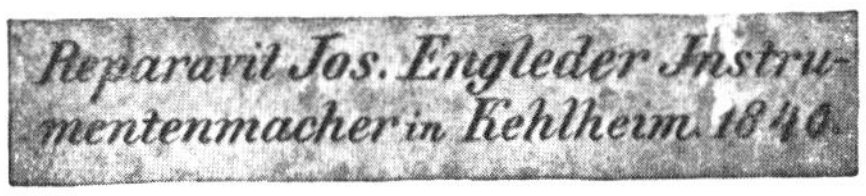

Reparavit Jos. Engleder Instrumentenmacher in Kehlheim 1846.
100

Fait par FENT. Maitre Lutier, rue Montmatre, Cul-de-fac Saint Pietre, à Paris.
101

Johann Ulrich Fichtl, in Mittenvvald, An. 1763
102

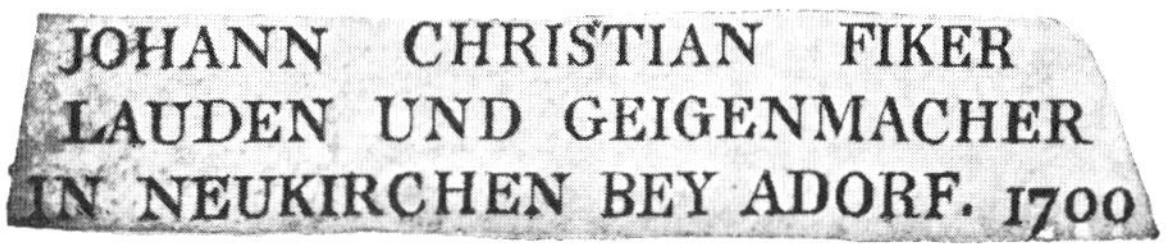

JOHANN CHRISTIAN FIKER LAUDEN UND GEIGENMACHER IN NEUKIRCHEN BEY ADORF. 1700
103

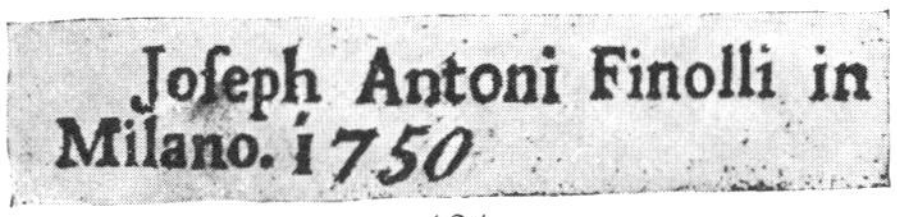

Joseph Antoni Finolli in Milano. 1750
104

ANTONIUS FIORINI BONONIÆ fecit Anno 1720
105

Tafel 9

106

Li Fratelli Fiori fecero in Modena anno
1812

107

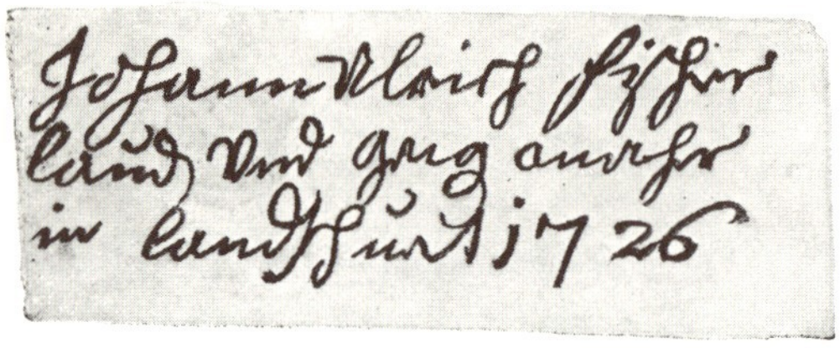

Johann Ulrich Fischer
Lauten und Geigenmacher
in Landshut 1726

108

Joseph Fischer
Lauten und Geigenmacher
in Regensburg Ano 1809

109

Ioseph Fischer fecit a Ratisbona. 1819

110

Philipp Jacob Fischer, Lauten
und Geigenmacher in Wirz-
burg. Fecit 1774

111

Zacharias Fischer, Hochfürstl.
Lauten- und Geigenmacher
in Wirzburg, 1755.

112

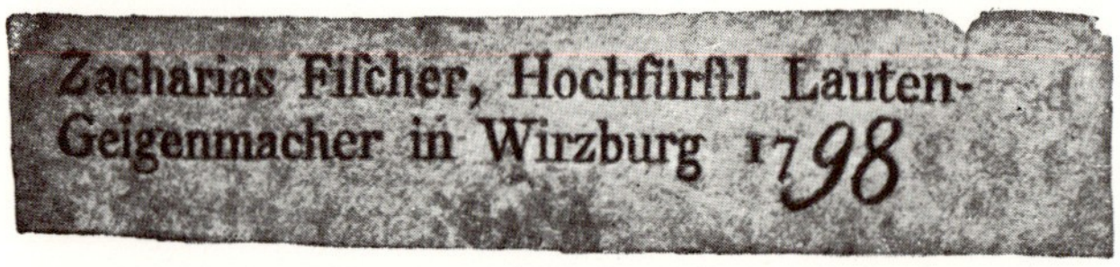

Zacharias Fischer, Hochfürstl. Lauten
und Geigenmacher in Wirzburg. 1785

113

Zacharias Fischer, Hochfürstl. Lauten-
Geigenmacher in Wirzburg 1798

114

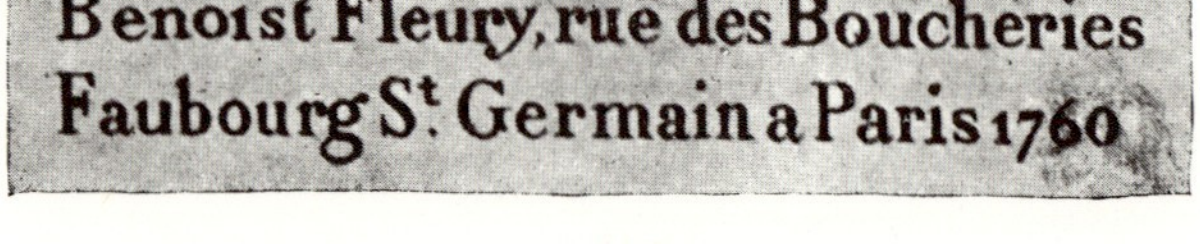

Benoist Fleury, ruë des Boucheries
Faubourg St Germain a Paris 1760

Tafel 10

F—G

115

116

117

118

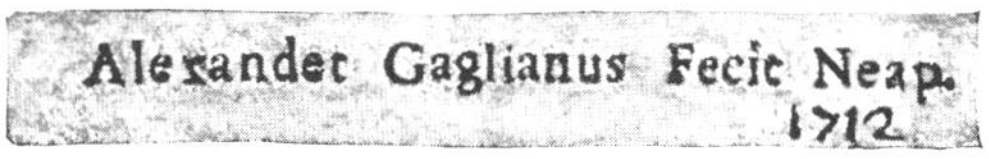

Alexander Gaglianus Fecit Neap.
1712.

119

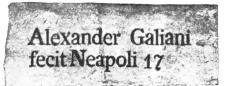

120

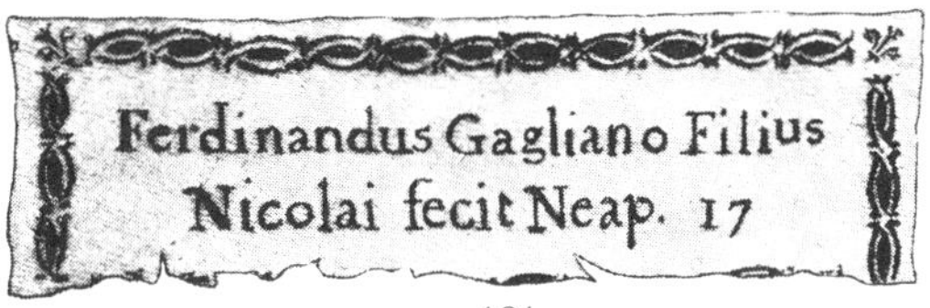

Ferdinandus Gagliano Filius
Nicolai fecit Neap. 17

121

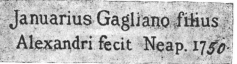

122

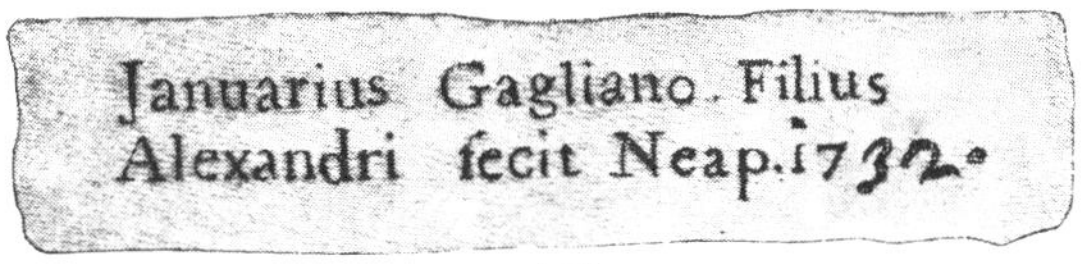

Januarius Gagliano Filius
Alexandri fecit Neap. 1732.

123

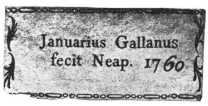

124

125

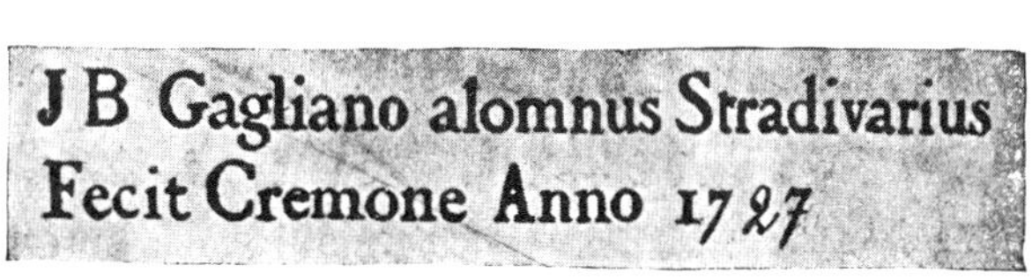

J B Gagliano alomnus Stradivarius
Fecit Cremone Anno 1727

126

Tafel 11

G

Joseph Gagliano Filius
Nicolai fecit Neap. 1761

127

JOSEPH GAGLIANO FILIUS
NICOLAI ET NEPOS JA-
NUARIUS FECIT NEA-
POLI 1793

128

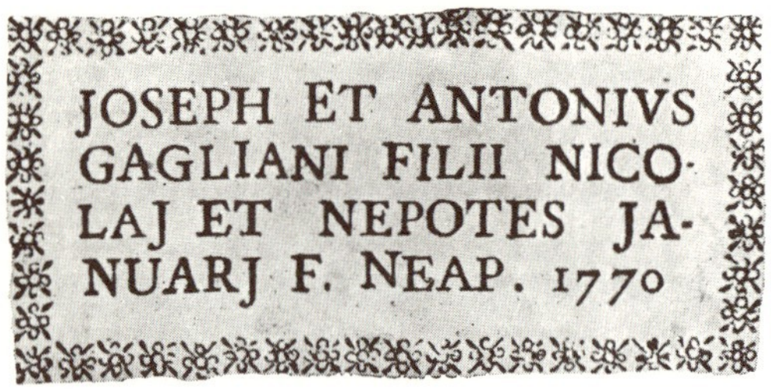

JOSEPH ET ANTONIVS
GAGLIANI FILII NICO-
LAJ ET NEPOTES JA-
NUARJ F. NEAP. 1770

129

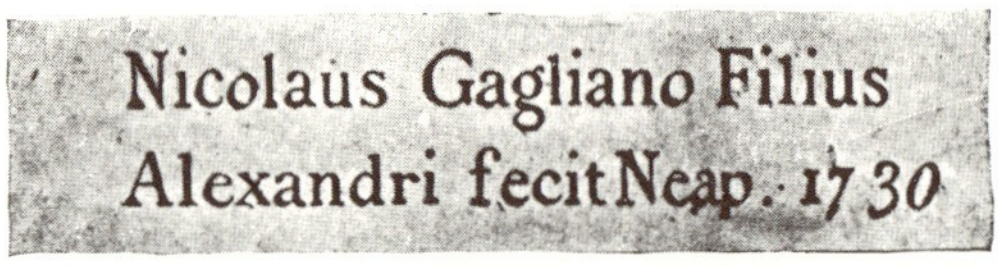

Nicolaus Gagliano Filius
Alexandri fecit Neap. 1730

130

Joannes Josephus Gandl, Lauten-
und Geigen-Macher in Goysern
Anno 17..

132

Fait par LOUIS GAIRAUD,
à Nantes, 1739   L. † G

131

A
MICHAEL
GARANUS
F. BONON.

133

GAVINIÈS, rue
S. Thomas du Lou-
vre, à Paris, 1765

134

Joannes Antonius Gedler
F. de Füssen Anno 1761

135

Joseph Benedikt Gedler in
Füssen 18 12

136

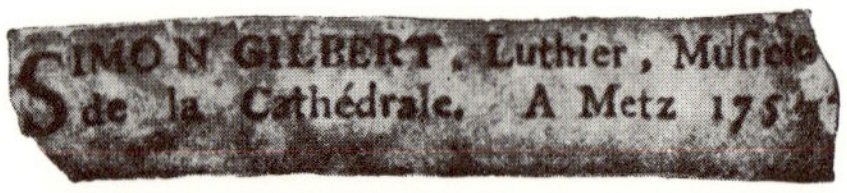

SIMON GILBERT, Luthier, Musicie
de la Cathédrale. A Metz 175.

137

Samuel Gilkes
fecit London   1815

138

Francesco Gobetti
in Venetia 1700.

140

Heinr: Wilh. Glandenberg
in Leipzig 1740

139

Tafel 12

G

Franciscus Gobetti
Fecit Venetiis. 1710

141

Mattio Goffriler Fece in
Venezia Anno 1709

142

Mattio Goffriller
Fece in Venetia Anno 1701

143

Matteo Goffriller fecit
Venetijs anno 1724

144

Mattio Gofrilleri in Venetia
Al' Insegna di Cremona 1695

145

Johann Gollberg, Lauten-und Geigen-Macher in Dantz. An. 1747.

146

Gia. Bapt. Grancino in Contrada
Largha di Milano anno 1695

147

Giouanni Grancino in Contrada
Largha di Milano al segno
della Corona 1703

148

Gio. & Francesco fratelli de Grancini,
in Contrada Larga di Milano 1700

149

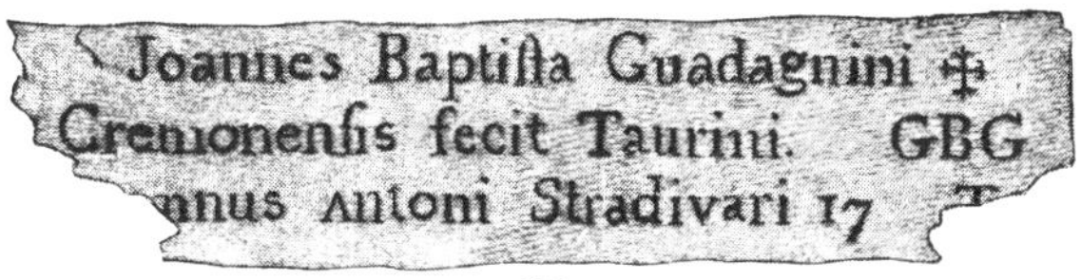

Joannes Baptista Guadagnini ✣
Cremonensis fecit Taurini. GBG
nnus Antoni Stradivari 17

150

Joannes Baptista Guadagnini Placentinus fecit Mediolani 1703

151

Tafel 13

G

152 Joannes Baptista Guadagnini
Cremonensis fecit Parmæ
C. S. R. 17 65

153 Laurentius Guadagnini Pater,
& alumnus Antonj Straduarj
fecit Placentie Anno 1742

154 Andreas Guarnerius fecit Cremonæ sub
titulo Sanctæ Teresiæ 16

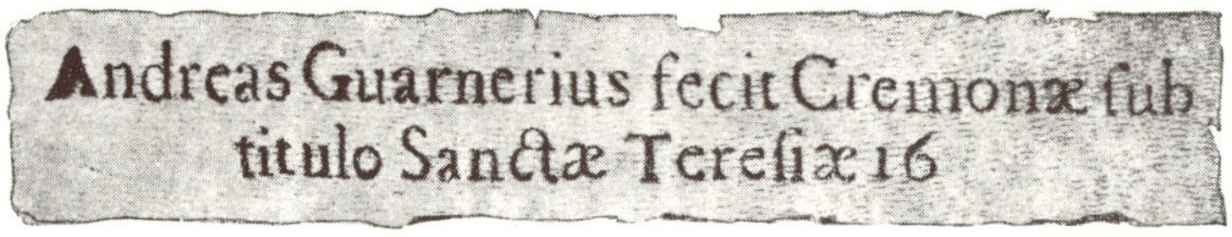

155 Andreas Guarnerius Cremonæ sub
titulo Sanctæ Teresiæ 16 94

156 Joseph Guarnerius fecit
Cremonæ anno 17   IHS

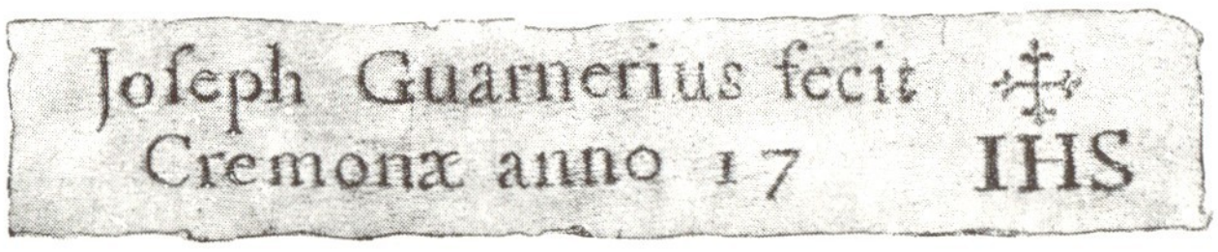

157 Ioseph Guarnerius filius Andreæ fecit
Cremone sub titulo S. Teresie 17 06

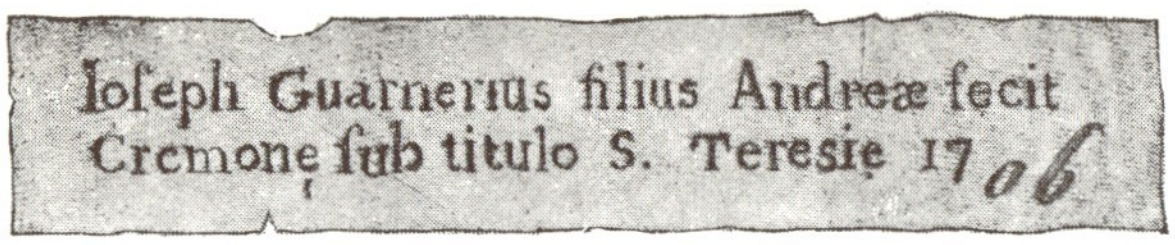

158 Petrus Guarnerius Cremonensis fecit
Mantuæ sub tit. Sanctæ Teresiæ 17

159 Resto e covello da mi Pietro Guarneri
Cremonese in Mantua 1697

160 Ludovicus Guersan, prope Comœdiam
Gallicam, Lutetiæ. Anno. 1742.

161 Ludovicus Guersan, prope Comœdiam
Gallicam, Lutetiæ Anno 1746

162 Ludovicus Guersan prope Comœdiam Gallicam Lutetiæ Anno 176

Tafel 14

G—H

Louis Guersan
près la commedie Françoise
A Paris 1740

163

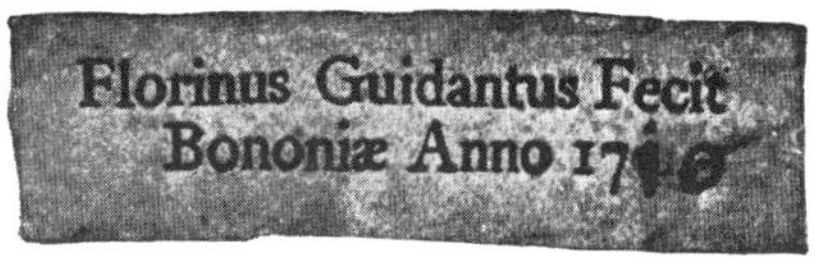

Florinus Guidantus Fecit
Bononiæ Anno 17..

164

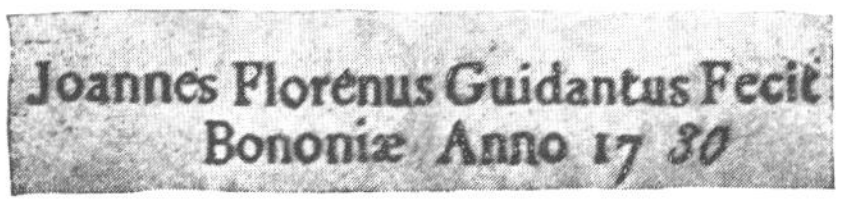

Joannes Florenus Guidantus Fecit
Bononiæ Anno 1730

165

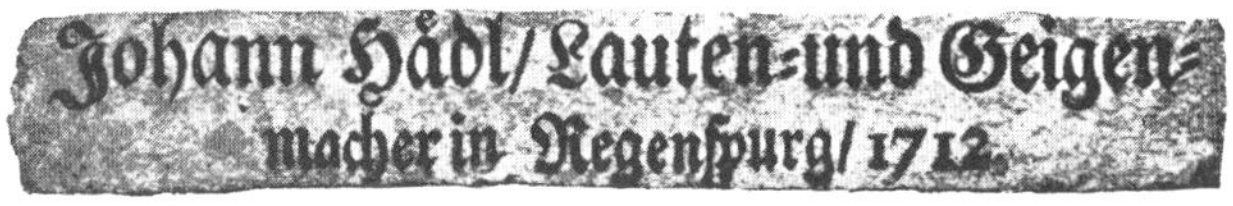

Johann Hädl, Lauten- und Geigen-
macher in Regensburg, 1712.

166

Joh: Christian Hamig.
Musik. Instr. 1756

167

JOHANNES HASERT Isenacensis,
Faciebat Anno 1775

168

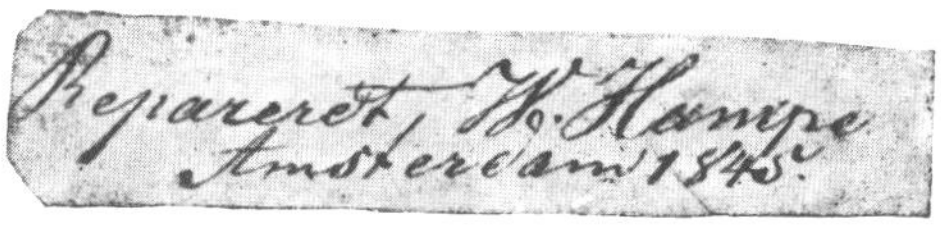

Repareret W. Hampe
Amsterdam 1845

169

Joa. Bapt. Havelka
Fecit Lincii Anno 1786

170

Simon Joannes Havelka,
fecit Lincii, 1765

171

David Christian Havemann,
Organist und Violinmacher in
Klingenthal 17

172

Carolus Helmer in Prag.   18..

173

Joañes Geor-   gius Helmer
me fecit Prag-   ae. 1761

174

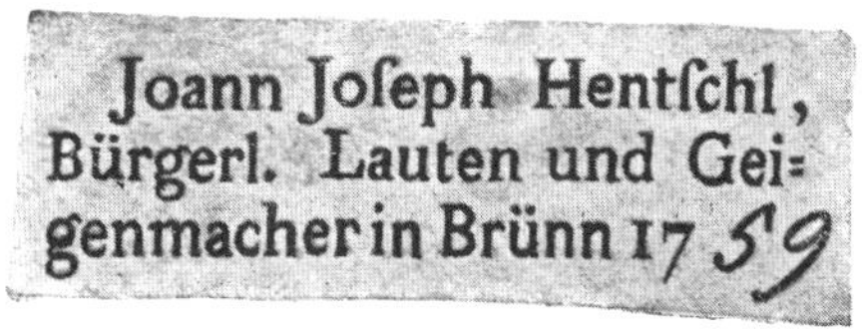

Joann Joseph Hentschl,
Bürgerl. Lauten und Gei-
genmacher in Brünn 1759

175

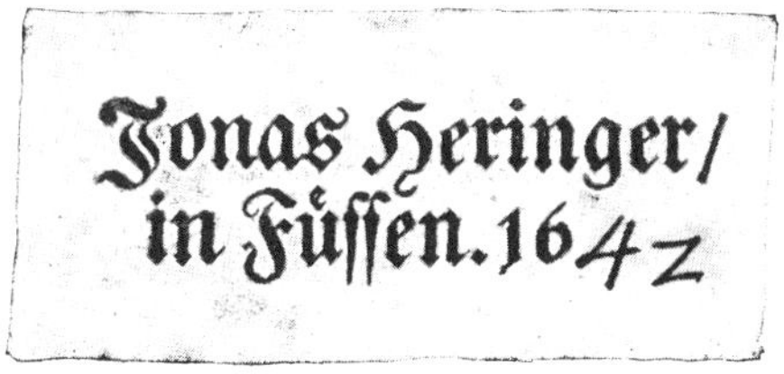

Jonas Heringer,
in Füssen. 1642

176

Joseph Hiebler Lauten- und Geigenma-
cher, fecit Augustæ 1789

177

Tafel 15

H

178 — Franz HILANJ, Bürgerlicher Geigen- u. Guitarrenmacher in Wels.

179 — Joseph Hill. Maker at the Harp and Flute, in the Hay-Market. 17 LONDON 64.

180 — Made & Sold by Jos.H Hill at ye Violin in Angel Court 17 Westminster 49

181 — Matthæus Hirschstein Musical. Instrum. Hændler in Leipzig.

182 — Johan Christian Hoffman Königl. Pohl. Churfürstl. Sächs. Hof Instr. u. Lautenmacher Leipzig 1712

183 — Joh. Christian Hoffmann Königl. Pohln. und Churf.tl Sächs. Hof Instrument, und Lautenmacher. Leipzig 1731.

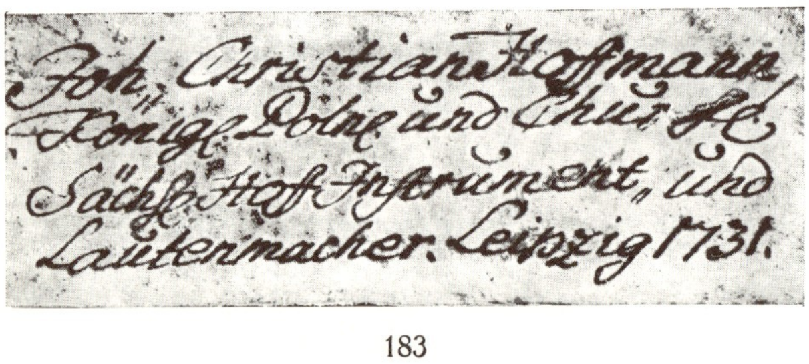

184 — Martin Hoffmann in Leipzig. 1688

185 — Johann Martin Hofman Hochfürstl. Hof- Laut- und Geigenmacher in Schillingsfürst. 1805

186 — Joseph Hollmayr, Lauten- und Geigenmacher zu Neuburg an der Donau 1777

Tafel 16

H

187

188

189

190

191

192

193

194

196

195

197

198

199

Tafel 17

H—J—K

200

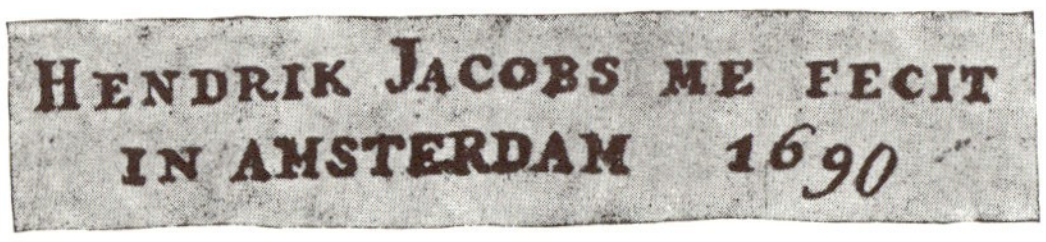

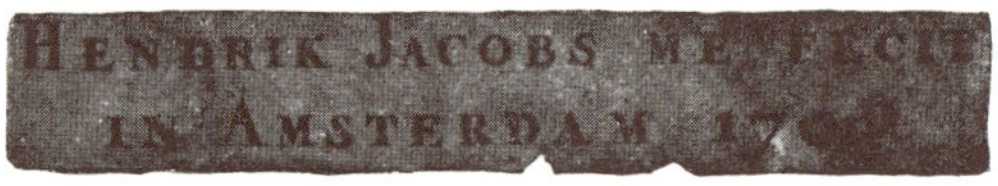

HENDRIK JACOBS ME FECIT IN AMSTERDAM 1690

201

202

Anton Jais in Mittenwald an der Ifar 1773

203

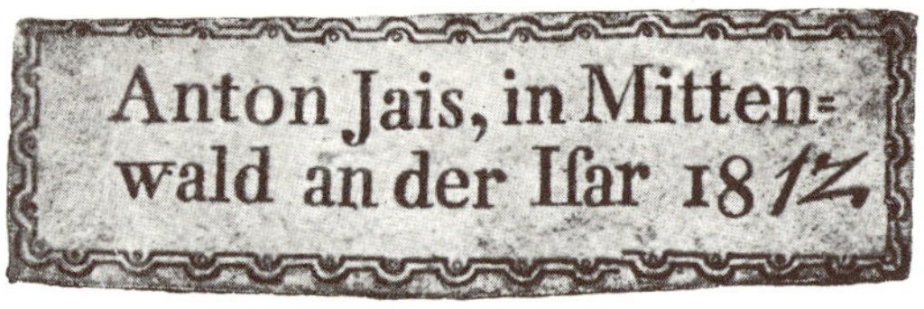

Anton Jais, in Mittenwald an der Ifar 1812

204

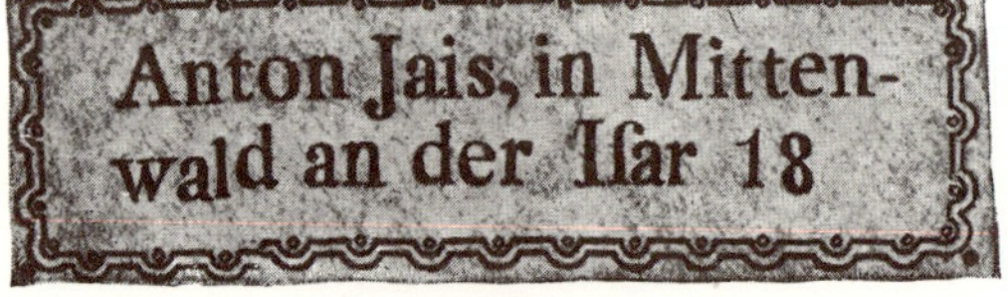

Anton Jais, in Mittenwald an der Ifar 18

205

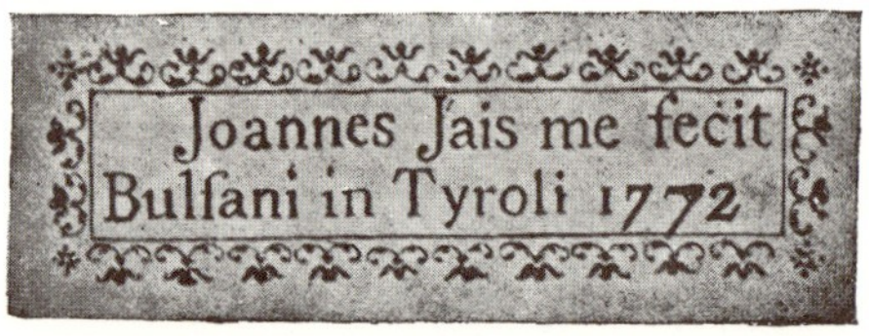

Joannes Jais me fecit Bulsani in Tyroli 1772

206

207

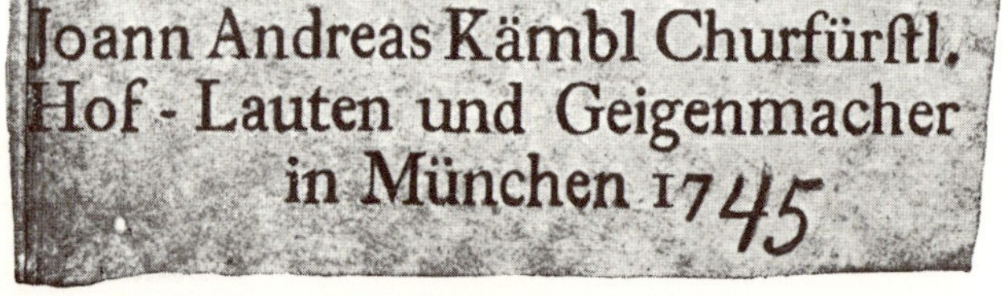

Joann Andreas Kämbl Churfürstl. Hof - Lauten und Geigenmacher in München 1745

208

Tafel 18

K

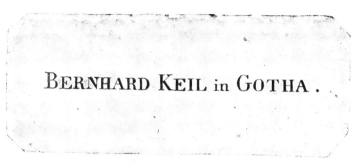

209

210

212

213

214

215

216

217

218

219

Tafel 19

K

220 — Michael Kloz in Mittenwald an der Iſer. An. 17

221 — Sebaſtian Kloz, in Mittenwald, An 1803

222 — Franz Knitl, Hof- Geigen- und Lautenmacher in Freyſing 17

223 — Hannß Khögl Lauten vnd Geigenmacher in Wienn / Anno 16

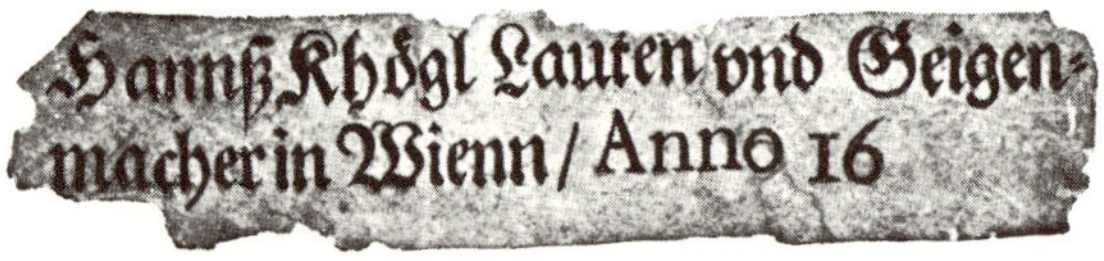

224 — Jacobus Kolditz me fecit Rumburgiæ 17

225 — MATHIAS JOANNES KOLDIZ, Lauten- und Geigenmacher in München. 1739

226 — Georg Nicol Kölmer 1809 Inſtrumentenmacher in Loxxxxxx

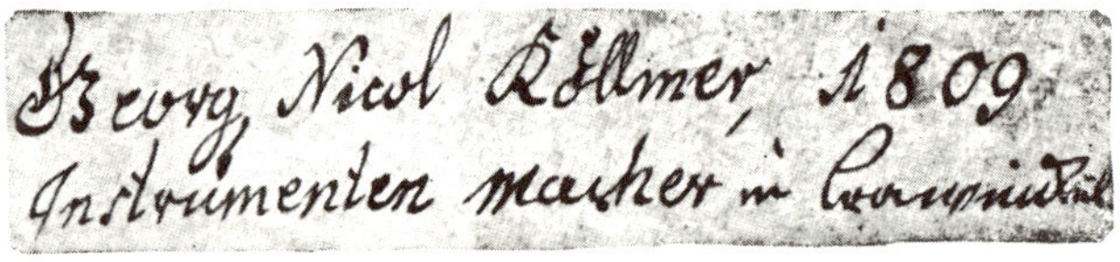

227 — Pet: Krafft Kongl. hof Instrum. Mahare No 593 Stockholm A: 1796

228 — Franz Kranabetter, bürgl. Geigen- und Inſtrumentenmacher zu Klagenfurt 1841.

Tafel 20

K—L

229 Joseph Kratschmann, Geigen und Guittarenmacher in Znaim Anno 18

230 Georg Adam Krausch, in Iglau. 1829.

231 Georg Carl Kretzschmann Violin-macher in Neukirchen 17

232 Joseph Kriner, Geigenmacher in Mittenwald an der Iser.

233 Simon Kriner, Geigenmacher in Mittenwald an der Iser. Anno 1815

234 J. N. LAMBERT, rue Michel-le Comte, PARIS 1749

235 Carlo Ferdinando Landolfi nella Contrada di Santa Margarita al Segno della Sirena. Milano 1760

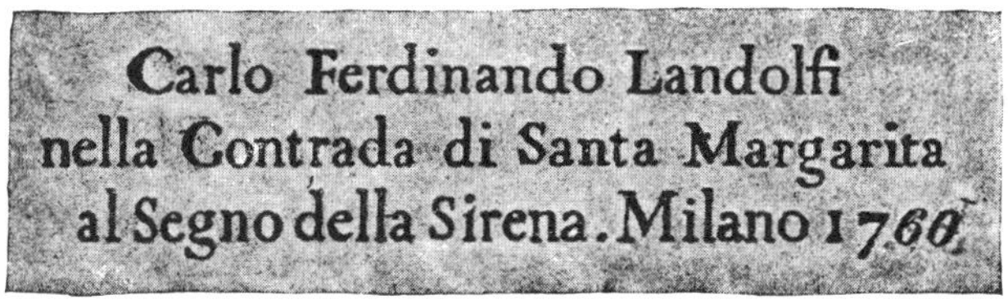

236 Carolus Ferdinandus Landulphus fecit Mediolani in Via S. Margaritæ anno 17..

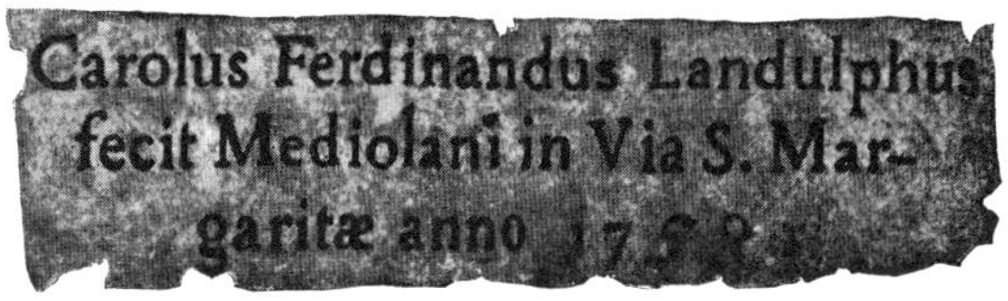

237 Pietro Antonio figlio di Carlo Ferdinando Landolfi in Milano al Segno della Serena l'Anno 1780

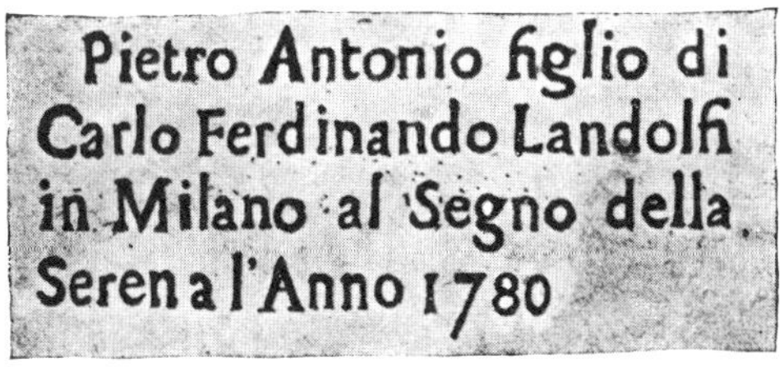

238 J. G. Longwardish Instrumentenmacher in Leipzig 1816

239 Josephus Antonius Laske fecit Pragæ, Anno 1791

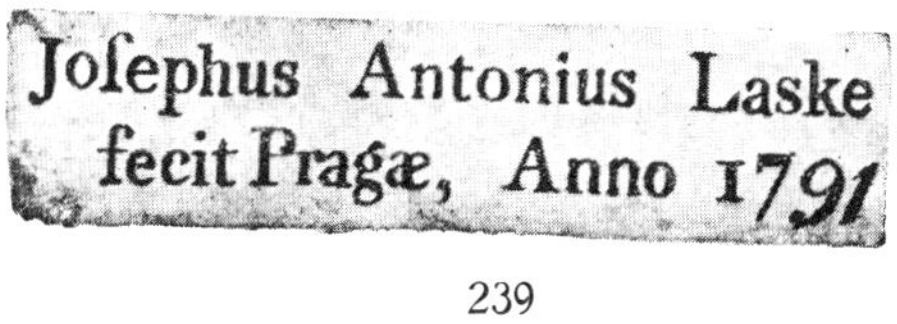

240 J. N. LE CLERC, Luthier, aux Quinze-vingt A PARIS, 1765

Tafel 21

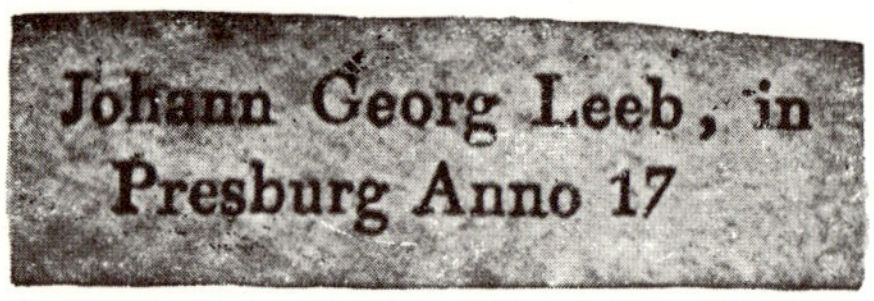

L

241 Johann Georg Leeb, in Presburg Anno 17

242 François le Jeune rue de la Juiverie a Paris année 1750

243 Martin Leißmüller in Krün bey Mittenwald, 1757

244 Gottlieb Liebich, Violinmacher in Hermsdorf unterm Kynast.

245 Johann Gottfried Liebich, Geigen-Lauten- und Harfenmacher in Breslau 1791

246 Ventura di Francesco linarolo. In Venetia. 1577

247 Martin Lipp Dillingen 1835

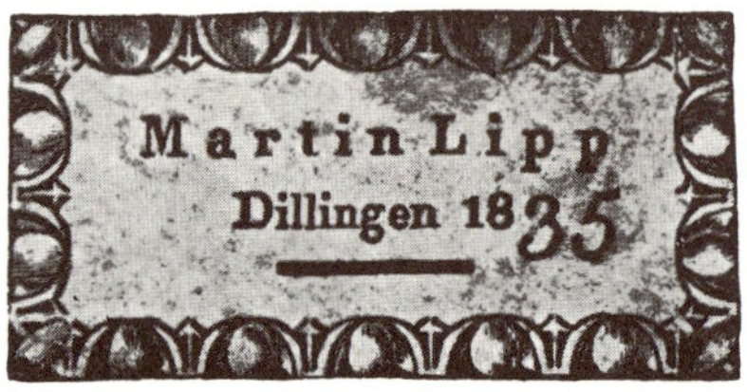

248 Carl Friedrich Lippold, musikalischer Instrumentenmacher in Neukirchen. 1794.

249 Iohann Georg Lippold, musicalischer Insttumentenmacher in Neukirchen. 1792

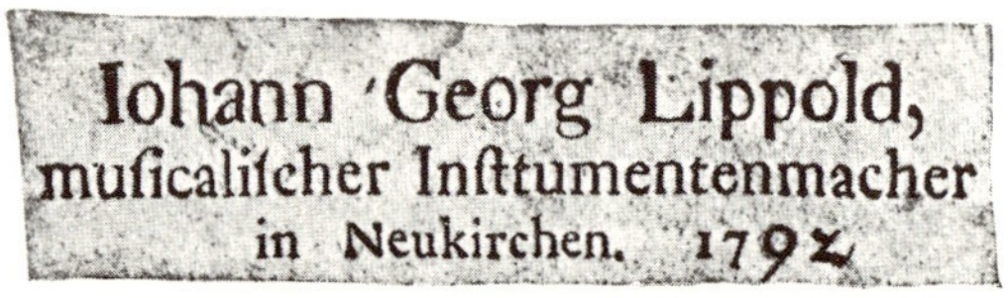

250 Iohann George Lippold, musikalischer Instrumentenmacher in Neukirchen bey Adorf, 1807

251 IULIUS LOMBARDI FECIT ARIMINI 1785

Tafel 22

L—M

Robert Lotz
Instrumentenmacher in Gotha.

252

FRANCISCO LUPOT fecit
In Orleano, anno 17..

253

1786 rue d'Illiers
à Orleans
N. Lupot fils luthier
fecit

254

NICOLAUS LUPOT, Filius,
fecit in Aurelianensis Anno 1790

255

Nicolas Lupot Luthier rue de
Grammont, a Paris l'an 1803

256

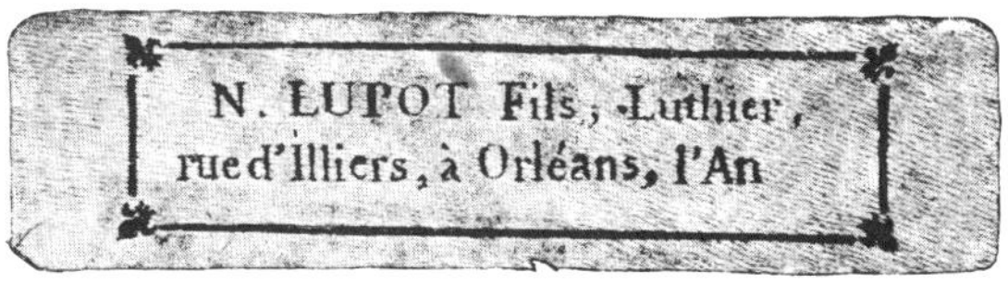

N. LUPOT Fils, Luthier,
rue d'Illiers, à Orléans, l'An

257

.N. Lupot Luthier de la Musique du Roi
et de l'Ecole Royale de Musique
Paris: 18

258

Nicolas Lupot, Luthier, rue Croix
des petits-Champs, à Paris, l'an

259

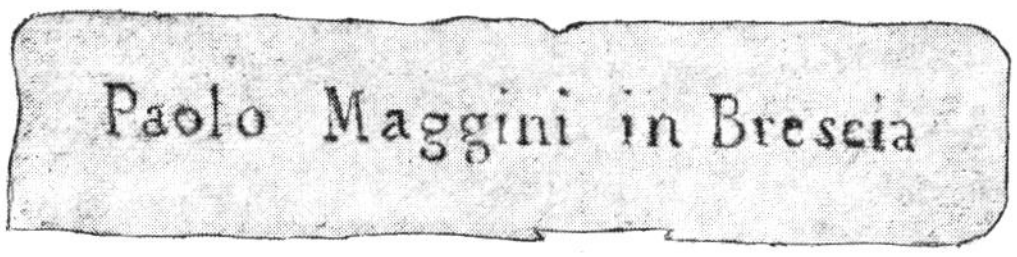

Paolo Maggini in Brescia

260

Gio: Paolo Maggini in Brescia.

261

Joann. Stephanus Maldoner
fecit Füssen, 17..

262

Tafel 23

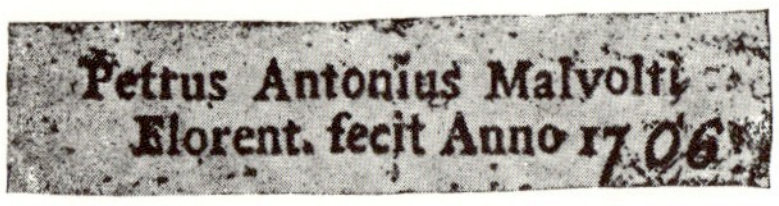

Petrus Antonius Malvolti
Florent. fecit Anno 1706
263

Petrus Joannes Mantegatia fecit Mediolani in Via S. Margaritæ 1783
264

Petrus Io." Fratresq
Mantegatia Mediolani
in Via S Margarite anno
1757
265

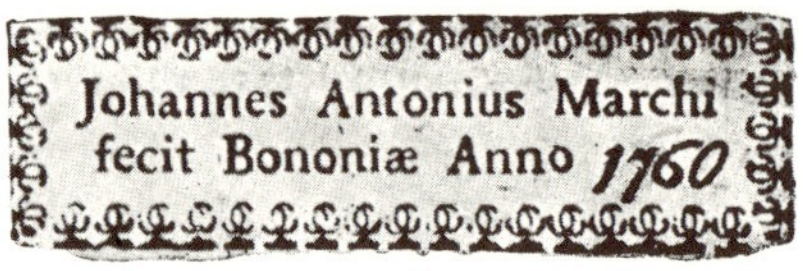

Johannes Antonius Marchi
fecit Bononiæ Anno 1760
266

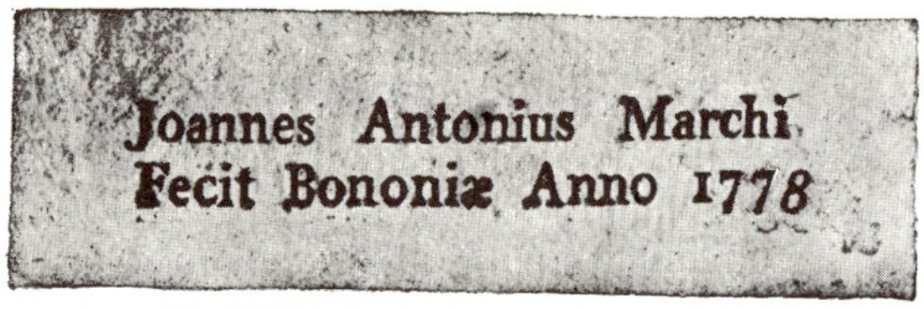

Joannes Antonius Marchi
Fecit Bononiæ Anno 1778
267

Antonio Mariani
Pesaro 1669
268

Antonio Mariani
Fece in Pesero
Anno 1680
269

Adam Martin,
macht mich in Neukirchen in Voigtland
bey Adorf 179
270

Adam Martin
macht mich in Neukirchen, in Voigtland bey Adorf. Ao 1775
271

Leonhard Maussiell, Lautten- und
Geigenmacher in Nürnberg. 1711
272

Tafel 24

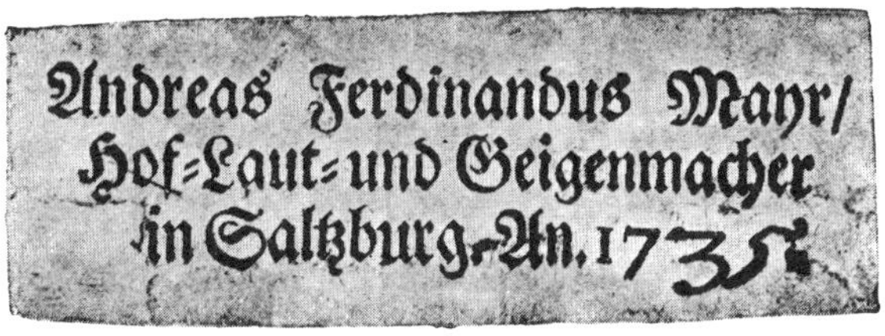

Andreas Ferdinandus Mayr/
Hof=Laut=und Geigenmacher
in Saltzburg-An. 1735.

273

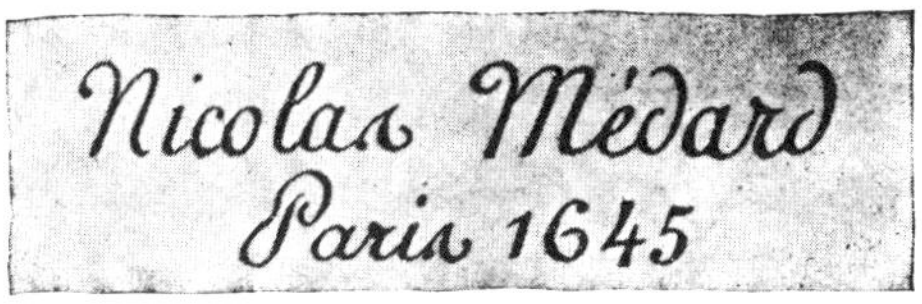

Nicolas Médard
Paris 1645

274

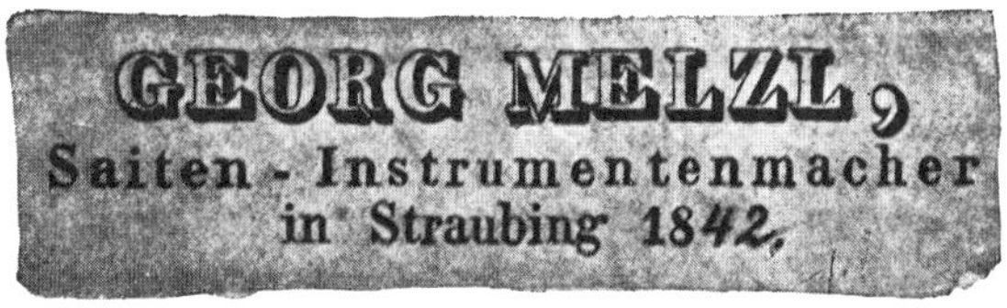

GEORG MELZL,
Saiten - Instrumentenmacher
in Straubing 1842.

275

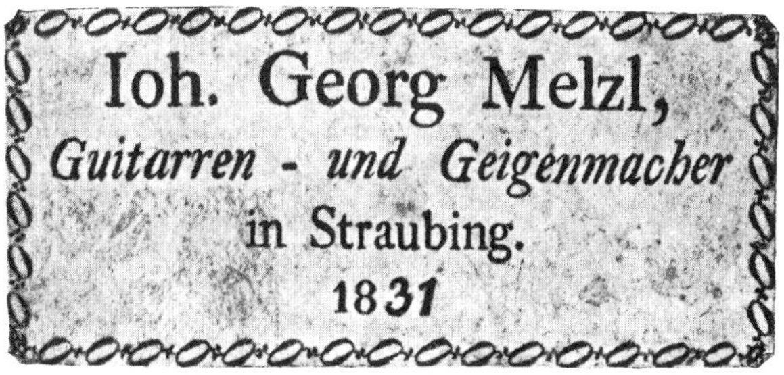

Ioh. Georg Melzl,
Guitarren - und Geigenmacher
in Straubing.
1831

276

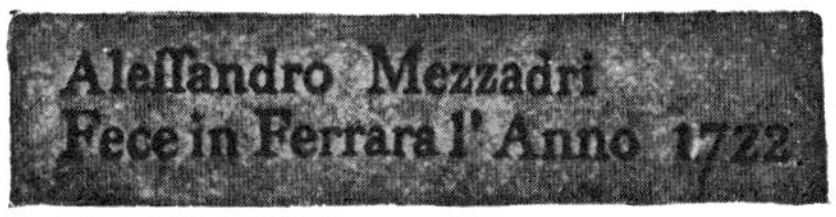

Alessandro Mezzadri
Fece in Ferrara l' Anno 1722

277

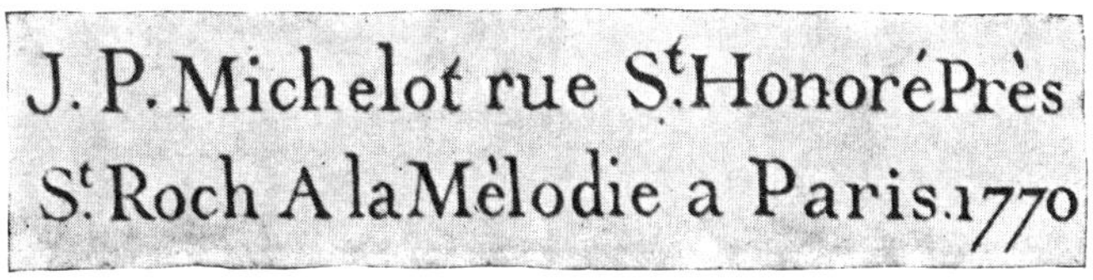

J. P. Michelot rue S.t Honoré Près
S.t Roch A la Mélodie a Paris. 1770

278

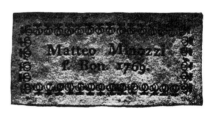

Matteo Minozzi
f. Bon. 1769.

279

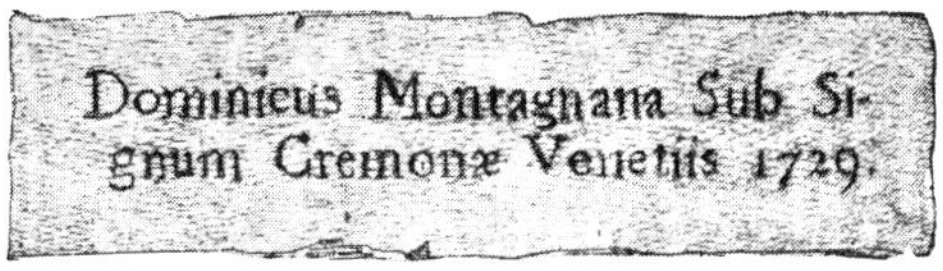

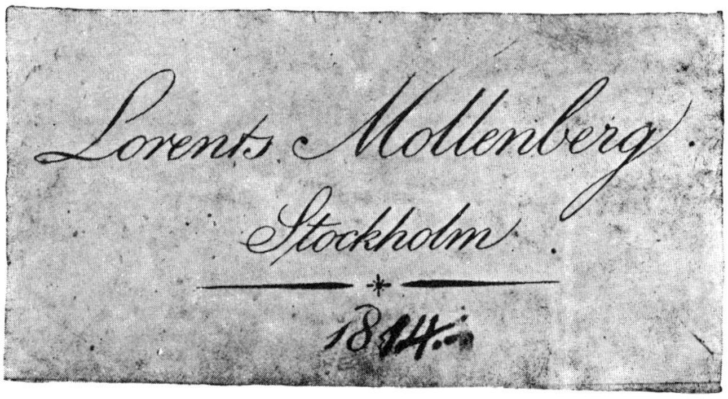

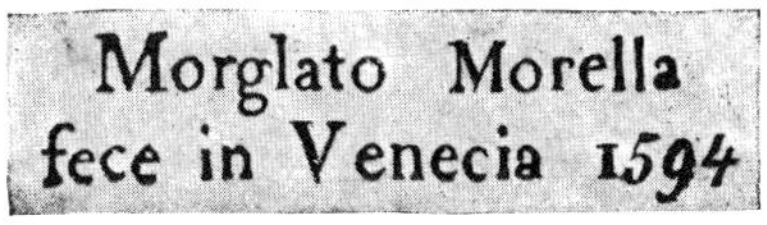

Lorents Mollenberg
Stockholm
1814.

280

Dominicus Montagnana Sub Si-
gnum Cremonæ Venetiis 1729.

281

Morglato Morella
fece in Venecia 1594

282

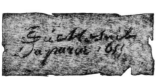

283

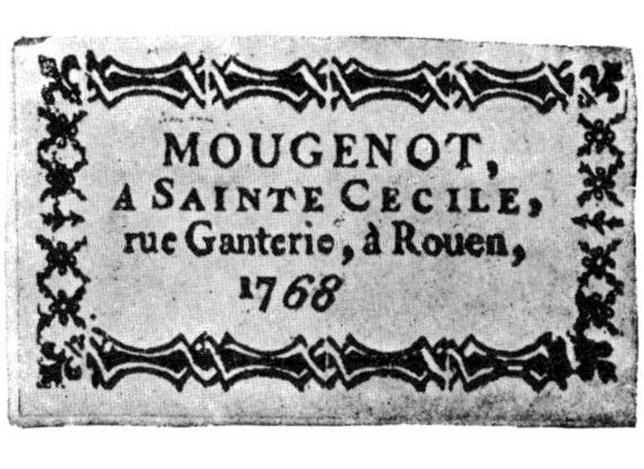

MOUGENOT,
A SAINTE CECILE,
rue Ganterie, à Rouen,
1768

284

Tafel 25

N–O–P

285 Johann Georg Neüner, Lauten u. Geigenmacher in St. Petersburg 1829

286 Mathias Neüner, Geigenmacher in Mittenwald. 1812 Nro. 94.

287 Nicolas rue Croix des petits Champs à Paris 1805

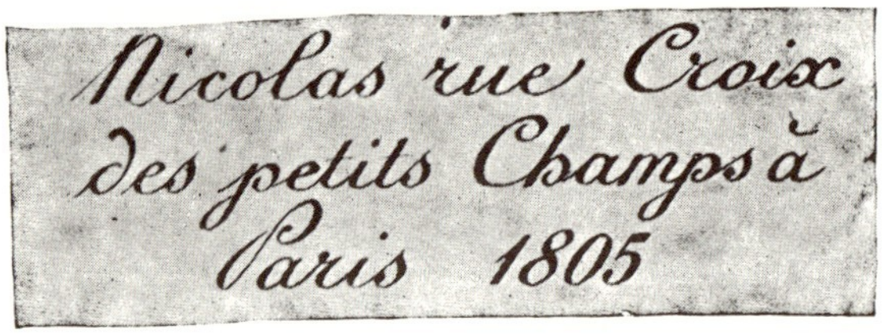

288 Sympertus Niggell, Lauten- und Geigen-Macher in Füssen, 1770

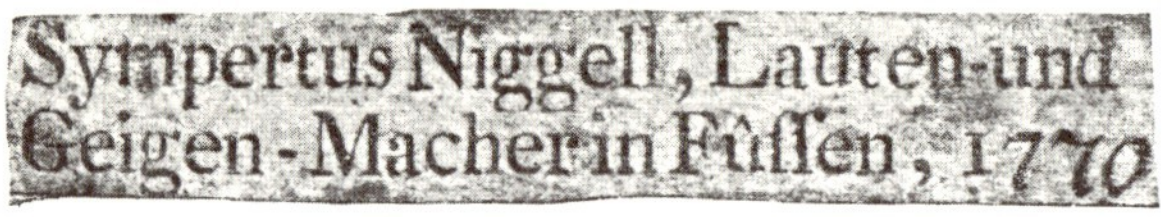

289 Joseph Odoardi Filius Antonii Fecit prope Asculum 1785

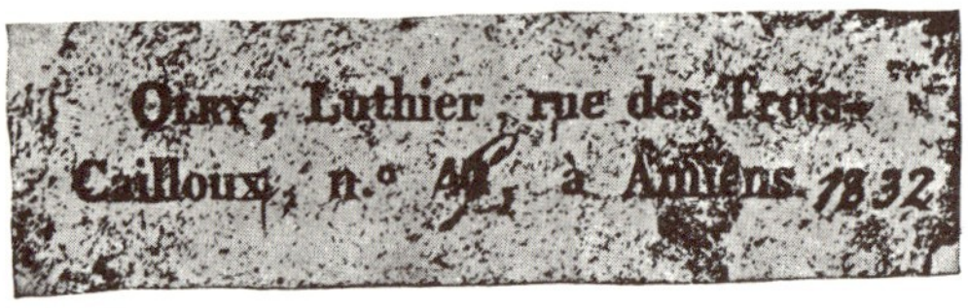

290 Oury, Luthier rue des Trois-Cailloux, n.° 40 a Amiens 1832

291 Frantz Oftler, Lauthen- und Geigenmacher in Wienn. An. 1721

292 Ouvrard Luthier Place de l'École à Paris 1795

293 Johann Padewet, Grossh. Bad. Hof-Saiteninstrumentenmacher in Carlsruhe 1845

294 Pietro Pallotta fec. L'Anno 1790 in Perugia

Tafel 26

P—R

295

296

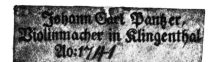

297

298

299

300

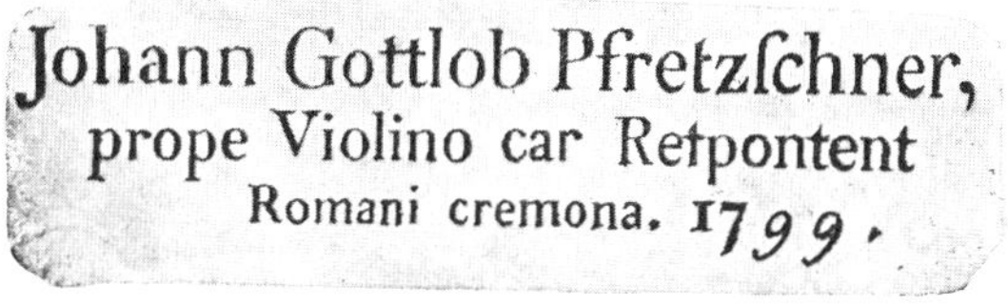

Johann Gottlob Pfretzſchner,
prope Violino car Retpontent
Romani cremona. 1799.

301

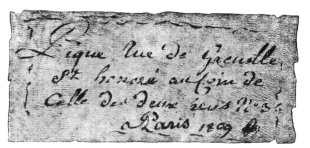

302

303

304

305

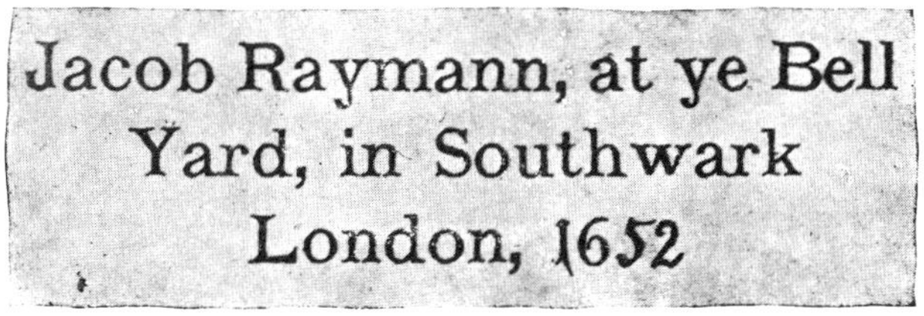

Jacob Raymann, at ye Bell
Yard, in Southwark
London, 1652

306

Tafel 27

CLAUDE PIERRAY, rue des Foſſés
Saint Germain-des-Préz a Paris, 1720.

307

Johann Caspar Reichel, Violin-
macher in Neukirchen, Ao. 1729

308

Johann Gottfried Reichel
erfunden von Jacob Stainer in Apſam.

309

R E M Y,
Luthier, & Facteur de Harpe,
A PARIS.

310

Dominicus Rief in Vils
im Tyroll. 1795

311

Giouita Rodiani. In Brescia

312

Io: Bap. Rogerius Bon: Nicolai Amati de Cremo-
na alumnus Brixiæ fecit. Anno Domini 1671

313

Christian Roth, Violin und
Lautenmacher aus Prag. Ao. 17..

314

Francesco Ruger detto il Per
Cremona 169?

315

Francesco Ruggieri detto
il per Cremona 1673

316

Vicenzo Ruger detto il Per.
In Cremona 1714

317

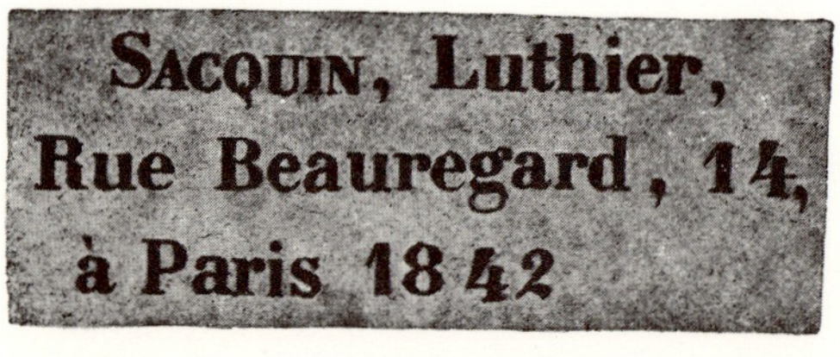

SACQUIN, Luthier,
Rue Beauregard, 14,
à Paris 1842

318

Tafel 28

Gasparo da Salò, In Brescia.

319

D. Francesco q. Gaspar da Salò, in Brescia.

320

Salomon Luthier a St. Cecille
Place de la ecole a Paris 1756

321

GAJECTANUS
SANTAGIULIANA FECIT.
VICENTIÆ ANNO 1804.

322

Christian Gottfried Schedelich,
Violinmacher in Inspruck Ao 17

323

Matth. Fridr. Scheinlein, fecit
Langenfeld prope Nürmberg 1769.

324

Sebastian Schelle, Lautten- und
Geigenmacher in Nürnberg
zugericht,

225

── Tafel 29 ──

S

326 Jacob Schmidbauer fecit Ratisbonae 1837.

327 Simon Schödler, hochfürstl. Hof Lauten- und Geigenmacher zu Passau im Jahre 1785

328 Johann Adam Schönfelder, Violinmacher in Neukirchen, Ao. 1743

329 Joannes Schorn, Hoff Lauten- und Geigenmacher, Salisburgi. 1708

330 JOANN PAUL SCHORN, H. F. Musicus auch Lauten und Geigenmacher in Salzburg. Aᵒ 1716

331 Petrus Schulz fecit Ratisbonae anno 1830.

332 Petrus Schulz Ratisbonensis faciebat anno 1836.

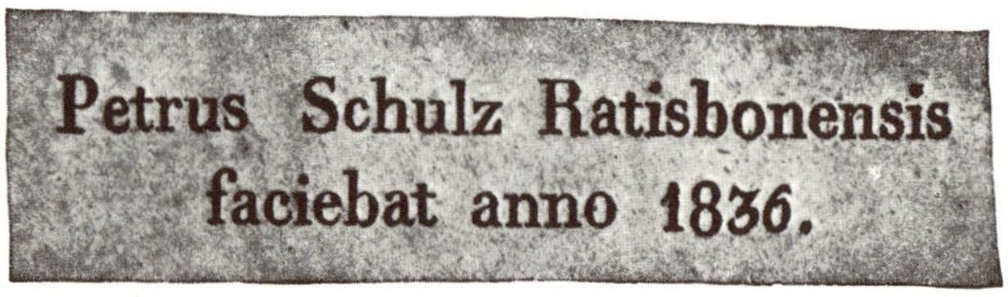

333 Petrus Schulz Chittar- und Geigenmacher in Regensburg anno 1845.

334 Joh. Christ. Schuster Violinmacher aus Prag 17

335 Joseph Anton Schuster, Geigenmacher in Schömbach, 1778

336 Leopold Schwaicher Lauten und Geigenmacher in Floridsdorf nächst Wien 18__70

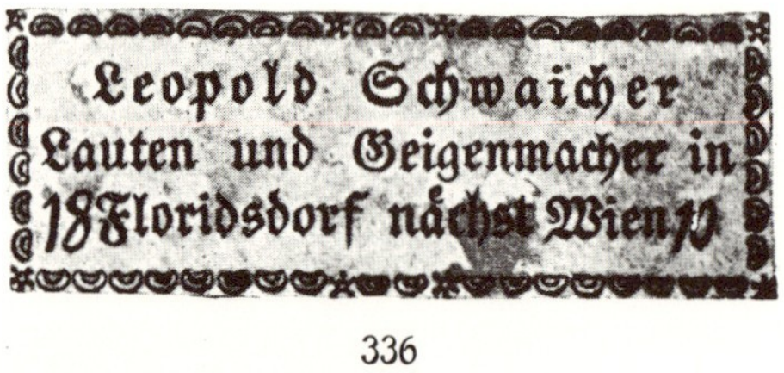

337 Antoni Schwartz, Laut und Geigenmacher in Breßlau. 1758

338 Réparé par Schwartz à Strasbourg. 1817.

Tafel 30

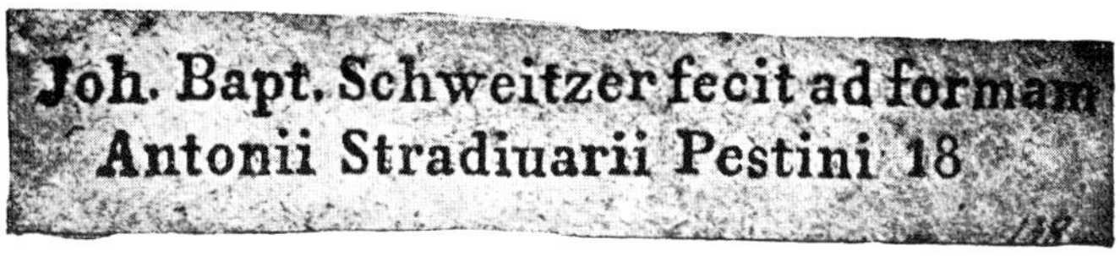

Joh. Bapt. Schweitzer fecit ad formam
Antonii Stradiuarii Pestini 18

339

Sanctus Seraphin
Utinensis Fecit
Venetijs Ann.17

340

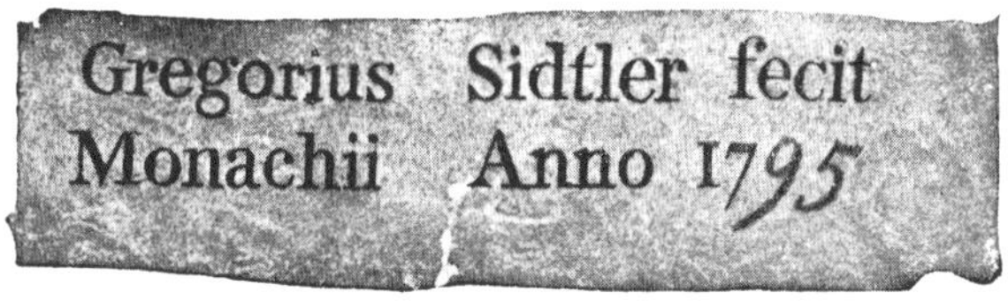

Gregorius Sidtler fecit
Monachii Anno 1795

341

342

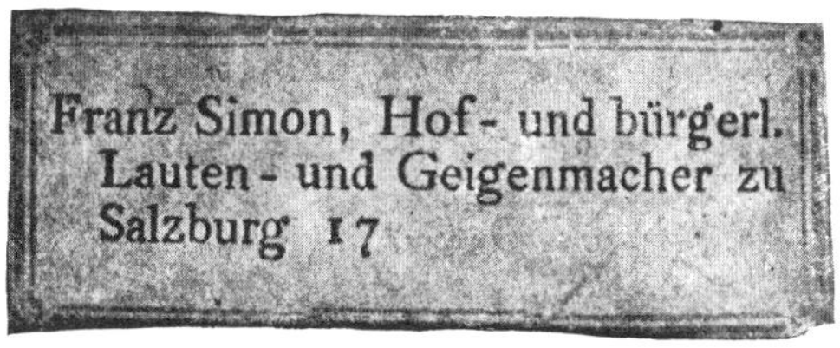

Franz Simon, Hof- und bürgerl.
Lauten- und Geigenmacher zu
Salzburg 17

343

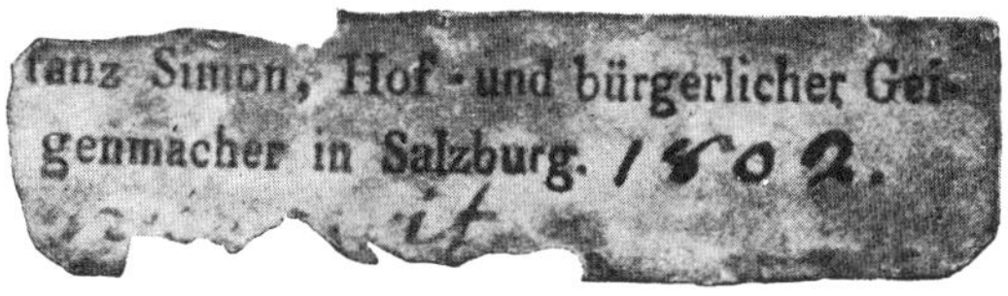

ranz Simon, Hof- und bürgerlicher Geigenmacher in Salzburg. 1802.

344

SOCQUET
Au Génie de l'Harmonie
Place du Vieux Louvre, a Paris 1765

345

Daniel Achaßius Stadlmann
Lautten/ vnd Geigen-Macher
in Wienn/ Anno 1715

346

Tafel 31

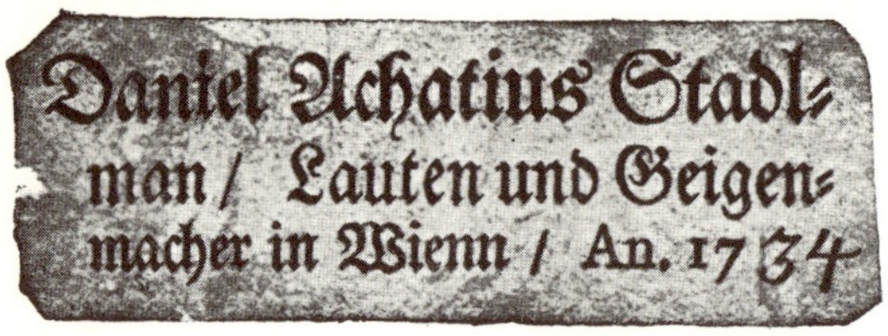

S

Daniel Achatius Stadl-
man / Lauten und Geigen-
macher in Wienn / An. 1734

347

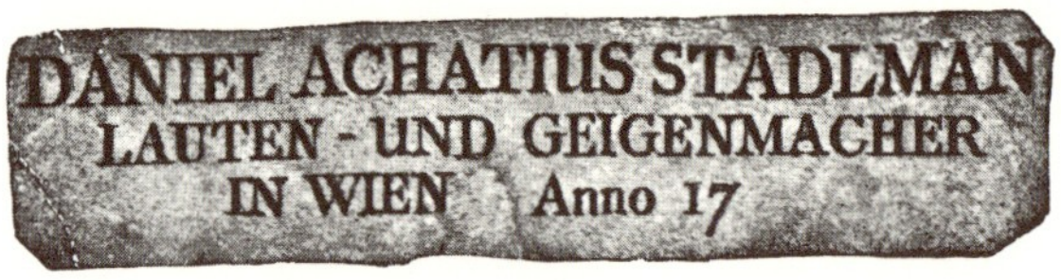

DANIEL ACHATIUS STADLMAN
LAUTEN - UND GEIGENMACHER
IN WIEN   Anno 17

348

Joseph Stadelman in Wien
Lauten & Instrumenmacher
ao 1807

349

350

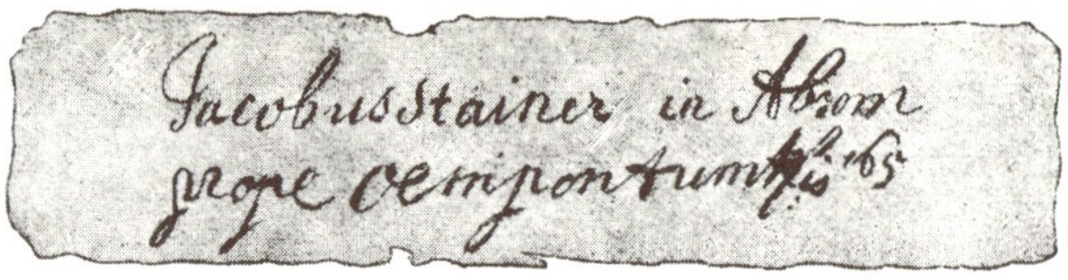

351

352

353

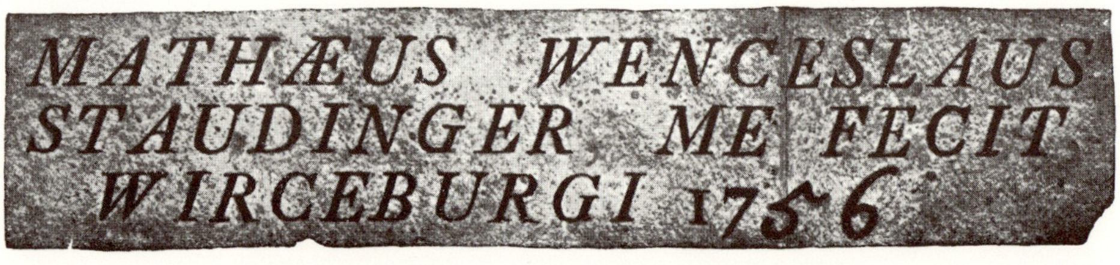

MATHÆUS WENCESLAUS
STAUDINGER ME FECIT
WIRCEBURGI 1756

354

Tafel 32

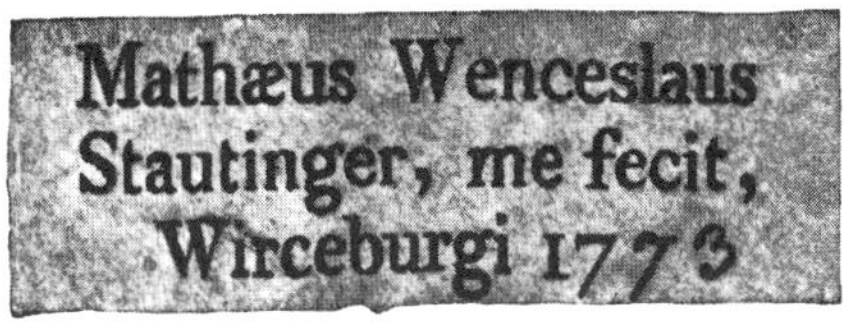

Mathæus Wenceslaus Stautinger, me fecit, Wirceburgi 1773

355

Joannes Georgius Stanfer fecit Viennae anno 1828
im Dezember

356

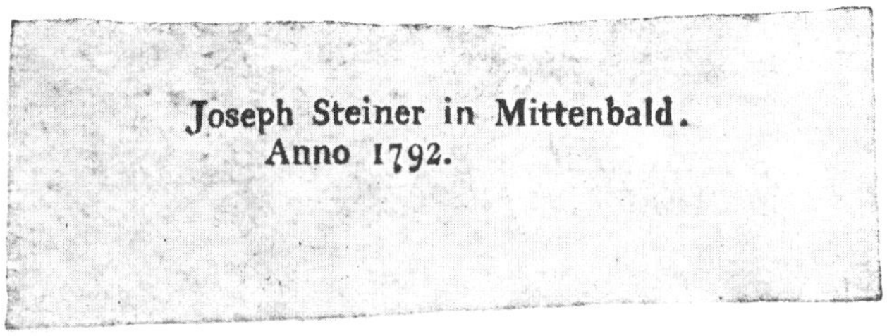

Joseph Steiner in Mittenbald.
Anno 1792.

357

Hinrich Frantz Sternberg, fecit Lüneburgensis

358

Johann Stöhr,
Geigenmacher in Salzburg 18..

359

Georgen Storch zu Dantzigk.

360

Laurentius Storioni fecit,
Cremonæ 1778.

361

Franz Antoni Stoß
in Fuessen am Türoll.
18 . .

362

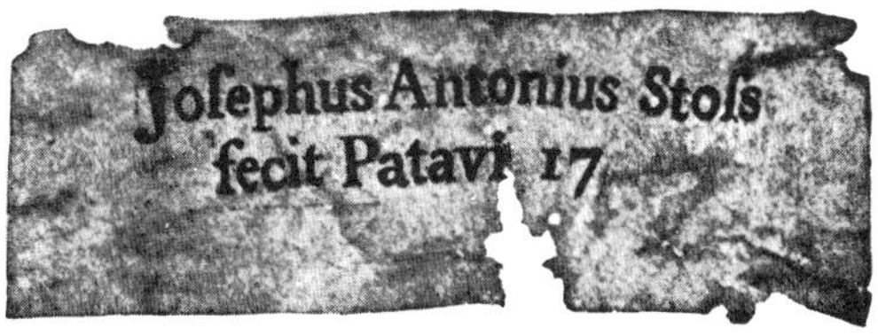

Josephus Antonius Stoß
fecit Patavi 17..

363

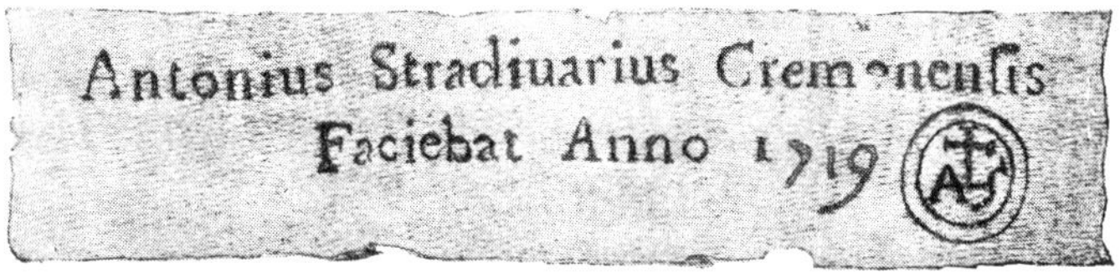

Antonius Stradiuarius Cremonensis
Faciebat Anno 1719

364

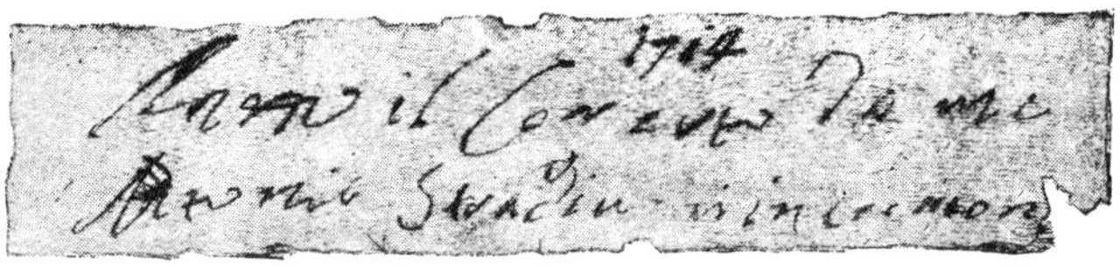

1714

365

Franciscus Stradivarius Cremonensis
Filius Antonii faciebat Anno 1742

366

Tafel 33

S—T

Omobonus Stradiuarius figlij Antonij Cremonæ Fecit Anno 1740.
367

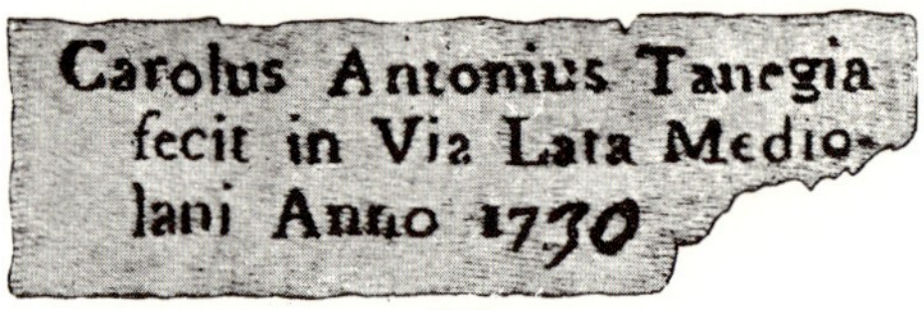

Carolus Antonius Tanegia fecit in Via Lata Mediolani Anno 1730
368

Opus Bartholomæy Taffini 1736
369

David Tecchler Liutaro Fecit Romæ Anno 1703.
370

David Dechler fecit Rom 1710.
371

Joh. Tentzel, Lautenmacher, in Mittenvvald, fecit. 1723
372

Carlo Antonio Testore figlio di Carlo Giuseppe Testore al segno dell'Aquila in Contrada di Milano 1715
373

Carlo Antonio Testore figlio maggiore del fu Carlo Giuseppe in Contrada larga al segno dell'Aquila Milano 1741
374

Paolo Antonio Testore figlio Carlo Giuseppe Testore in Contrada Larga di Milano al segno dell'Aquila 1736
375

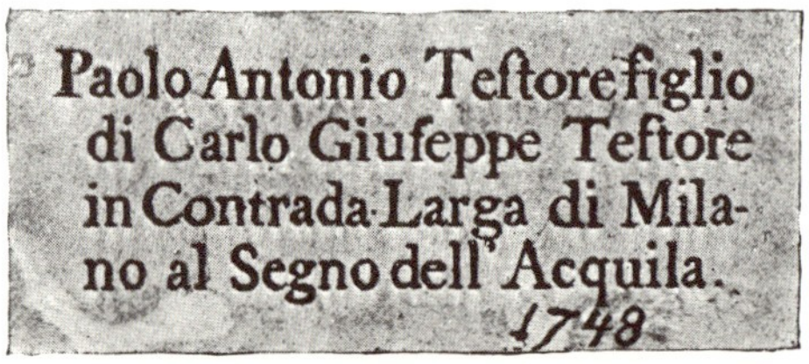

Paolo Antonio Testore figlio di Carlo Giuseppe Testore in Contrada Larga di Milano al Segno dell'Acquila 1748
376

J. G. Thielemann Academischer Künstler zu Berlin
377

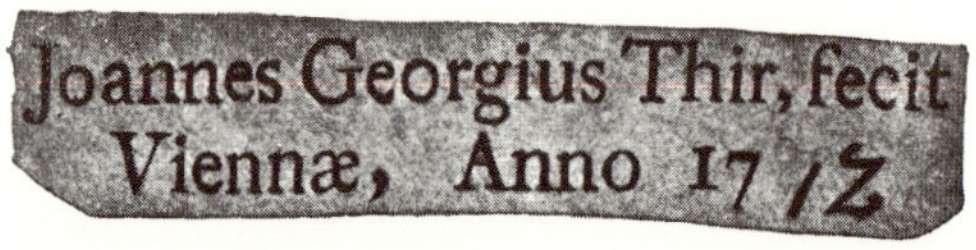

Joannes Georgius Thir, fecit Viennæ, Anno 1712
378

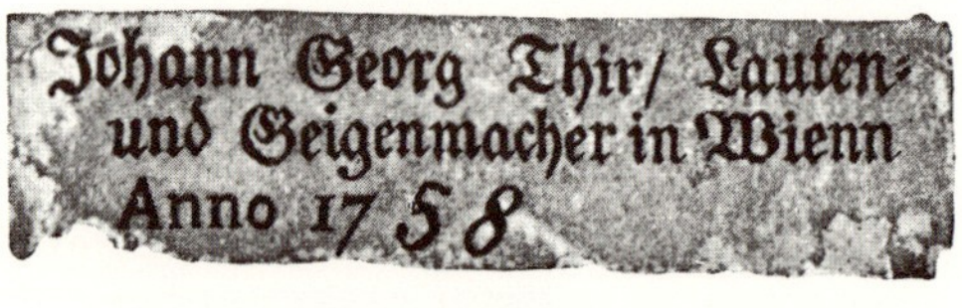

Johann Georg Thir, Lauten- und Geigenmacher in Wienn Anno 1758
379

Tafel 34

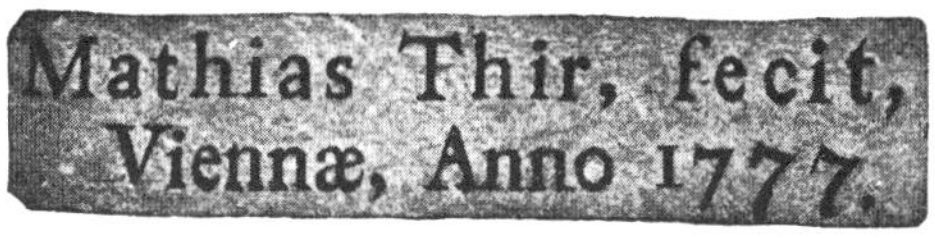

T—V

380 Mathias Thir, fecit, Viennæ, Anno 1777.

381 Gottlieb Alois Thumhart, Guitarre- und Geigenmacher in Straubing. 18..

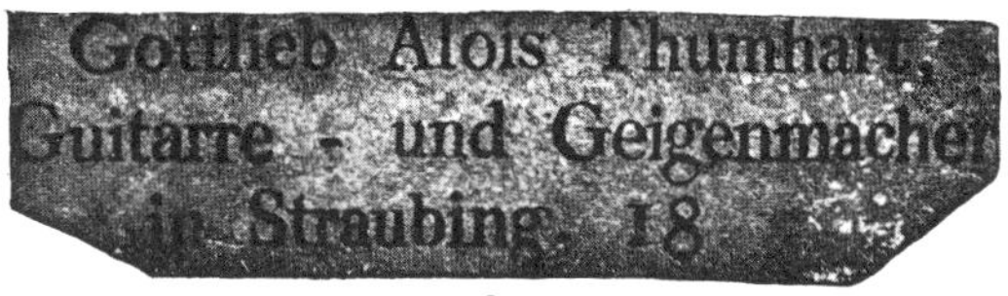

382 Johann Georg Thumhardt, Lauten- und Geigenmacher in Amberg 1784

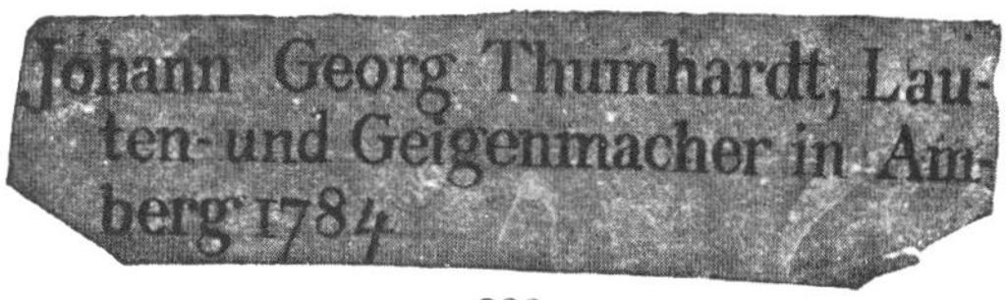

383 Johann Stephan Thumhard, Lautten- und Geigenmacher Straubing. 1800.

384 Georg Tiefenbrunner Saiten-Jnstrumentenmacher in München 1847

385 IOACHIM TIELKE in Hamburg. Un. 1690

386 Carolus Tononi fecit Bononiæ in Via Sancti Mamantis sub Signo Sanctæ Caciliæ Anno Domini 1716.

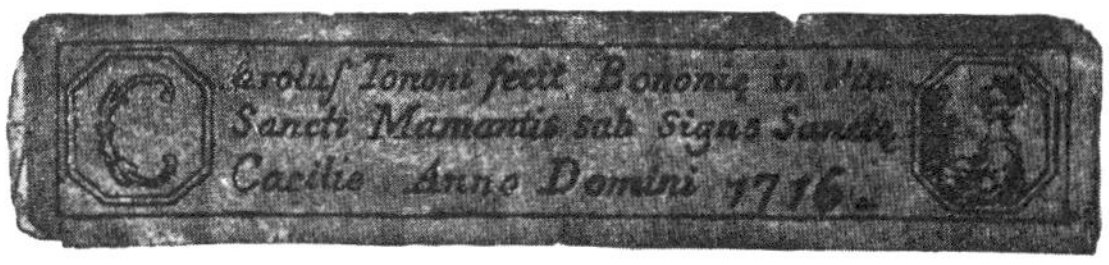

387 Carlo Tononi Bolognese Fece in Venezia l'A: 1729

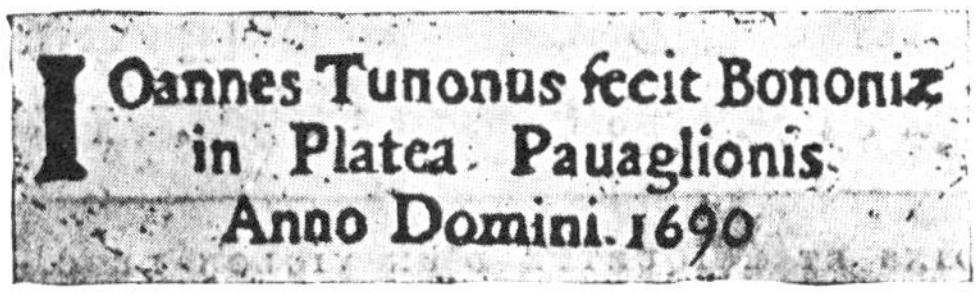

388 Ioannes Tununus fecit Bononiæ in Platea Pauaglionis Anno Domini 1690

389 PIETRO TONONI me fecit Bologna 1713.

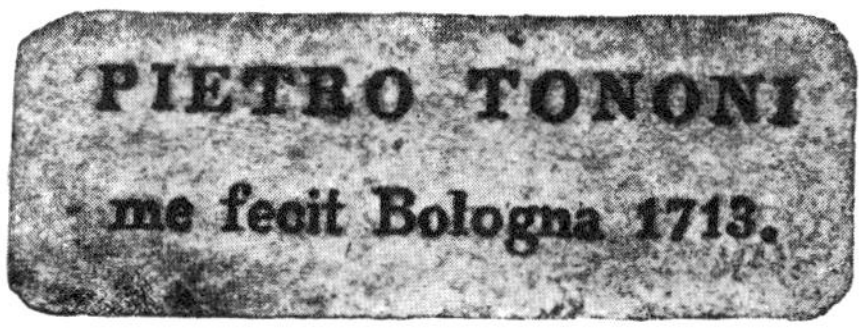

390 Angelus de Toppanis fecit Romæ Anno Dñi 1735

391 Joannes Maria Valenzano Astensis fecit Romæ 1825.

Tafel 35

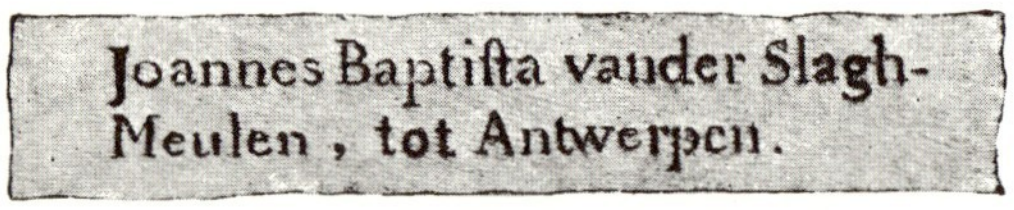

V—W

Joannes Baptista vander Slagh-
Meulen, tot Antwerpen.

392

393

Petrus Paulus De Vitor
Venetus fecit Brixiæ 1738.

394

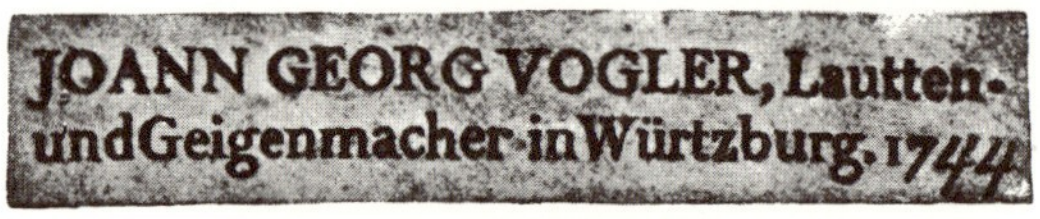

JOANN GEORG VOGLER, Lautten-
und Geigenmacher in Würtzburg. 1744

395

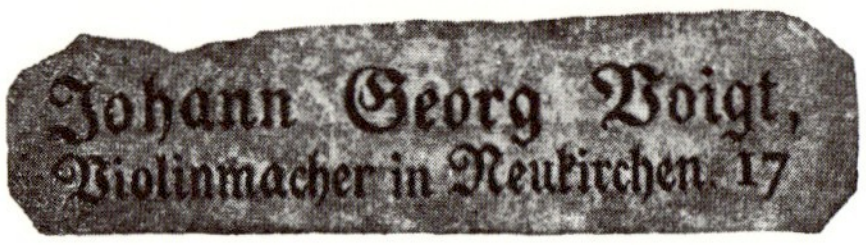

Johann Georg Voigt,
Violinmacher in Neukirchen. 17

396

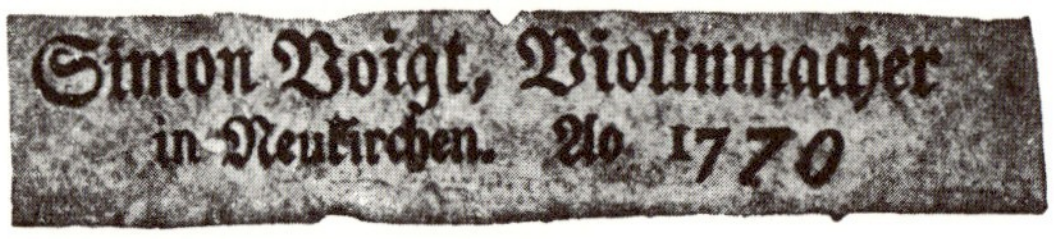

Simon Voigt, Violinmacher
in Neukirchen. Ao 1770

397

398

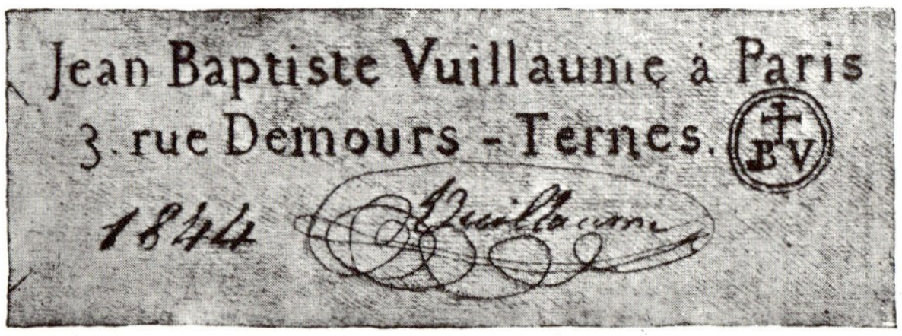

Jean Baptiste Vuillaume à Paris
3. rue Demours - Ternes.
1844

399

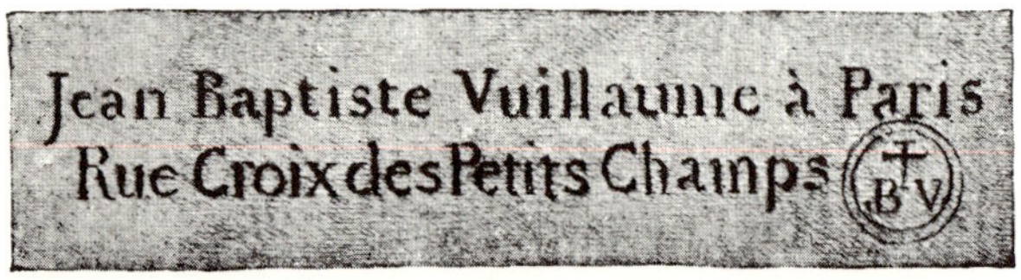

Jean Baptiste Vuillaume à Paris
Rue Croix des Petits Champs

400

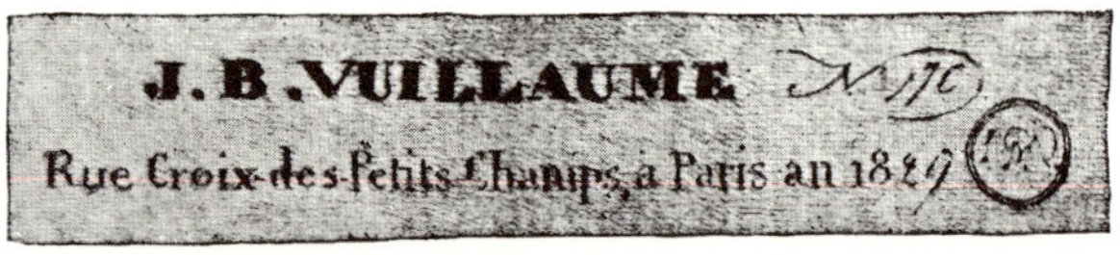

J. B. VUILLAUME
Rue Croix des Petits Champs, à Paris an 1829

401

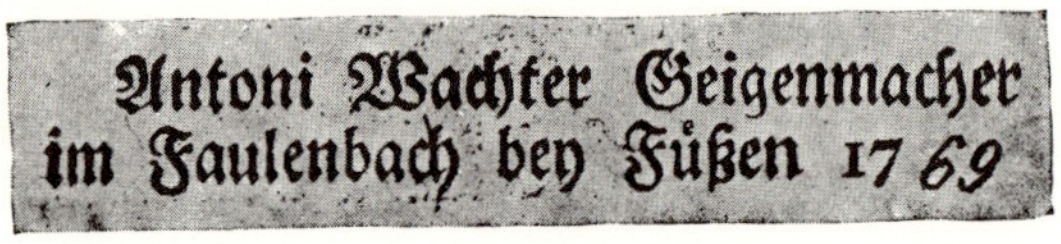

Antoni Wachter Geigenmacher
im Faulenbach bey Füßen 1769

402

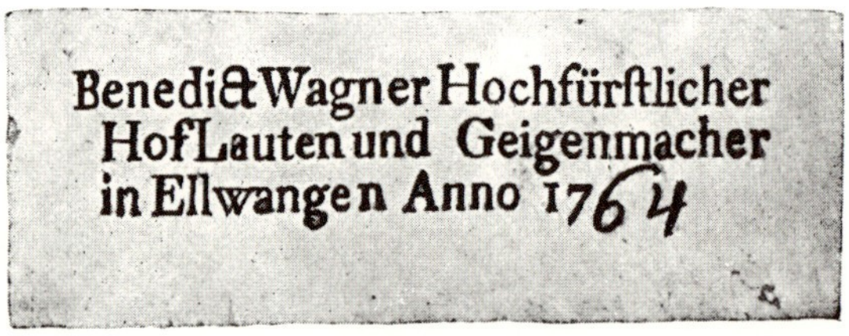

Benedict Wagner Hochfürstlicher
Hof Lauten und Geigenmacher
in Ellwangen Anno 1764

403

Tafel 36

W

Bened. Wagner Hochfürstlicher
Hof Lauten und Geigenmacher
in Ellwangen anno 1772

404

Fecit Joseph Wagner, Sereniss.
Princip. Camr. Musicus
17.. Constantia

405

Xaveri Wagner, Hochfürstlicher
Hof Lauten und Geigenmacher
in Ellwangen Anno 1802

406

Fecit Anton WAINERT
INSTRUMENT-MACHER
in Warschau 1806.

407

Made by Peter Wamsley
at ỹ Golden Harp in Pickadilly
London

408

Christoph Waßlberger, Geigen
und Lautenmacher in Hall
1763

409

Joann Blasius Weigert
Lauden- und Geigen-
macher in Linz 1719

410

Jacob Weiß, Lauthen- und Gei-
genmacher in Salzburg 17..

411

Gregori Ferdinand Wenger
Lauten und Geigen=macher
in Augspurg 1738

412

Gregori Ferdinand Wenger
Lauten- und Geigen-Macher.
Fecit Augustæ 17..

413

Antonius Widhalm
fecit, Pedeponti prope Ratisbonam 17..

414

═ Tafel 37 ═

W—Z

415 Leopold Widhalm Lauten- und Geigenmacher in Nürnberg fecit A 17

416 Leopoldus Widhalm Norimbergæ, 1790

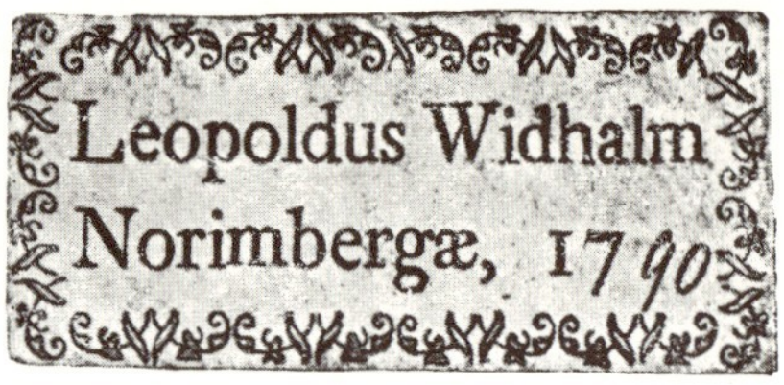

417 Leopold Widhalm Lautten= und Geigenmacher in Nürnberg fecit A: 1777

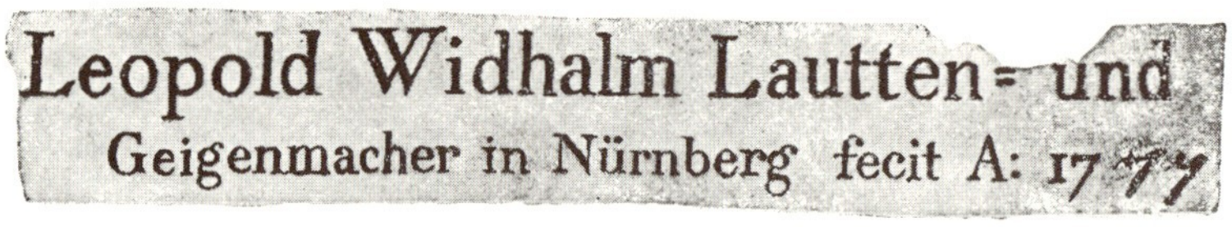

418 Leopold Widhalm, Lauten- und Geigenmacher in Nürnberg fecit An. 1756

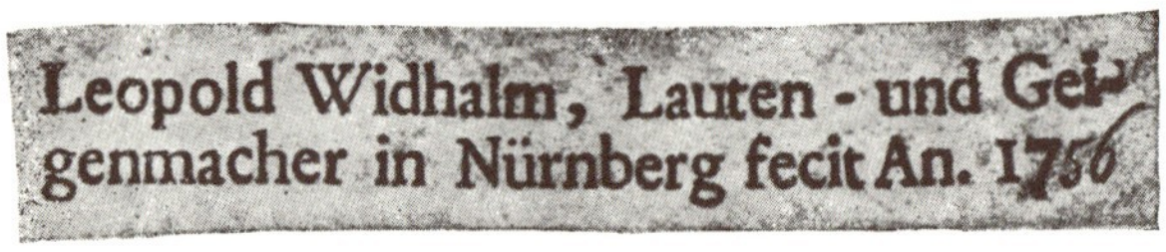

419 Hanß Wöndner/Geigenmacher in Regenspurg/ 1677.

420 Franz Wörle Geigenmacher zu Mittewald an der Iser 1819

421 Maximilian Zacher, Lauten- und Geigenmacher in Breslau. Anno 1732

422 Peregrino Zanetto in Brescia 1610.

423 Fato in Verona di Giacomo Zanoli 175

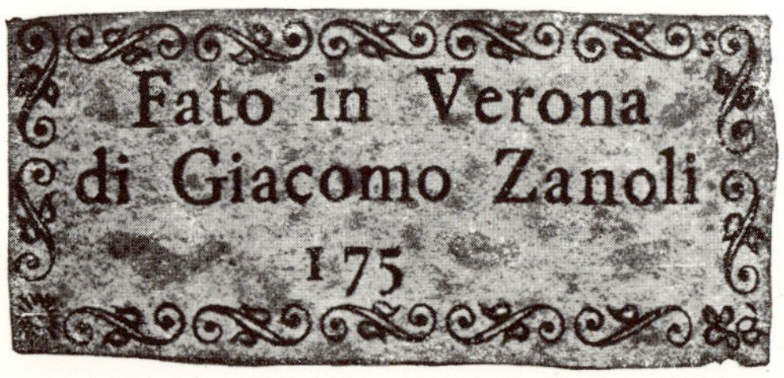

424 Joannes Baptista Zanoli Veronæ fecit anno 17

Tafel 38

Gesetzlich geschützt gegen Nachdruck und Vervielfältigung auch nur einzelner Teile.

Geigenzettel alter Meister

vom 16. bis zur Mitte des 19. Jahrhunderts.

II. Teil.

Enthaltend auf

40 TAFELN

in photographischer Reproduktion (Autotypie)

über

450 Geigenzettel

sowie ein alphabetisches Namenverzeichnis mit erläuternden Notizen.

Herausgegeben

von

Paul de Wit in Leipzig,

Redakteur und Verleger der „Zeitschrift für Instrumentenbau".

Leipzig.
Verlag von Paul de Wit.
1910.

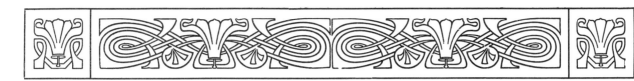

VORWORT.

Der Erfolg und die über alles Erwarten günstige Aufnahme, die mein im Jahre 1902 erstmalig erschienenes Sammelwerk „Geigenzettel alter Meister" in den Liebhaber- und Fachkreisen der ganzen Welt gefunden hat, sind mir der beste Beweis für die Zweckmässigkeit und Notwendigkeit desselben gewesen. Ich bin dadurch ermutigt worden, auf diesem Gebiete unermüdlich weiter zu sammeln und das begonnene Werk immer mehr auszubauen. Deshalb lasse ich dem vor acht Jahren erschienenen ersten Teil nunmehr einen II. Teil folgen, der den ersten nicht nur durch reicheren Inhalt, sondern auch durch eine gediegenere und zweckmässigere Ausstattung übertrifft.

Der II. Teil meines Werkes „Geigenzettel alter Meister" gibt in photographischer Reproduktion (Autotypie) 457 Originalzettel wieder, die noch nicht im ersten Teil veröffentlicht worden sind, sowie das Faksimile eines Originalbriefes von Antonio Stradivari. Wenn sich der Name eines Meisters, der schon im ersten Teile Erwähnung gefunden hat, hier wiederholt, dann handelt es sich stets um abweichende Zettelformen, wie solche, entsprechend den verschiedenen Schaffensperioden, bei vielen Meistern vorkommen. Auf die originalgetreue Reproduktion der Zettel ist ganz besondere Sorgfalt verwendet worden, und statt des weissen Glanzpapiers ist diesmal mattes Kunstdruckpapier in gelbem Ton genommen, das dem Charakter eines alten Geigenzettels viel besser entspricht und den Eindruck der Originalität erhöht. Wir wollen es nicht unterlassen, an dieser Stelle ganz entschieden davor zu warnen, die hier wiedergegebenen Zettel etwa auszuschneiden und zu Fälschungszwecken zu benutzen. Es scheint nämlich, wie wir zu erfahren Gelegenheit hatten, naive Gemüter zu geben, die da glauben, das Werk sei überhaupt nur zu diesem Zwecke in die Welt gesetzt worden. Diese seien ausdrücklich darauf hingewiesen, dass die missbräuchliche Verwendung der Zettel zu Täuschungszwecken vom Gesetz als Betrug bestraft wird. Des weiteren warnen wir vor Vervielfältigung und Nachdruck der in dem Werke reproduzierten Zettel, wie das vor einigen Jahren ein aus Hamburg gebürtiger Lithograph getan hat, der die in der ersten Ausgabe enthaltenen Zettel auf lithographischem Wege vervielfältigt hatte und zu Fälschungszwecken verkaufte, dafür aber von der Strafkammer des Kgl. Landgerichts Aachen am 7. September 1907 verurteilt wurde. Wir werden auch in Zukunft unsere Rechte in dieser Hinsicht zu wahren wissen und energisch gegen derartige Manipulationen vorgehen, die doch nur auf Täuschung der Geigenkäufer hinauslaufen. Unser Geigenzettelwerk soll gerade vor Täuschung und Fälschung schützen, es soll Fachleuten wie Laien als Leitfaden dienen, der sofort über die Echtheit der Zettelinschrift eines alten Streichinstrumentes Gewissheit gibt und die gefälschten Zettel erkennen lässt, die sich oft in alten Instrumenten vorfinden und absichtlich in namenlose Geigen geklebt werden, um sie besser verkaufen zu können.

Ich kann nicht umhin, an dieser Stelle herzlich für die Unterstützung zu danken, die mir aus Fachkreisen auch bei der Herausgabe dieses II. Teiles in so uneigennütziger und bereitwilliger Weise zuteil geworden ist. Ganz besonders reichhaltige und grosse Kollektionen von Originalzetteln wurden mir zur photographischen Reproduktion überlassen von den Herren Geigenbauern Paul Heberlein i. Fa. Heinrich Th. Heberlein jr. in Markneukirchen, Giuseppe

Fiorini in München, Johann Reiter in Mittenwald, F. Ch. Edler in Frankfurt a. M. und Giorgio Ullmann in Mailand, ferner Originalzettel in grösserer und kleinerer Anzahl von den Herren Geigenbauern und Händlern Eugen Gärtner in Stuttgart, Aug. Herrmann & Söhne in Berlin-Charlottenburg, Heinrich Kessler in Mannheim, Ernst Kessler in Berlin-Charlottenburg, Oswald Möckel in Berlin-Charlottenburg, Rob. Paulus in Stockholm, Hagbart Enger in Kopenhagen, Edward Withers in London, Holm Viertel in Aachen, Gustav Siefert in Leipzig, Georg Piegendorfer Nachf. (Otto Ebner) in Augsburg, A. Adolph Beuthner in Markneukirchen, Ernst Liebich in Breslau, Otto Windisch in Schöneck i. Sachs., Angelo Zanetti in Mailand, Bohuslav Lantner in Prag, Gebrs. Kok in Amsterdam, sowie von den Herren C. Claudius in Kopenhagen, Prof. Dr. Angul Hammerich (Direktor der musikhistor. Sammlung) in Kopenhagen und Carl Stoeber in Würzburg.

Das den Zettel-Reproduktionen vorangehende alphabetische Verzeichnis der Meister ist auch diesmal nur mit kurzen orientierenden Notizen versehen, die nur da etwas ausführlicher geworden sind, wo es sich um bisher weniger bekannte Meister oder um Feststellung neuer Daten handelt. Eine Charakteristik der alten Meister und ihrer Arbeiten würde nicht in den Rahmen dieses Zettelwerkes gepasst haben und ist auch gar nicht beabsichtigt; wer eine solche sucht, der findet sie in einer Reihe von Spezialwerken kleineren oder grösseren Umfanges.

Möge dem II. Teile meines Geigenzettelwerkes der gleiche Erfolg beschieden sein wie dem vor acht Jahren erschienenen I. Teile. In beiden Teilen sind nunmehr 866 Geigenzettel von über 660 alten Meistern in originalgetreuen Reproduktionen vereinigt. Dem Liebhaber und dem Fachmann steht damit ein Material zur Verfügung, wie es in dieser Art noch nie geboten worden ist.

Leipzig, im Februar 1910.

Paul de Wit,
Herausgeber und Verleger der „Zeitschrift für Instrumentenbau".

INHALTSVERZEICHNIS
mit erläuternden Notizen.

Der öfters vorkommende Hinweis *(Siehe auch Teil I)* bezieht sich auf den im Jahre 1902 erschienenen I. Teil des Werkes „Geigenzettel alter Meister".

Achner, Philipp, Mittenwald. 1798. Geschriebener Zettel: **Taf. 1,** *No. 1.*

Albani, Filippo, Ort unbekannt. 1773. Vermutlich ein Sohn oder Verwandter von Nicola Albani in Mantua. Gedruckter Zettel aus einer Geige mit rötlichem Lack: **Taf. 1,** *No. 2.*

Alberti, Ferdinando, Mailand. Um 1737—1760. Mittelmässige Arbeit. Gedruckte Zettel verschiedenen Wortlautes: **Taf. 1,** *No. 3 u. 4.*

Albrecht, Johannes, Krems. Um 1800. Gedruckter Zettel: **Taf. 1,** *No. 5.*

Amati, D. Nicolaus, Bologna. Erste Hälfte des 18. Jahrhunderts. Mittelmässige Arbeit. Verwendete geschriebene Zettel (wie in Teil I wiedergegeben) oder gedruckte Zettel, wie: **Taf. 1,** *No. 6.*
(Siehe auch Teil I.)

Ambrosi, Pietro, Brescia und Rom. Erste Hälfte des 18. Jahrhunderts. Arbeitete bis gegen 1744 in Brescia, dann in Rom. Gedruckter Zettel: **Taf. 1,** *No. 7.*

Bachmann, Carl Ludwig, Berlin. Geb. 1748, gestorb. 1809. Ein Sohn von Anton Bachmann, Berlin. Geschriebener Zettel: **Taf. 1,** *No. 8.*

Bagatella, Antonio, Padua. Geb. 1755, gestorb. 1829. Arbeitete nach dem Modell von Jos. Guarnerius del Gesù. Verfasser der von der Universität Padua 1782 preisgekrönten Denkschrift: „Regeln zur Verfertigung von Violinen etc." Geschriebener Zettel: **Taf. 1,** *No. 9.*

Bairhoff, Giorgio, Neapel. Um die Mitte und in der zweiten Hälfte des 18. Jahrhunderts. Arbeitete im Stile der Gagliano. Gedruckter Zettel: **Taf. 1,** *No. 10.*

Baldantoni, Giuseppe, Ancona. Geb. 1784, gestorb. 1873. Gute Arbeit. Gedruckter Zettel: **Taf. 1,** *No. 11.*

Ballarini, Santo, Rom. Um 1740—1782. Vorübergehend in Terni 1740. Mittelmässige Arbeit. Geschriebene Zettel: **Taf. 2,** *No. 12 u. 13.*

Baravalli, Francesco, Ort unbekannt. Italienischer Geigenmacher, vermutlich zweite Hälfte des 18. Jahrhunderts. Gedruckter Zettel: **Taf. 2,** *No. 14.*

Batiazza, Antonio Maria, Mailand. 1707. Gedruckter Zettel: **Taf. 2,** *No. 15.*

Bauer, Christian Friedrich, Klingenthal i. Sa. Zweite Hälfte des 18. Jahrhunderts. Er benutzte, wie viele seiner vogtländischen Zeitgenossen, gedruckte Zettel mit sinnlosen lateinischen Worten: **Taf. 2,** *No. 16.*

Baumeister, Liebenwalde. 1816. Gitarren und Geigen. Geschriebener Zettel: **Taf. 2,** *No. 17.*

Bausch, Ludwig, jun., Leipzig. Geb. 1826, gest. 1871. Sohn des als Bogenmacher berühmten Ludwig Christ. Aug. Bausch sen. Arbeitete zuerst allein, dann von 1860 an mit dem Vater unter der Firma Bausch & Sohn. Gedruckte Zettel: **Taf. 2,** *No. 18 u. 19.*

Bausch, Otto, Leipzig. Geb. 1841, gestorb. 1875. Jüngerer Sohn von Ludwig Christ. Aug. Bausch sen. Gedruckter Zettel: **Taf. 2,** *No. 20.*

Beckman, Sven, Stockholm. 1758. Geigen- und Lautenmacher. Gedruckter Zettel: **Taf. 2,** *No. 21.*

Beer, Johann Georg, Breslau. 18. Jahrhundert. Gedruckter Zettel aus einer Viola: **Taf. 2,** *No. 22.*

Bell'Orsi, Michel Angelo, Turin. 1681. Gedruckter Zettel: **Taf. 3,** *No. 24.*

Bellosio, Anselmo, Venedig. Geb. um 1715, gestorb. 1783. Schüler von St. Seraphin. Gute Arbeit. Grosse gedruckte Zettel: **Taf. 2,** *No. 23.*
(Siehe auch Teil I.)

Beretta, Felice, Como. Um 1760—1790. Mittelmässige Arbeit. Gedruckter Zettel: **Taf. 3,** *No. 25.*

Bergonzi, Michel Angelo, Cremona. Geb. um 1722, gestorb. um 1765. Sohn und Nachfolger von Carlo Bergonzi. Seine Arbeit ist gut, kommt aber nicht an die des Vaters heran. Gedruckter Zettel: **Taf. 3,** *No. 26.*

Bernhard, Johann Georg, Mark-Biberbach. Um die Mitte des 18. Jahrhunderts. Gewöhnliche Arbeit. Gedruckter Zettel aus einer Viola: **Taf. 3,** *No. 27.*

Beyer, F., Naumburg. Anfang des 19. Jahrhunderts. Gewöhnliche Arbeit. Geschriebener Zettel: **Taf. 3,** *No. 28.*

Bianchi, Nicolo, Aix, Paris, Genua, Nizza. Geb. 1796 in Genua, gest. 1881. Sehr geschätzter Reparateur. Verwendete verschiedene Zettel, in Druck wie in Stich. **Taf. 3,** *No. 29.*

Bodio, Giovanni Battista, Venedig. Um 1790—1830. Gute Arbeit. Gedruckter Zettel: **Taf. 3,** *No. 30.*

Bogner, Ambrosius Joseph, Prag und Wien. Geb. 1752, gest. 1816. Arbeitete bis 1792 in Prag, dann in Wien. Gedruckter Zettel: **Taf. 3,** *No. 31.*

Boller, Michael, siehe: **Poller.**

Bolze (oder **Botze**), **Johannes,** Erfurt. 1687. Geschriebener Zettel aus einer Viola di gamba: **Taf. 3,** *No. 32.*

Bosch, Antony, siehe: **Posch.**

Brandilioni, Filippo, Brescia. Um 1800. Gedruckter Zettel: **Taf. 3,** *No. 33.*

Brandini, Jacopo, Pisa. Gegen Ende des 18. Jahrhunderts. Gewöhnliche Arbeit. Gedruckter Zettel: **Taf. 3,** *No. 34.*

Brandstaetter, Matthaeus Ignaz, Wien. Erste Hälfte des 19. Jahrhunderts. Verwendete gedruckte Zettel verschiedenen Formats. **Taf. 4,** *No. 35.*
(Siehe auch Teil I.)

Bresa, Francesco, Mailand. Anfang des 18. Jahrhunderts. Mittelmässige Arbeit. Gedruckter Zettel: **Taf. 4,** *No. 36.*

Brunner, Martin, Olmütz. Geb. 1724, gestorb. 1801. Gute Arbeit nach Stainer-Modell. Gedruckter Zettel: **Taf. 4,** *No. 37.*

Bucher, Johann, Wien. Geb. 1792, gestorb. 1856. Schüler von J. G. Stauffer in Wien. Guter Gitarren- und Geigenmacher. Seine Spezialität waren Gitarren. Gestochene Vignette: **Taf. 4,** *No. 38.*

Caistemel, Paolo, Cremona. 1763. Wenig bekannter Meister. Gedruckter Zettel: **Taf. 4,** *No. 39.*

Calace, Antonio, Neapel. Erste Hälfte des 19. Jahrhunderts. Gitarren und Mandolinen. In Rundschrift geschriebener Zettel: **Taf. 4,** *No. 40.*

Calcagni (Calcanus), Bernardo, Genua. Erste Hälfte des 18. Jahrhunderts. Guter Meister. Mittels Stempels gedruckter Zettel: **Taf. 4,** *No. 41.*

Camilli, Camillo, Mantua. Um 1714—1761. Geschickter Imitator von Stradivari. Verwendete geschriebene Zettel (wie in Teil I wiedergegeben) und gedruckte wie: **Taf. 4,** *No. 42.*
(Siehe auch Teil I.)

Carlander, Elias, Stockholm. Zweite Hälfte des 18. Jahrhunderts. Kgl. Hofmusiker, der nebenbei die Geigenmacherei betrieb. Geschriebener Zettel: **Taf. 4,** *No. 43.*

Catenar (Catenari), Enrico, Turin. Ende des 17. und erste Hälfte des 18. Jahrhunderts. Gedruckter Zettel aus einer Viola: **Taf. 5,** *No. 45.*

Catenar (Catenari), Giuseppe Francesco, Turin. Erste Hälfte des 18. Jahrhunderts. Vermutlich der Sohn von Enrico Catenar. Geschriebener Zettel aus einer hochgewölbten Violine mit rötlichem Lack: **Taf. 4,** *No. 44.*

Cavaleri, Giuseppe, Genua. Erste Hälfte des 18. Jahrhunderts. Gute Arbeit. Gedruckte Zettel: **Taf. 5,** *No. 46 u. 47.*

Celani, Emilio, Ascoli Piceno. 1829. Gedruckter Zettel aus einer Gitarre: **Taf. 5,** *No. 48.*

Ceruti, Enrico, Cremona. Geb. 1808, gestorb. 1883. Sohn von Giuseppe Ceruti. Geschickter Meister. Gute Violoncelli. Gedruckte Zettel: **Taf. 5,** *No. 49 u. 50.*

Consili, Giovanni, Terni. Erste Hälfte des 19. Jahrhunderts. Gedruckter Zettel: **Taf. 5,** *No. 51.*

Cordano, Giacomo Filippo, Genua. Zweite Hälfte des 18. Jahrhunderts. Geschickter Geigenbauer. Gedruckter Zettel: **Taf. 5,** *No. 52.*

Cortesi, Carlo, Pesaro. Anfang des 17. Jahrhunderts. Arbeitete im Stile der alten Brescianer Schule. Geschriebener Zettel: **Taf. 5,** *No. 53.*

Costa, Pietro Antonio dalla (auch **a Costa** und **della Costa**), Treviso. In der ersten und zweiten Hälfte des 18. Jahrhunderts. Sehr gute Arbeit. Imitator der Brüder Antonius und Hieronymus Amati. Benutzte gedruckte Zettel verschiedener Art, oft mit handschriftlichem Zusatz. **Taf. 5,** *No. 54 u. 55.*
(Siehe auch Teil I.)

Cousin, Jean Christophe, Strassburg i. Els., siehe: **Vetter, Johann Christoph.**

Cuypers, Johannes, Haag. Zweite Hälfte des 18. bis Anfang des 19. Jahrhunderts. Neffe von Johannes Cuypers dem Älteren. Seine Arbeiten stehen denen seines Onkels nach. Gedruckter Zettel: **Taf. 6,** *No. 57.*

Dall' Aglio, Giuseppe, Mantua. Um 1795—1840. Arbeit ähnlich wie von C. Camilli. Gute Violoncelli. Gedruckte Zettel: **Taf. 6,** *No. 58, 59, 60, 61.*

Darche, Nicolas, Aachen. Geb. um 1815 in Mirecourt, gest. 1873 in Aachen. Arbeitete zuerst in Brüssel, von 1840 ab in Aachen. Seine Instrumente bis gegen 1860 sind gut in Arbeit und Ton, später ganz minderwertig. Gedruckter Zettel: **Taf. 6,** *No. 62.*

Deconet (Deconetti), Michele, Venedig, zeitweise auch in Padua. Um 1750—1795. Imitierte vorwiegend Jos. Guarneri, verwendete aber einen Lack ähnlich dem von Montagnana. Benutzte meist gedruckte, ab und zu auch geschriebene Zettel. **Taf. 6,** *No. 63, 64, 65, 66.*
(Siehe auch Teil I.)

Desideri, Pietro Paolo, Riva. 1794. Mittelmässige Arbeit im Stile der Guadagnini. Zettel mit Holzstempel-Druck: **Taf. 6,** *No. 67.*

D'Espine, Alessandro, Turin. Erste Hälfte des 18. Jahrhunderts. Schüler von Pressenda. Gedruckte Zettel: **Taf. 7,** *No. 68, 69.*

Dieffopruchar (Tieffenbrucker), Magnus, Venedig. Um 1557 bis nach 1600. Vermutlich ein Verwandter von Caspar Tieffenbrucker. Vorzüglicher Lautenmacher. Gedruckter Zettel: **Taf. 7,** *No. 70.*

Diehl, Nicolaus, Mainz und Darmstadt. Geb. 1779, gestorb. 1851. Sohn von Martin Diehl in Mainz und Schüler von Jak. Staininger in Frankfurt a. M. Siedelte 1811 nach Darmstadt über. Guter Arbeiter, namentlich in Contrabässen. Benutzte zuerst geschriebene, dann gestochene Zettel. **Taf. 7,** *No. 71 u. 72.*

Dier, Johann Georg, Wien, siehe: **Thier, Johann Georg.**

Dodd, Thomas, London. Ende des 18. und Anfang des 19. Jahrhunderts. Ein Sohn des berühmten englischen Bogenmachers Edward Dodd. Gute Geigen und Violoncelli mit vorzüglichem Lack. Gestochener Zettel: **Taf. 7,** *No. 74.*

Dollenz, Giovanni, Triest. Um 1800—1850. Imitator von Storioni. Guter Arbeiter. Gedruckte Zettel: **Taf. 7,** *No. 75, 76, 77.*

Dominicelli, Imbero (?), Ferrara. Um 1700. Gedruckter Zettel mit schwer leserlichem Vornamen aus einem Violoncello mit gelbem Lack: **Taf. 7,** *No. 78.*

Dorner, Martin, Wien. Anfang des 18. Jahrhunderts. Mittelmässige Geigen. Gedruckter Zettel: **Taf. 7,** *No. 79.*

Drassegg, Victorin, Bregenz. Anfang des 19. Jahrhunderts. Gitarren, Zithern, Violinen. Gedruckter Zettel: **Taf. 8,** *No. 80.*

Dresler, Ernst, Landeshut. Geigenmacher und Reparateur. Erste Hälfte des 19. Jahrhunderts. Gedruckter Zettel: **Taf. 8,** *No. 81.*

Ebentheuer, Sales, Kriegshaber bei Augsburg. Anfang des 19. Jahrhunderts. Gitarren. Gestochene Vignette mit geschriebenem Text: **Taf. 8,** *No. 83.*

Eberle (Eberll), Johann Udalricus, Prag. Geb. 1699, gestorb. 1768. Sehr guter Meister der Prager Schule. Violinen, Gamben, Violas d'amour. Gedruckte Zettel verschiedener Art. **Taf. 8,** *No. 82.*
(Siehe auch Teil I.)

Eberle, Thomas, Neapel. Zweite Hälfte des 18. Jahrhunderts. Gute Geigen im Stile der Gagliano. Geschriebener Zettel in Druckschrift mit dem Zusatz „Gesù e Maria": **Taf. 8,** *No. 84.*
(Siehe auch Teil I.)

Edlinger, Thomas, Augsburg. 1656—1690. Vater von Thomas Edlinger in Prag. Violinen und schön gearbeitete Lauten, Violen und Gamben. Benutzte neben gedruckten Zetteln (wie in Teil I reproduziert) in Lauten und Gamben auch Zettel mit Holzstempel-Druck: **Taf. 8,** *No. 85.*
(Siehe auch Teil I.)

Elemann, Johann, Augsburg. 18. Jahrhundert. Geigen- und Lautenmacher. Gedruckter Zettel: **Taf. 8,** *No. 86.*

Emiliani, Francesco de, Rom. Erste Hälfte des 18. Jahrhunderts. Gute Arbeiten im Stile Techlers. Verwendete meist gedruckte Zettel (wie in Teil I reproduziert), nur selten geschriebene Zettel, wie der hier wiedergegebene, auf dem durch die ungeschickte Korrektur eines Reparateurs die Zahl 1734 in 1784 abgeändert worden ist: **Taf. 8,** *No. 87.*

Enger, Gulbrand, Kopenhagen. Geb. 1822 in Ringerike (Norwegen), gest. 1886. Schüler von Th. Jakobsen in Kopenhagen, une Vuillaume in Paris. Sehr gute Violinen und Violoncelli. Gedruckte Zettel: **Taf. 8,** *No. 88 u. 90.*

Engleder, Andreas, München. Um 1830—1860. Vorzüglicher Geigenmacher. Benutzte neben gestochenen Zetteln mit Wappen (wie in Teil I wiedergegeben) auch gedruckte Zettel, wie: **Taf. 8,** *No. 89.*
(Siehe auch Teil I.)

Entzensberger, Christoph, Füssen. Lauten- und Geigenmacher. Arbeitete bis um die Mitte des 18. Jahrhunderts. Gedruckter Zettel: **Taf. 8,** *No. 91.*

Ergele, Johann Conrad, Freiburg i. Br. Geb. 1750, gest. 1821. Sohn von Joh. Conrad Ergele in Waldshut (geb. 1725, gest. 1788). Geschickter Geigenmacher. Gedruckter Zettel: **Taf. 9,** *No. 92.*

Ertl, Johann Anton, Wien. Erste Hälfte des 19. Jahrhunderts. Verwendete gedruckte und gestochene Zettel: **Taf. 9,** *No. 93.*

Fabricatore, Gennaro, Neapel. Um 1780—1830. Sehr schön gearbeitete Gitarren, Lauten, Mandolinen, Mandoren usw. Gedruckte und gestochene Zettel: **Taf. 9,** *No. 94.*

Fabricatore, Giovanni Battista, Neapel. Um 1775—1811. Vorzügliche Lauten, Mandolinen, Gitarren usw. Gedruckter Zettel: **Taf. 9,** *No. 95.*

Fabris, Luigi, Venedig. Geigenmacher um die Mitte des 19. Jahrhunderts. Gedruckter Zettel mit Inschrift: **Taf. 9,** *No. 96.*

Fendt, William, London. Geb. 1833, gest. 1852. Jüngster Sohn und Gehilfe von Bernh. Simon Fendt (geb. 1800, gest. 1852). Die wenigen von ihm gebauten Violen und Bässe sind mit seinen eigenen gedruckten Zettel signiert: **Taf. 9,** *No. 97.*

Feury, François, Paris. Um 1715—1762. Hübsch gearbeitete Violinen, Bässe, Gitarren, Lauten. Gestochene Vignette: **Taf. 9,** *No. 98.*

Fichtl, Martin Matthias, Wien. Geb. um 1680 gest. 1768. Gut gearbeitete Violinen und Violoncelli. Geschriebener Zettel: **Taf. 9,** *No. 99.*

Ficker, Johann Christian I, Markneukirchen. Erste Hälfte des 18. Jahrhunderts. Sorgfältig gearbeitete Violinen. Gedruckter Zettel: **Taf. 9,** *No. 101.*
(Siehe auch Teil I.)

Ficker, Johann Christian II, Markneukirchen. Geb. um 1735, gest. nach 1789. Sohn des vorhergehenden Meisters. Benutzte neben den gedruckten Zetteln seines Vaters geschriebene Zettel, auf denen, entsprechend der damals grassierenden Sucht nach italienischem Anstrich, Cremona als Ursprungsort angegeben ist: **Taf. 9,** *No. 100.*

Ficker, Johann Gottlob, Markneukirchen. Geb. 1744, gest. 1732. Einer der besten alten Meister des vogtländischen Geigenbaues. Auch er trug leider der Unsitte der damaligen Zeit Rechnung, indem er seinen Geigen durch Zettel in sinnlosem Latein Cremoneser Ursprung aufzuprägen versuchte. Gedruckter Zettel: **Taf. 9,** *No. 102.*

Filano, Donato, Neapel. Zweite Hälfte des 19. Jahrhunderts. Schön gearbeitete Gitarren und Mandolinen. Gedruckter Zettel: **Taf. 10,** *No. 104.*

Filano, Giuseppe, Neapel. Ausgang des 18. Jahrhunderts. Vermutlich Sohn von Donato Filano. Gitarren und Mandolinen. Gedruckter Zettel: **Taf. 10,** *No. 105.*

Filano, Luigi, Neapel. Ein Nachkomme von Donato Filano. Erste Hälfte des 19. Jahrhunderts. Guter Gitarren- und Mandolinenmacher. Hübsche, gestochene Vignette: **Taf. 10,** *No. 103.*

Fiorini, Alessandro, Bologna. 1671. Vermutlich Vater von Antonio Fiorini 1720 (siehe Teil I) und Stammvater der Familie Fiorini, von der noch heute ein Nachkomme in München arbeitet. Geschriebener Zettel: **Taf. 10,** *No. 106.*

Fischer, Andreas, Znaim (Mähren). Um die Mitte des 19. Jahrhunderts. Gedruckter Zettel: **Taf. 10,** *No. 108.*

Fischer, Josef, Znaim (Mähren). Um die Mitte des 19. Jahrhunderts. Gedruckter Zettel: **Taf. 10,** *No. 107.*

Fischer, Johann Georg, Markneukirchen. Geb. 1758, gest. 1821. Sohn und Nachfolger von Johann Adam Fischer (geb. 1731, gest. 1809). Geschriebener Zettel: **Taf. 10,** *No. 109.*

Floreno, Guidante, Bologna. Um 1710—1752. Lauten, Violinen und Violoncelli. Flaches Patron. Guter Lack. Gedruckter Zettel: **Taf. 10,** *No. 110.*

Floriani, Pietro, Riva am Gardasee. 1858. Geigen und Violoncelli von sehr mittelmäßiger Arbeit. Gedruckter Zettel: **Taf. 10,** *No. 111.*

Forster, William, London. Genannt „Old Forster". Geboren 1739 in Brampton, gest. 1808 in London. Sehr guter Meister und bedeutendster Geigenmacher der Familie Forster. Benutzte gedruckte und gestochene Zettel. Gestochener Zettel: **Taf. 10,** *No. 112.*

Frank, Josef, Linz a. D. 1795. Vermutlich Vater von Meinrad Frank in Linz. Gedruckter Zettel: **Taf. 10,** *No. 113.*

Fritzsche, Johann, Samuel, Dresden und Leipzig. Um 1780—1810. Schüler von Hunger. Arbeitete bis gegen 1790 in Dresden, dann in Leipzig. Geschickter Imitator der Cremoneser Meister. Gedruckte Zettel: **Taf. 11,** *No. 114, 115, 116, 117.*

Fritzsche, Johann Benjamin, Dresden. Anfang des 19. Jahrhunderts. Kgl. Sächs. Hof-Instrumentenmacher. Guter Geigenmacher und Reparateur. Verwendete gestochene Zettel (wie in Teil I wiedergegeben) und gedruckte, wie: **Taf. 11,** *No. 119.*
(Siehe auch Teil I.)

Fritz, Johann, Innsbruck. Anfang des 19. Jahrhunderts. Tyroler Schule. Guter Lack. Benutzte geschriebene und gedruckte Zettel. Geschriebener Zettel: **Taf. 11,** *No. 118.*

Gade, Brödrene (Gebrüder), Kopenhagen. In der ersten Hälfte und um die Mitte des 19. Jahrhunderts. Die beiden Brüder J. N. Gade und Sören Nielsen Gade arbeiteten anfangs getrennt. Geigen und Gitarren. Gestochener Zettel: **Taf. 11,** *No. 121.*

Gabrielli, Giovanni Battista, Florenz. Um 1739 bis 1760. Einer der besten Meister der Florentiner Schule. Verwendete meist geschriebene Zettel, die im Wortlaut voneinander abweichen. **Taf. 11,** *No. 120.*
(Siehe auch Teil I.)

Gagliano, Alessandro, Neapel. Geb. 1640, gest. 1725. Gründer der neapolitanischen Schule und bedeutendster Meister der Familie Gagliano. Geschriebene und gedruckte Zettel. **Taf. 11,** *No. 122.*
(Siehe auch Teil I.)

Gagliano Antonio I; Neapel. Zweite Hälfte des 18. Jahrhunderts. Dritter Sohn von Nicola Gagliano. Violinen, Gitarren, Mandolinen. Arbeitete meist mit seinem Bruder Joseph (Giuseppe) zusammen. wobei gemeinsame Zettel benutzt wurden, welche die Nachfolger noch bis in das 19. Jahrhundert hinein verwendeten. Es existieren eine Anzahl verschiedenartiger Zettel in Buchdruck: **Taf. 11,** *No. 123,* **Taf. 12,** *No. 131, 132.*

Gagliano, Antonio II, Neapel. Geb. um 1790, gest. 1860. Sohn des vorhergehenden Meisters Wenig hervorragende Arbeit. Arbeitete mit seinem Bruder Raffaele zusammen. Verwendete zuerst eigene geschriebene Zettel, dann gemeinsame Zettel in Stich und Buchdruck: **Taf. 11,** *No. 124,* **Taf. 12,** *No. 133, 134, 135.*

Gagliano, Ferdinando, Neapel. Geb. 1706, gest. 1781. Ältester Sohn von Nicola. Arbeitete nach dem Modell von Stradivari. Sehr guter Meister. Gedruckte Zettel mit Randverzierung (vgl. No. 125). Der zweite Zettel (No. 126) ist eine Fälschung. **Taf. 12,** *No. 125, 126.*

Gagliano, Gennaro (Januarius), Neapel. Um 1720 bis 1770. Sohn von Alessandro und Bruder von Nicola. Imitator von Stradivari. Vorzüglicher Meister. Gedruckte Zettel verschiedener Art. **Taf. 12,** *No. 127.*
(Siehe auch Teil I.)

Gagliano, Giovanni (Johannes), Neapel. Geb. um 1740, gest. 1806. Vierter Sohn von Nicola und Neffe von Gennaro, dessen Schüler er war. Sehr oberflächliche Arbeit. Verwendete Vignetten mit geschriebenem Text (wie in Teil I wiedergegeben) und gedruckte Zettel, wie: **Taf. 12,** *No. 128.*
(Siehe auch Teil I.)

Gagliano, Giuseppe (Joseph), Neapel. Um 1750 bis 1793. Zweiter Sohn von Nicola und Bruder von Antonio, mit dem er in den letzten Jahren zusammen arbeitete. Er verwendete verschiedenartige gedruckte Zettel. Die gemeinsamen Zettel scheinen von Antonio II im 19. Jahrhundert weiter benutzt worden zu sein (siehe No. 132). **Taf. 12,** *No. 129, 130, 131, 132.*
(Siehe auch Teil I.)

Gagliano, Raffaele, Neapel. Geb. um 1790, gest. 1857. Sohn von Giovanni Gagliano. Arbeitete fast nur mit seinem Bruder Antonio II zusammen und benutzte mit ihm gemeinsame Zettel in Stich und Buchdruck: **Taf. 12,** *No. 133, 134, 135.*

Gaillard, Mirecourt und Paris. Nennt sich Schüler von Bernardel in Paris. Gedruckter Zettel. **Taf. 13,** *No. 136.*

Gambon, A., Maastricht (Holland). Um 1830—1850. Mittelmäßige Arbeit. Gedruckter Zettel: **Taf. 13,** *No. 137.*

Gand, Charles François, Paris. Geb. 1787, gest. 1845. Schüler und Nachfolger von Nic. Lupot. Einer der besten französischen Meister nach Lupot. Benutzte verschiedenartige Zettel in Stich und Buchdruck. **Taf. 13,** *No. 138.*

Gändl, Franz Carl, Goysern (Bayern). Um die Mitte und in der zweiten Hälfte des 18. Jahrhunderts. Gedruckter Zettel: **Taf. 13,** *No. 139.*

Gedler, Johann Anton, Füssen. Um 1760—1796. Arbeitete nach dem Modell von Math. Albani. Gedruckte Zettel mit und ohne das Signum A. G. **Taf. 13,** *No. 140.*
(Siehe auch Teil I.)

Gedler, Norbert, Würzburg. Fürstlicher Hof-Lauten- und Geigenmacher. Vermutlich ein Verwandter der Gedler in Füssen. Gedruckter Zettel: **Taf. 13,** *No. 141.*

Geissenhof (Gaissenhof), Franz, Wien. Geb. 1754, gest. 1821. Schüler und Nachfolger von Joh. Georg Thier. Einer der besten Wiener Meister. Kopierte mit Geschick Stradivari. Gedruckter Zettel: **Taf. 13,** *No. 142.*

Ghirardi, Giovanni Battista, Venedig. 1791. Geschriebener Zettel: **Taf. 13,** *No. 143.*

Gigli, Giulio Cesare, Rom. Um die Mitte des 18. Jahrhunderts. Kopierte Amati. Gedruckter Zettel: **Taf. 13,** *No. 144.*

Glier, Johann Friedrich, Markneukirchen. Arbeitete in der zweiten Hälfte des 18. Jahrhunderts. Wurde 1752 Meister. Gedruckte Zettel: **Taf. 13,** *No. 145.*

Glier, Johann Gottlieb, Markneukirchen. Geb. 1732, gest. 1799. Geigen von sauberer Arbeit. Gedruckter Zettel: **Taf. 13,** *No. 146.*

Göthel, Gottfried, Borstendorf i. Sa. Geb. 15. Nov. 1733 als Sohn des Geigenmachers Gottfried Göthel sen. in Borstendorf (geb. 1701, gest. 22. Jan. 1781). Gedruckter Zettel: **Taf. 13,** *No. 147.*

Götz, Johann Michael, Markneukirchen. Geb. 1735, gest. 1813. Gedruckter Zettel: **Taf. 13,** *No. 148.*

Gragnani, Antonio, Livorno. Um die Mitte bis Ende des 18. Jahrhunderts. Instrumente von gutem Ton. Benutzte gedruckte und geschriebene Zettel. **Taf. 14,** *No. 149.*

Gragnani, Onorato, Livorno. Sohn von Antonio. Gegen Ende des 18. und Anfang des 19. Jahrhunderts. Kommt dem Vater nicht gleich. Verwendete grosse verzierte Vignetten mit gemalter Inschrift: **Taf. 14,** *No. 150.*

Grancino, Giovanni, Mailand. Um 1695—1637. Sohn von Paolo Grancino. Einer der besten Meister der Mailänder Schule. Benutzte gedruckte Zettel verschiedener Art. **Taf. 14,** *No. 151.*
(Siehe auch Teil I.)

Grévy, François, Paris. Um die Mitte des 19. Jahrhunderts bis gegen 1870. Wenig bedeutend. Gedruckter Zettel: **Taf. 14,** *No. 152.*

Groblicz, Martin, Warschau. Erste Hälfte des 18. Jahrhunderts. Gute Arbeit. Geschriebener Zettel: **Taf. 14,** *No. 153.*

Grossi, Giuseppe, Bologna. Anfang des 19. Jahrhunderts. Mittelmässige Arbeit. Gedruckter Zettel: **Taf. 14,** *No. 154.*

Guadagnini, Gaetano, Turin. Um 1775—1832. Sohn von Giov. Batt. Guadagnini. Er baute nur wenige, aber gute Instrumente. Guter Reparateur. Gedruckter Reparatur-Zettel: **Taf. 14,** *No. 155.*

Guadagnini, Giovanni (Joseph), Mailand, Parma, Pavia und Como. Zweiter Sohn von Giov. Batt. Guadagnini. Arbeitete um 1760—1805. Gute Arbeit nach Stradivari- und Guarneri-Modell. Gedruckter Zettel: **Taf. 14,** *No. 156.*

Guarmandi, Filippo, Bologna. Gegen Ende des 18. Jahrhunderts. Wenig bedeutend. Gedruckter Zettel: **Taf. 14,** *No. 159.*

Guarneri, Andrea, Cremona. Geb. 1628, gest. 1698. Ältester Meister der berühmten Guarneri-Familie. Zwei seiner typischen Zettel sind in Teil I wiedergegeben. Es gibt aber auch Instrumente aus seiner Werkstatt mit dem Zettel: „Sub disciplina Andreae Guranerii", wie: **Taf. 14,** *No. 147.*
(Siehe auch Teil I.)

Guggemos, Marcus, Füssen. Um 1760—1790. Arbeitete nach dem Modell von Math. Albani, Bozen. Gedruckte Zettel mit verzierter Rokoko-Umrahmung: **Taf. 14,** *No. 158.*

Guillami, Joanes, Barcelona. 1760. Gute Arbeit. Gedruckter Zettel: **Taf. 14,** *No. 160.*

Gülich (Gylich), Matthias, Mannheim. Zweite Hälfte des 18. Jahrhunderts. Lauten- und Geigenmacher. Gedruckter Zettel: **Taf. 15,** *No. 161.*

Gusetto, Nicolo, Cremona. Ende 18. und Anfang 19. Jahrhundert. Mittelmässige Arbeit. Gedruckter Zettel: **Taf. 15,** *No. 162.*

Guthmann, Friedrich Wilhelm, Klingenthal. Erste Hälfte des 19. Jahrhunderts. Gedruckter Zettel: **Taf. 15,** *No. 163.*

Gutmann, F. W., Blasewitz bei Dresden. Um die Mitte des 19. Jahrhunderts. Geschriebener Zettel: **Taf. 15,** *No. 164.*

Gütter, Georg Adam, Wien. 1797. Zweifellos ein Angehöriger der Familie Gütter in Markneukirchen. Gedruckter Zettel: **Taf. 15,** *No. 166.*

Gütter, Johann Georg, Markneukirchen. Geb. 1759, gest. 1829. Gehört zu den besten Meistern der Familie. Gedruckter Zettel: **Taf. 15,** *No. 165.*

Gütter, Johann Gottlob, Markneukirchen. Geb. 1766, gest. 1845. Gedruckter Zettel: **Taf. 15,** *No. 167.*

Hamm, Johann Gottfried, Markneukirchen. Geb. 1744, gest. 1817. Er wurde 1764 Meister und zählt zu den besten Geigenmachern des Vogtlandes in jener Zeit. Verwendete gedruckte Zettel verschiedener Art; die Zettel der frühesten Periode sind, wie die so vieler seiner Zeitgenossen, in unsinnigem Latein abgefasst. **Taf. 15,** *No. 168, 169.*

Hammig, Johann Christian, Markneukirchen. Geb. 1732, gest. 1816. Guter vogtländischer Meister. Benutzte zuerst geschriebene, später gedruckte Zettel: **Taf. 15,** *No. 171.*
(Siehe auch Teil I.)

Hammig, Johann und Söhne, Markneukirchen. 1820. Jedenfalls Nachfolger von Johann Christian Hammig. Gedruckrer Zettel: **Taf. 15,** *No. 170.*

Händl, Anton, Mittenwald. 1770. Geschriebener Zettel: **Taf. 15,** *No. 172.*

Havelka, Johann Baptist, Linz a. D. Zweite Hälfte des 18. Jahrhunderts bis gegen 1799. Sorgfältige Arbeit. Verwendete verzierte Vignetten mit eingeschriebenem Namen (wie im Teil I wiedergegeben) und geschriebene Zettel, wie: **Taf. 15,** *No. 173.*
(Siehe auch Teil I.)

Heber, Carl Wilhelm, Markneukirchen. Wurde 1734 Meister. Gedruckte Zettel verschiedenen Wortlautes. **Taf. 16,** *No. 174.*

Hegner, Franz, Krems. Geb. 1818, gest. gegen 1865. Sohn von Franz Josef Hegner. Ziemlich mittelmässige Arbeit. Gedruckter Zettel: **Taf. 16,** *No. 175.*

Heini, Xaver, Kempten. Erste Hälfte des 19. Jahrhunderts. Gedruckter Zettel: **Taf. 16,** *No. 179.*

Hellmer, Karl Joseph, Prag. Geb. 1739, gest. 1812. Sohn von Johann Georg Hellmer und Schüler von Joh. Ud. Eberle. Geigen, Violen und Lauten. Benutzte verschiedenartige Zettel, meist solche mit Bild von Löwe mit Laute: **Taf. 16,** *No. 177, 178.*
(Siehe auch Teil I.)

Hellmer, Johann Georg, Prag. Geb. 1687, gest. 1770. Schüler von Thomas Edlinger-Prag. Gute, saubere Arbeit. Benutzte geschriebene Zettel mit Instrumenten-Emblem (wie in Teil I reproduziert) und gedruckte, wie: **Taf. 16,** *No. 176.*

Heppmann, F. W., Dresden. 1792. Geschriebener Zettel: **Taf. 16,** *No. 180.*

Heymann, Josef, Amsterdam. 1815. Gedruckter Zettel: **Taf. 16,** *No. 181.*

Hinckelmann, Wohlert Hinrich, Hamburg. Um die Mitte des 18. Jahrhunderts. Gedruckter Zettel: **Taf. 16,** *No. 182.*

Hjorth, Andreas, Kopenhagen. Geb. 1752, gest. 1834. Guter Geigenmacher nach dem Amati-Modell. Gründete 1789 die jetzt noch als „Emil Hjorth & Sönner" existierende Geigenbaufirma in Kopenhagen. Wurde 1804 Königl. Hofinstrumentenmacher. Gedruckte Zettel: **Taf. 16,** *No. 183, 184.*

Hjorth, Johannes, Kopenhagen. Geb. 1809, gest. 1900. Sohn von Andreas Hjorth. Gedruckte Zettel: **Taf. 16,** *No. 185, 186.*

Hofmann, Matthias, Antwerpen. 1740. Gedruckter Zettel: **Taf. 17,** *No. 187.*

Hoffmann, Ignaz d. Jüngere, Wölfelsdorf i. Schles. Geb. 1736, gest. 1791. Sohn von Ignaz Hoffmann dem Älteren (geb. 1695, gest. 1769). Gewöhnliche Arbeit. Gedruckte Zettel: **Taf. 17,** *No. 189, 190.*

Hoffmann, Martin, Leipzig. Um 1678—1725. Vater des berühmten Leipziger Geigen- und Lautenmachers Joh. Christ. Hoffmann. Benutzte gedruckte Zettel verschiedener Art. **Taf. 17,** *No. 191.*
(Siehe auch Teil I.)

Hofmayer, Caspar, Steyr (?). Erste Hälfte des 19. Jahrhunderts. Vermutlich Vater von Ignaz Hofmayer-Steyr. Gestochener Zettel: **Taf. 17,** *No. 188.*

Hollmayr, Josef, Ingolstadt und Neuburg a. Donau. Zweite Hälfte des 18. Jahrhunderts. Gute Arbeit. Gedruckter Zettel: **Taf. 17,** *No. 192.*
(Siehe auch Teil I.)

Holm, P. N., Christianshavn (Dänemark). Geigenmacher und Reparateur. Erste Hälfte des 18. Jahrhunderts. Gedruckter Zettel: **Taf. 17,** *No. 193.*

Hopf, David Christian, Quittenbach bei Klingenthal i. Sachsen. 1760. Ein Angehöriger der zahlreichen Geigenbauerfamilie Hopf in Klingenthal. Gedruckter Zettel: **Taf. 17,** *No. 194.*

Horil, Jakob, Wien, Rom. Um 1730—1760. Gute Arbeit. Ein geschriebener Zettel von 1739 datiert aus Wien, die späteren gedruckten Zettel aus Rom. **Taf. 18,** *No. 200, 201, 202.*

Hornsteiner, Franz, Mittenwald. 1795. Geschriebener Zettel: **Taf. 17,** *No. 198.*

Hornsteiner, Georg II., Mittenwald. Zweite Hälfte des 18. Jahrhunderts. Nicht zu verwechseln mit Georg Hornstein dem Älteren (um 1735—1760). Gedruckter Zettel: **Taf. 17,** *No. 197.*

Hornsteiner, Joseph, Volderwald bei Hall i. Tirol. 1844. Geigen- und Zithermacher. Gedruckter Zettel: **Taf. 17,** *No. 195.*

Hornsteiner, Mathias II, Mittenwald. Um 1760 bis 1803. Gute Arbeit. Gedruckter Zettel: **Taf. 17,** *No. 199.*

Hornsteiner, Kaspar, Seefeld. 1831. Geschriebener Zettel: **Taf. 17,** *No. 196.*

Hoyer, Andreas, Quittenbach bei Klingenthal i. Sachs. 1717. Gedruckter Zettel: **Taf. 18,** *No. 204.*

Hoyer, Andreas, Klingenthal. Um 1729—1788. Guter Geigenmacher. Ob er ein Nachkomme des vorher genannten Andreas Hoyer oder identisch mit ihm ist, lässt sich nicht feststellen. Benutzte geschriebene Zettel (wie in Teil I reproduziert) und gedruckte, wie: **Taf. 18,** *No. 203.*
(Siehe auch Teil I.)

Hoyer, Friedrich, Nürnberg. 1787 Gedruckter Zettel: **Taf. 18,** *No. 206.*

Hoyer, Friedrich, Klingenthal. 1817. Vermutlich identisch mit dem vorher genannten Friedrich Hoyer in Nürnberg, der vielleicht später wieder in Klingenthal arbeitete. Gedruckter Zettel: **Taf. 18,** *No. 205.*

Hueber, Johann, München. 1698. Lautenmacher. Gedruckter Zettel: **Taf. 18,** *No. 207.*

Hunger, Christoph Friedrich, Borstendorf i. Sachs. u. Leipzig. Sohn von Samuel Hunger in Borstendorf. Geb. 19. Dezbr. 1718 in Borstendorf (nicht in Dresden, wie seither irrtümlich angenommen wurde), gest. 1787 in Leipzig. War bei Jauch-Dresden als Gehilfe tätig. Arbeitete zuerst in Borstendorf (noch 1758) und ging dann nach Leipzig, wo er seine Blütezeit hatte. Sehr geschätzter Geigenmacher, der geschickt nach italienischen Modellen arbeitete. Gedruckter Zettel: **Taf. 18,** *No. 208.*

Hunger, Samuel, Borstendorf i. Sachsen. Geigenbauer und Accis-Einnehmer. Gest. 8. Februar 1758. Vater des geschätzten Meisters Chr. Friedr. Hunger in Leipzig. Violen und Bässe. Gedruckter Zettel: **Taf. 18,** *No. 209.*

Ilchmann, Peregrin, Stubenseifen. Geigen- und Harfenmacher. 1822. Gedruckter Zettel: **Taf. 18,** *No. 210.*

Imperii, Annibal, Pisa. 1750. Wenig bekannter Geigenmacher. Gedruckte und geschriebene Zettel: **Taf. 18,** *No. 211 u. 212.*

Jacobsen, Thomas, Kopenhagen. 1810—1853. Schüler von Bausch-Leipzig und Vuillaume-Paris. Gute Arbeit. Gedruckte Zettel: **Taf. 19,** *No. 213, 214.*

Jaeger, Johann Georg, Markneukirchen. 18. Jahrhundert. Gedruckter Zettel: **Taf. 19,** *No. 215.*

Jais, Anton, Mittenwald. Geb. 1748, gest. gegen 1836. Sohn von Franz Jais. Gute Arbeit. Gedruckte Zettel verschiedener Art. **Taf. 19,** *No. 216.*
(Siehe auch Teil I.)

Jaudt, Anton, Freysing bei München, später in Petersburg. Um die erste Hälfte des 19. Jahrhunderts. Gedruckte Zettel: **Taf. 19,** *No. 217, 218.*

Jay (Jaye), Henry, Southwarke bei London. Um 1615—1670. Vorzüglicher Violen- und Lautenmacher. Verwendete meist geschriebene Zettel. **Taf. 19,** *No. 219.*

Jerner, Johann, Stockholm. Um 1790—1820. Guter Lautenmacher. Verwendete gedruckte Vignetten mit geschriebenem Text (wie in Teil I wiedergegeben) oder gestochene Zettel, wie: **Taf. 19,** *No. 220.*
(Siehe auch Teil I.)

Jorio, Vincenzo, Neapel. Arbeitete erste Hälfte des 19. Jahrhunderts. Gedruckter Zettel: **Taf. 19,** *No. 221.*

Karner, Bartholomäus, Mittenwald. 18. Jahrhundert. Gedruckter Zettel: **Taf. 19,** *No. 222.*

Keffer, Johann, Ischl. Ausgang 18. Jahrhundert. Gedruckter Zettel: **Taf. 19,** *No. 223.*

Keffer, Johann, Goisern (Ramsau). 1791. Gedruckter Zettel aus einer Geige von ziemlich mittelmässiger Arbeit. Gedruckter Zettel: **Taf. 19,** *No. 224.*

Keffer, Joseph II., Goisern (Ramsau). Geb. 1739, gest. 1813. Sohn von Joseph Keffer dem Älteren, dem Stammvater der Familie. Arbeitete nicht schlecht. Gedruckter Zettel: **Taf. 19**, *No. 225.*

Kelpien, C. A., Zehdenick. 1834. Geschriebener Zettel: **Taf. 20**, *No. 226.*

Kempter, Andreas, Dillingen a. D. Geb. um 1700, gest. 1786. Guter Meister. Verwendete meist gedruckte Zettel mit abweichender Schreibart, **Taf. 20**, *No. 227.*
(Siehe auch Teil I.)

Kinpolth, Johann Christian, Wien. 18. Jahrhundert. Lauten- und Geigenmacher. Gedruckter Zettel: **Taf. 20**, *No. 228.*

Klotz, Aegidius, Mittenwald. Geb. 1733, gest. 1805. Sohn von Sebastian und Enkel von Matthias Klotz. Die Jahreszahl 1735 auf dem hier wiedergegebenen gedruckten Zettel stimmt nicht, sie ist jedenfalls später ausgefüllt worden. Der geschriebene Zettel „Egydi Kloz" rührt auch von ihm her. **Taf. 20,** *229, 230,*
(Siehe auch Teil I.)

Klotz, Johann Carl, Mittenwald. Geb. 1709, gest. um 1790. Sohn von Mathias Klotz. Gehört zu den besten Geigenmachern der Familie. Gedruckter Zettel: **Taf. 20**, *No. 231.*
(Siehe auch Teil I.)

Klotz, Josef senior, Mittenwald. Geb. 1763, gest. nach 1807. Sohn von Sebastian Klotz. Verwendete gedruckte Zettel (wie in Teil I wiedergegeben) und geschriebene, wie: **Taf. 20,** *No. 233.*
(Siehe auch Teil I.)

Klotz, Joseph junior, Mittenwald. Sohn von Joseph Klotz sen. Ende des 18. und Anfang des 19. Jahrhunderts. Benutzte meist geschriebene Zettel. **Taf. 20,** *No. 232.*
(Siehe auch Teil I.)

Klotz, Mathias I., Mittenwald. Geb. 1656, gest. 1743. Gründer der Geigenindustrie Mittenwalds und ältester Meister der Familie Klotz daselbst. Benutzte fast nur gedruckte Zettel. Der geschriebene Zettel No. 234 ist zweifellos echt, denn die Schriftzüge stimmen mit der Niederschrift des Mathias Klotz überein, die noch in der St. Nicolauskirche in Mittenwald aufbewahrt wird. **Taf. 20,** *No. 234, 235.*
(Siehe auch Teil I.)

Knilling, Josef Mathias, Mittenwald. Geb. 1767, gest. nach 1837. Gute Arbeit. Geschriebener Zettel: **Taf. 20**, *No. 236.*

Knitl, Josef, Mittenwald. Um 1760—1790. Lauten- und Geigenmacher. Gedruckter Zettel: **Taf. 21**, *No. 237.*

Knössing, Johann Hubert, Leipzig. 1807. Geschriebener Zettel aus einer Viola: **Taf. 21**, *No. 238.*

Köllmer, Johann Valentin, Crawinkel bei Ohrdruf (Thüringen). Zweite Hälfte des 18. und Anfang des 19. Jahrhunderts. Gedruckter Zettel: **Taf. 21**, *No. 239.*

Köpff, Peter, München. Um 1640—1670. Guter Lautenmacher. Gedruckter Zettel: **Taf. 21,** *No. 240.*

Kossler, Ferdinand Andreas, Regensburg. Zweite Hälfte des 18. Jahrhunderts. Schüler von Buchstetter-Regensburg. **Taf. 21,** *No. 241.*

Kostrzewski, Jacobus, Lemberg. Ein polnischer Meister, der Ende des 18. und Anfang des 19. Jahrhunderts arbeitete. Gedruckter Zettel: **Taf. 21**, *No. 242.*

Krammer, Heinrich, Wien. Lauten- und Geigenmacher. Um 1680—1720. Geschriebener Zettel in gemalter Schrift: **Taf. 21**, *No. 243.*

Krausch, Georg Adam, Wien. Um 1800. Gedruckter Zettel: **Taf. 21**, *No. 244.*

Kretzschmann, Johann Adam, Markneukirchen. Geb. 1750, gest. 1796. Sohn von Hans Adam Kretzschmann (geb. 1716, gest. 1771). Gedruckter Zettel: **Taf. 21**, *No. 245.*

Kriner, Simon, Mittenwald. Gegen Anfang des 19. Jahrhunderts bis 1821. Guter Geigenmacher und geschickter Imitator der Italiener. Gedruckte Zettel verschiedener Art. **Taf. 21**, *No. 246.*
(Siehe auch Teil I.)

Künzl, Johann, Znaim (Mähren). Geb. 1825 in Eger. Schüler von Gabriel Lemböck-Wien. Gedruckter Zettel: **Taf. 21**, *No. 247.*

Lafeber, J., Amsterdam. 18. Jahrhundert. Vielleicht identisch mit J. B. Lefebvre-Amsterdam. Mit Holztypen gedruckter Zettel: **Taf. 21**, *No. 248.*

Lagetto, Louis, Paris. Um 1724—1753. Mittelmäßige Arbeit nach Amati-Modell. Gedruckter Zettel: **Taf. 21**, *No. 249.*

Landolfi, Carlo Ferdinando, Mailand. Arbeitete um 1735—1788, in den früheren Jahren meist nach Josef Guarneri. Die Instrumente sind sehr verschieden, bald sehr gut, bald oberflächlich in Lack und Arbeit. Benutzte gedruckte Zettel verschiedener Art. **Taf. 22**, *No. 250, 251.*
(Siehe auch Teil I.)

Langer, Nicolaus, Mannheim. Ende des 18. und Anfang des 19. Jahrhunderts. Mittelmäßige Arbeit. Gestochene Zettel mit hessischem Wappen: **Taf. 22**, *No. 252.*

Lantner, Ferdinand Martin, Prag. Geb. 6. Januar 1833, arbeitete bis gegen 1894, wo sein Sohn Bohuslav das Geschäft übernahm. Gedruckte verzierte Vignette: **Taf. 22**, *No. 253.*

Leeb, Andreas Carl, Wien. Um 1784—1820. Violinen nach Amati-Modell. Benutzte gestochene Vignetten und gedruckte Zettel: **Taf. 22**, *No. 254, 255.*

Leeb, Johann Georg, Pressburg. Geb. um 1740, arbeitete noch 1813. Guter Meister Arbeitete nach Stainer und Amati. Gedruckte Zettel in deutschem oder latinisiertem Text. **Taf. 22**, *No. 256.*
(Siehe auch Teil I.)

Leidolff, Johann Christoph. Wien. Arbeitete 1715 bis 1758. Sohn von Nicolaus Leidolff (Ende 17. Jahrh.) Lauten, Violen, Geigen von guter Arbeit. Gedruckter Zettel: **Taf. 22**, *No. 257.*

Leidolff, Joseph Ferdinand, Wien. Um 1756 bis 1780. Guter Arbeiter nach Amati- und Stainer-Modell. Gedruckter Zettel: **Taf. 22**, *No. 258.*

Leissmiller, Christoph, Krin bei Mittenwald. Um 1760—1790. Gedruckter Zettel: **Taf. 22**, *No. 259.*

Lennoir, Baptiste, Strassburg. 1778. Geschriebener Zettel: **Taf. 22**, *No. 260.*

Lentz, John Frederick, London-Chelsea. 1814. Vermutlich ein Sohn von Johann Nicolaus Lentz-London (um 1800). Gedruckter Zettel: **Taf. 22**, *No. 261.*

Leoni, Ferdinando, Parma. Anfang 19. Jahrhundert. Unbedeutend. Gedruckter Zettel: **Taf. 22,** *No. 262.*

Lété, Dominique Joseph, Nantes. Geb. 1804, gest. 1871. Gedruckter Zettel: **Taf. 22,** *No. 263.*

Lieves, Eduard, Königsberg i. Preussen. Erste Hälfte des 19. Jahrhunderts. Gedruckter Zettel aus einer Gitarre: **Taf. 23,** *No. 264.*

Lipp, Mathias, Benedictbeuern. Um die Mitte des 18. Jahrhunderts. Geigen im Stile der Klotz. Gedruckter Zettel: **Taf. 23,** *No. 265.*

Lorenzini, Gaspare, Piacenza. 18. Jahrhundert. Ziemlich mittelmässige Arbeit. Mit Holzstempel gedruckter Zettel: **Taf. 23,** *No. 266.*

Lott, John Frederick, London. Geb. 1775 in Deutschland, gest. 1853. Schüler von Th. Dodd. Vorzügliche Contrabässe und Violoncelli. Gedruckter Zettel: **Taf. 23,** *No. 267.*

Lucarini, Vincenzo, Faenza. Um 1800. Gitarren- und Mandolinen-Macher. Gedruckte und geschriebene Zettel: **Taf. 23,** *No. 268, 269.*

Lund, Niels Jensen, Kopenhagen. Geb. um 1784, arbeitete bis 1858. Seine Bögen sind sehr gesucht. Gedruckter Zettel: **Taf. 23,** *No. 270.*

Mantegazza, Francesco, Mailand. Um 1760—1800. Imitierte Amati. Gedruckter Zettel: **Taf. 23,** *No. 271.*

Marconcini, Aloisio, Bologna, später in Ferrara. Zweite Hälfte des 18. Jahrhunderts. Schüler von Omobono Stradivari. Gute Violen und Violinen. Gedruckter Zettel: **Taf. 23,** *No. 272.*

Marstrand, Nicolaus Jocob, Kopenhagen. Geb. 1770 in Oesterdalen (Norwegen), gest. 1829 in Kopenhagen. Mechanikus, Harfen-, Klaviere- und Geigenbauer. Gedruckter Zettel: **Taf. 23,** *No. 273.*

Martini, Giacomo Alessandro, Pennå. 1730. Geschriebener Zettel: **Taf. 23,** *No. 274.*

Matabosch, Juan, Barcelona. 1797. Geschriebener Zettel aus einer Gitarre von guter Arbeit: **Taf. 23,** *No. 275.*

Maurizi, Francesco, Appignano. Zweite Hälfte des 18. Jahrhunderts. Gedruckter Zettel: **Taf. 24,** *No. 276.*

Maussiell, Leonhard, Nürnberg. Arbeitete um 1708 bis 1757. Gute Instrumente im Stile Stainer's. Grosse gedruckte Zettel verschiedener Art: **Taf. 24,** *No. 277.*
(Siehe auch Teil I.)

Mayrhofer, Anton junior, Passau. Zweite Hälfte des 18. Jahrhunderts. Mittelmässige Arbeit. Geschriebener Zettel mit gemalter Schrift: **Taf. 24,** *No. 278.*

Meindl, F. Xaver, Würzburg. Erste und zweite Hälfte des 19. Jahrhunderts. Stammte aus München. Gute Arbeit nach Stainer-Modell. Geschriebene und gedruckte Zettel: **Taf. 24,** *No. 279, 280.*

Meinel, August, Klingenthal. Erste Hälfte des 19. Jahrhunderts. Gedruckter Zettel: **Taf. 24,** *No. 281.*

Meinel, Christian August, Zweibrüdergrund bei Klingenthal. 18. Jahrhundert. Gedruckter Zettel: **Taf. 24,** *No. 282.*

Meinel, Friedrich Wilhelm, Markneukirchen. Geb. 1737, gest. 1802. Fleissiger und guter Arbeiter. Gedruckter Zettel: **Taf. 24,** *No. 283.*

Meinel, Georg Christoph, Zweibrüdergrund bei Klingenthal. 18. Jahrhundert. Gedruckter Zettel: **Taf. 24,** *No. 284.*

Meisel, Christian Friedrich, Klingenthal. Erste Hälfte des 19. Jahrhunderts. Arbeitete nach italienischen Modellen. Gestochener Zettel: **Taf. 24,** *No. 285.*

Meisel, Johann Christoph, Klingenthal. Erste Hälfte des 18. Jahrhunderts. Geschriebener Zettel: **Taf. 24,** *No. 286.*

Meisel, Johann Georg, Klingenthal. Um 1745—1785. Einer der besten Meister Klingenthal's. Gedruckter Zettel: **Taf. 24,** *No. 287.*

Meyer, Johann, Matthias, Hamburg. 1758. In Frakturlettern gemalter Zettel aus einem Violoncello: **Taf. 25,** *No. 288.*

Meyer, Magnus Andreas, Hamburg. Um 1730—1760. Arbeitete im Stile von Tielke-Hamburg, dessen Schüler er vermutlich war. Geschriebener Zettel: **Taf. 25,** *No. 289.*

Mezzadri, Alessandro, Ferrara. Um 1690—1732. Mittelmässige Arbeit im Stile von N. Amati. Gedruckter Zettel: **Taf. 25,** *No. 290.*

Mezzabotte (mezza-botte), Domenico Giov. Battista, Brescia. Um 1720—1760. Gedruckter Zettel aus einer den Testore-Instrumenten ähnlichen Geige: **Taf. 25,** *No. 291.*

Molinari, Giuseppe, Venedig. Um 1737—1765. Lauten- und Mandolinenmacher. Gedruckter Zettel: **Taf. 25,** *No. 292.*

Mosch, Johann Traugott, Borstendorf i. Sachsen. Geb. 9. Septbr. 1736, gest. 30. Juli 1781. Gedruckter Zettel: **Taf. 25,** *No. 293.*

Nadermann, Jean Henri, Paris. Zweite Hälfte des 18. Jahrhunderts. Baute neben Lauten etc. vorwiegend Harfen, durch deren Vorzüglichkeit sein Name berühmt wurde. Gestochener Zettel. **Taf. 25,** *No. 294.*

Nadotti, Giuseppe, Piacenza. Um die Mitte und zweite Hälfte des 18. Jahrhunderts. Meist gute Arbeit. Gedruckte Zettel und gestochene Vignetten: **Taf. 25,** *No. 295, 296.*

Neumärker, Carl August, Schöneck i. Sachsen. Geb. 1791, gest. 1864. Gedruckter Zettel: **Taf. 26,** *No. 298.*

Neuner (Neiner), Mathias I, Mittenwald, Ende des 18. und Anfang des 19. Jahrhunderts. Geschickter Geigenmacher und tüchtiger Kaufmann, der gewissermassen den Grund zu der Bedeutung der noch heute bestehenden Firma Neuner & Hornsteiner in Mittenwald legte. Eigenhändig gemachte Instrumente signierte er auch als Teilhaber der Firma mit seinem eigenen Zettel. Gedruckter Zettel: **Taf. 25,** *No. 297.*
(Siehe auch Teil I.)

Neuner & Hornsteiner, Mittenwald. Die Traditionen dieser noch jetzt bestehenden Firma führen bis in die Mitte des 18. Jahrhunderts zurück. Durch Eintritt eines Cantius Hornsteiner sen. hiess sie schon vor 1800 Neuner & Hornsteiner, doch wurde damals auch Neuner & Co. gezeichnet. Gedruckter Zettel: **Taf. 26,** *No. 299.*

Niclas, Stephan, Hallein bei Salzburg. 1778. Gedruckter Zettel: **Taf. 26,** *No. 300.*

Nicolas, Antonius, Cremona. 18. Jahrhundert. Vermutlich ein Händler und Reparateur. Gedruckter Zettel: **Taf. 26,** *No. 301.*

Niggell, Sympertus, Füssen (Bayern). Um 1740–1780. Gute Geigen, Violoncelli und Violen. Gedruckte Zettel mit lateinischen oder deutschen Lettern. **Taf. 26,** *No. 302.*
(Siehe auch Teil I.)

Odoardi, Giuseppe, Picene bei Ascoli. Geb. 1746, gest. um 1786. Verwendete gedruckte Zettel verschiedener Art: **Taf. 26,** *No. 303, 304.*
(Siehe auch Teil I.)

Otto, Carl August, Ludwigslust i. Mecklenburg. Geb. 1801, gest. 1883. Vierter Sohn und Schüler von Jac. Aug. Otto in Weimar und Jena. Gute Arbeit. Gedruckter Zettel: **Taf. 26,** *No. 305.*

Otto, Carl Christian, Halle a. S. Geb. 1792, gest. 1853. Zweiter Sohn und Schüler von Jac. Aug. Otto. Geschickter Geigenmacher. Gedruckter Zettel: **Taf. 26,** *No. 306.*

Otto, C. F. W., Gothenburg und Stockholm. Geb. 1808 in Jena, gest. 1884 in Stockholm. Fünfter Sohn von Jac. Aug. Otto. Gedruckter Zettel: **Taf. 26,** *No. 307.*

Pacci, Simon, Lucca. 1773. Vermutlich ein Dilettant. Geschriebener Zettel: **Taf. 26,** *No. 308.*

Pallotta, Pietro, Perugia. Um 1788–1820. Keine schlechte Arbeit. Verwendete nur geschriebene Zettel, in flüchtiger wie sorgfältig gemalter Schrift. **Taf. 26,** *No. 309 u.* **Taf. 27,** *No. 310.*
(Siehe auch Teil I.)

Pasio, Ildebrando, Faenza. 18. Jahrhundert. Wenig bekannt. Gedruckter Zettel: **Taf. 27,** *No. 311.*

Pasta, Bartolomeo, Mailand. 1681. Nennt sich Schüler von Nicolaus Amati. Geschriebenen Zettel: **Taf. 27,** *No. 312.*

Pasta, Gaetano, Brescia. 1760. War aus Mailand gebürtig und nennt sich ebenfalls Schüler von Amati (jedenfalls von Hieronymus II.) Gedruckter Zettel: **Taf. 27,** *No. 313.*

Pauli, Antoni, Tachau. Anfang 18. Jahrhundert. Guter Geigenmacher, Gedruckter Zettel: **Taf. 27,** *No. 314.*

Pedrinelli, Antonio, Crespano. Geb. 1781, gest. 1854. Guter Geigenmacher. Arbeitete mit Vorliebe nach Stradivari. Gedruckte Zettel: **Taf. 27,** *No. 315 u. 316.*

Pera, Hieronymus, (?), 1846. Geschriebener Zettel: **Taf. 27,** *No. 317.*

Perr, Hans, Wien. 1600. Gute Durchschnittsarbeit. Geschriebener Zettel: **Taf. 27,** *No. 318.*

Perr, Josef, Goisern (Ramsau). Ende des 18. und Anfang des 19. Jahrhunderts. Gehört mit zu den besten Geigenmachern der Ramsau. Gedruckter Zettel: **Taf. 27,** *No. 319.*

Pfuntmichel, Johannes, Mittenwald. 1808. Gedruckter Zettel: **Taf. 28,** *No. 320.*

Pierray, Claude, Paris. Um 1700–1735. Guter Meister der alten Pariser Schule. Gedruckte Zettel verschiedener Form. **Taf. 28,** *No. 321.*
(Siehe auch Teil I.)

Pirot, Claude, Paris. Anfang 19. Jahrhundert. Guter französischer Meister. Gestochener Zettel: **Taf. 28,** *No. 322.*

Piskorsch, Rafael, Mistek (Mähren). Erste Hälfte des 18. Jahrhunderts. **Taf. 28,** *No. 323.*

Placht, Johann Franz, Schönbach i. Böhmen. Zweite Hälfte des 18. Jahrhunderts. Vermutlich Sohn von Franz Placht. Gedruckter Zettel: **Taf. 28,** *No. 324.*

Plani, Agostino de, Genua. Um 1750–1780. Gewöhnliche Arbeit. Gedruckter Zettel: **Taf. 28,** *No. 325.*

Poller (Boller), Michael I, Mittenwald. Gute Arbeit. Um 1760–1803. Gedruckter Zettel: **Taf. 28,** *No. 326.*
(Siehe auch Teil I.)

Posch (Bosch), Antony, Wien. Erste Hälfte des 18. Jahrhunderts. Geschätzter Violen- und Lautenmacher. Gestochener Zettel mit dem österreichischen Wappen: **Taf. 28,** *No. 327.*

Postacchini, Andreas I, Fermo. Ende des 19. und Anfang des 18. Jahrhunderts. Sohn von Amici Postacchini. Geigen und Gitarren von unterschiedlichem Wert. Gedruckte Zettel: **Taf. 28,** *No. 328 u. 329.*

Postacchini, Andreas II, Fermo. Sohn von Andreas I. Arbeitete bis gegen 1857 im Stile des Vaters in dem Laden zum „Erzengel Raphael". Gedruckter Zettel: **Taf. 28,** *No. 330.*

Pötscher, Carl Gottlob, Zwota bei Klingenthal. 18. Jahrhundert. Gedruckter Zettel: **Taf. 28,** *No. 331.*

Pressenda, Giovanni Francesco, Turin. Geb. 1777, gest. 1854. Schüler von Storioni. Bester italienischer Meister des 19. Jahrhunderts. Arbeitete meist nach Stradivari-Modell. Gedruckter Zettel: **Taf. 28,** *No. 332.*

Radeck, Johann, Wien. Um 1778–1800. Mittelmässige Arbeit: **Taf. 29,** *No. 333.*

Railich, Giovanni, Padua. 17. Jahrhundert. Lauten, Gitarren. Gedruckter Zettel: **Taf. 29,** *No. 334.*

Rauch, Jakob, Mannheim. Um 1720–1763. Hof-Lauten- und Geigenmacher. Geigen von gewöhnlicher Arbeit. Gedruckter Zettel: **Taf. 29,** *No. 335.*

Rauch, Johannes, Komotau (Böhmen). Um 1730-1765. Gute Durchschnittsarbeit. Gedruckter Zettel: **Taf. 29,** *No. 336.*

Rauch, Joseph, Komotau i. Böhmen. Sohn von Johannes Rauch. Geb. 1722, gest. um 1796. Gedruckte Zettel mit deutschem und lateinischem Text: **Taf. 29,** *No. 337, 338.*

Rauch, Sebastian, Leitmeritz i. Böhmen. Sohn von Sebastian Rauch in Prag. Arbeitete um 1740 bis gegen 1801. Saubere Arbeit, aber wenig Ton. Gedruckter Zettel: **Taf. 29,** *No. 339.*

Rauch, Sebastian, Breslau. Um 1730–1780. Jedenfalls ein Sohn von Thomas Rauch-Breslau (siehe Teil I) und Enkel von Sebastian Rauch-Prag. Arbeit nicht schlecht. Gedruckter Zettel: **Taf. 29,** *No. 340.*

Reichel (Reigeld), Johann Adam I, Markneukirchen. Sohn von Johann Reichel dem Älteren, gest. 1751. Wurde 1734 Meister. Gedruckter Zettel in der Schreibart „Reigeld": **Taf. 29,** *No. 342.*

Reichel, Johann Adam II, Markneukirchen. Wurde 1778 Meister und arbeitete bis ins 19. Jahrhundert hinein. Gedruckter Zettel: **Taf. 29,** *No. 341.*

Renaudin, Leopold, Paris. Geb. 1749, gest. 1795. Geigen von sehr mittelmässiger Arbeit. Gedruckte und gestochene Zettel der verschiedensten Art. **Taf. 29,** *No. 343.*

Renault & Chatelain, Paris. Zweite Hälfte des 18. und Anfang des 19. Jahrhunderts. Gedruckter Zettel: **Taf. 29,** *No. 344.*

Riber, Johann, Wien. 1836. Gedruckter Zettel: **Taf. 29,** *No. 345.*

Riedele, Mathias, Augsburg. Um 1760—1800. Gute Bässe. Geschriebener Zettel: **Taf. 29,** *No. 346.*

Ries, Nicolaus Georg, Wien. Erste Hälfte des 19. Jahrhunderts. Vorzügliche Gitarren. Benutzte neben kleinen gedruckten Zetteln meist eine grosse gestochene Vignette mit aufgedrücktem Siegel, wie: **Taf. 30,** *No. 347.*

Rivolta, Giacomo. Mailand. Anfang des 19. Jahrhunderts. Arbeitete in der Art der Gagliani. Grosse verzierte Vignette mit Instrumenten-Emblem: **Taf. 30,** *No. 348.*

Rocca, Giuseppe, Turin, die letzten drei Jahre in Genua. Geb. 1807, gest. 1865. Schüler von Pressenda. Gehört zu den besten italienischen Geigenmachern des 19. Jahrhunderts. Gedruckte Zettel verschiedener Art: **Taf. 30,** *No. 349, 350 u. 351.*

Rota, Giovanni, Cremona. Ende des 18. und Anfang des 19. Jahrhunderts. Mit Holzstempel gedruckter Zettel aus einer gut gearbeiteten Violine mit rotem Öllack: **Taf. 30,** *No. 352.*

Rudert, Johann Michael, Kornneuburg, Wien. Um 1809—1840. Siedelte 1813 nach Wien über. Gedruckte Zettel: **Taf. 30,** *No. 353 u. 354.*

Ruggeri (Ruggieri), Antonio, Cremona. 1723. Sohn von Giacinto Giov. Battista und Enkel von Francesco Ruggeri. Wenig bekannt. Gedruckter Zettel: **Taf. 31,** *No. 355.*

Ruggeri (Ruggieri), Francesco, Cremona. Ältester und bester Meister der Familie dieses Namens, die in der Cremoneser Mundart auch **Ruger** genannt wurde. Verwendete neben gedruckten Zetteln (wie in Teil I wiedergegeben) gelegentlich auch geschriebene, wie: **Taf. 31,** *No. 356.*
(Siehe auch Teil I.)

Rupprecht, Wilhelm, Wien. Zweites Drittel des 19. Jahrhunderts. **Taf. 31,** *No. 357.*

Salò, Gasparo da, Brescia. (Sein eigentlicher Geburtsname ist Bertolotti.) Geb. um 1542 in Salò, gest. 1609 in Brescia. Gilt als erster Erbauer von Violinen und ist der erste Meister der klassischen Schule von Brescia. Verwendete grosse geschriebene Zettel mit gemalter Schrift: **Taf. 31,** *No. 358.*
(Siehe auch Teil I.)

Salvadori, Giuseppe, Pistoja. 1863. Geigen und Gitarren von mittelmässiger Arbeit. **Taf. 31,** *No. 359.*

Santagiuliana, Giacinto, Vicenza, zuletzt in Venedig. Um 1770—1830. Gedruckter Zettel: **Taf. 31,** *No. 360.*

Sattler (Sottler), Josef Karl, Graslitz i. Böhmen. Ende des 18. und Anfang des 19. Jahrhunderts. Gest. um 1839. Ein Urenkel von ihm, Josef Sattler, arbeitet noch heute in Silberbach bei Graslitz. Gedruckter Zettel: **Taf. 31,** *No. 361.*

Schaendl, Anton, Mittenwald. 1829. Gedruckter Zettel: **Taf. 31,** *No. 362.*

Scheinlein, Matthaeus Friedrich, Langenfeld bei Erlangen. Geb. 1710, gest. 1771. Seine Instrumente werden von denen seines Sohnes und Nachfolgers, Johann Michael Scheinlein, weit übertroffen. Gedruckter Zettel: **Taf. 31,** *No. 363.*
(Siehe auch Teil I.)

Schlick, Wilhelm, Dresden. Um 1830—1860 Kgl. Kammermusikus, der aus Liebhaberei den Geigenbau mit grossem Geschick betrieb. Gestochener Zettel: **Taf. 31,** *No. 364.*

Schlosser, Johann Christian, Klingenthal. Um 1730—1770. Geschickter Geigenmacher. Gedruckter Zettel: **Taf. 31,** *No. 365.*

Schlosser, Johann Georg, Klingenthal. 18. Jahrhundert. Gedruckter Zettel: **Taf. 32,** *No. 366.*

Schneider, Christoph Carl, Klingenthal. Zweite Hälfte des 18. Jahrhunderts. Gedruckter Zettel: **Taf. 32,** *No. 367.*

Scholtz, Daniel, Guhrau in Schlesien. 1789. Geschriebener Zettel: **Taf. 32,** *No. 368.*

Schönfelder, Johann Christian, Markneukirchen. Ende des 18. und Anfang des 19. Jahrhunderts. Gedruckter Zettel: **Taf. 32,** *No. 369.*

Schorn, Johann Paul, Innsbruck und Salzburg. Um 1680—1716. Siedelte 1696 von Innsbruck nach Salzburg über. Recht gute Arbeit. Benutzte geschriebene und gedruckte Zettel verschiedener Art. **Taf. 32,** *No. 370.*
(Siehe auch Teil I.)

Schramm, Joh. Gottl., Gotha. Erste Hälfte des 19. Jahrhunderts. Als Bogenmacher geschätzt. Geigen weniger gut. Geschriebener Zettel. **Taf. 32,** *No. 371.*

Schuster, Joseph, Schönbach b. Eger. Ende des 18. und Anfang des 19. Jahrhunderts. Gedruckter Zettel: **Taf. 32,** *No. 372.*

Schwaicher, Leopold, Floridsdorf bei Wien. Um 1768—1813. Mittelmässige Arbeit. **Taf. 32,** *No. 373.*
(Siehe auch Teil I.)

Schwarzmann, Anton, Mittenwald. 18. Jahrhundert. Gedruckter Zettel: **Taf. 32,** *No. 374.*

Schweigl, Franz Xaver, Wien. Erste Hälfte des 19. Jahrhunderts. Mittelmässige Arbeit. **Taf. 32,** *No. 375.*

Scrosati, Giovanni Domenico, Mailand. 1775. Gedruckter Zettel: **Taf. 32,** *No. 376.*

Seitz, Georg, Bayreuth. 1834. Gedruckter Zettel: **Taf. 32,** *No. 377.*

Seitz, Johannes, Mittenwald. 1772. Geschriebener Zettel: **Taf. 32,** *No. 378.*

Seraphin, Santo, Udine, Venedig. Ende des 17. und erste Hälfte des 18. Jahrhunderts. Hervorragende Arbeit. Bester venezianischer Meister. Benutzte verzierte Vignetten in Stich und Druck (wie in Teil I wiedergegeben) und zuletzt wie: **Taf. 33,** *No. 379.*
(Siehe auch Teil I.)

Simon, Ignaz, Haidhausen bei München. Erste Hälfte des 19. Jahrhunderts. Gitarren und Zithern. Mit Holzstempel gedruckter Zettel: **Taf. 33,** *No. 380.*

Sitt, Anton, Prag. Geb. 1819 in Val (Ungarn), gest. 1878 in Prag. Sehr geschickter Geigenmacher und vorzüglicher Reparateur. Arbeitete nach Stradivari- und Guarneri-Modellen. Gedruckter Zettel: **Taf. 33,** *No. 381.*

Sneider, Joseph, Pavia. Anfang 18. Jahrhundert. Schüler von Nicola Amati. Recht guter Meister. Gedruckter Zettel: **Taf. 33,** *No. 382.*

Soliani, Angelo, Modena. Ende des 17. und Anfang des 19. Jahrhunderts. Gute Arbeit. Gedruckter Zettel mit dem Signum der Sonne: **Taf. 33,** *No. 383.*

Spranger, Johann Gabriel, Schoeneck. 1734. Mit Holzstempel gedruckter Zettel: **Taf. 33,** *No. 384.*

Stadlmann, Johann Joseph, Wien. Um 1741 bis 1781. Kais. u. Kgl. Hof-Lauten- und Geigenmacher. Jedenfalls der Sohn und Nachkomme von Daniel Achatius Stadlmann (gest. 1744). Recht gute Arbeit nach Stainer-Modell. Gestochener Zettel mit österreich. Wappen: **Taf. 33,** *No. 385.*

Stainer, Carlo, ?., 1735. Vermutlich ein deutscher Geigenmacher, der in Italien arbeitete. Gedruckter Zettel: **Taf. 33,** *No. 386.*

Staufer, Johann Anton, Wien. Erste Hälfte des 19. Jahrhunderts. Guter Gitarrenmacher. Benutzte grosse gestochene Vignetten mit Siegelabdruck. **Taf. 33,** *No. 388.*

Steiner, Johann Georg Josef, ?., 1604 (1694 ?). Geschriebener Zettel aus einer hoch gewölbten Geige mit rötlichem Lack: **Taf. 33,** *No. 389.*

Steininger (Staininger), Franz Xaver, Darmstadt, Frankfurt a. M., Paris. Geb. 1778, gest. gegen 1850. Sohn und Schüler von Jakob Staininger in Mainz. Sehr geschickter Meister. Gute Violoncelli. Arbeitete zuerst in Darmstadt, dann in Frankfurt a. M. und vorübergehend auch in St. Petersburg und Paris. Geschriebener Zettel: **Taf. 33,** *No. 387.*

Steininger, Martin, Aschaffenburg. 1803. Vermutlich ein Sohn des Kurfürstl. Mainzischen Hof-Geigenmachers Jakob Steininger, der um 1800 von Frankfurt a. M. nach Aschaffenburg übersiedelte. Geschriebener Zettel: **Taf. 34,** *No. 390.*

Sternberg, Hinrich Franz, Lüneburg. 1729. Gedruckter Zettel: **Taf. 34,** *No. 391.*
(Siehe auch Teil I.)

Storioni, Lorenzo, Cremona. Geb. 1751 gest. um 1800. Letzter Cremoneser Meister der klassischen Epoche. Gedruckter Zettel, dessen Typen durch ungeschicktes Übermalen aufgefrischt sind: **Taf. 34,** *No. 392.*
(Siehe auch Teil I.)

Stoss, Johann, Baptist, Prag. Geb. in Füssen 1784, gest. in Prag 1850. Sohn von Magnus Stephan Stoss in Füssen. Sehr mittelmässige Geigen, aber gute Gitarren. Verwendete gedruckte Zettel verschiedener Art. **Taf. 34,** *No. 393.*

Stoss, Martin, Wien. Geb. 1778 in Füssen, gest. 1838. Sohn von Magnus Stephan Stoss-Füssen. Guter Geigenmacher. Gestochener Zettel: **Taf. 34,** *No. 394.*

Stoss, Joseph, Günzburg (?), 1718. Lauten- und Geigenmacher. Vielleicht identisch mit Hermann Joseph Stoss - Füssen (um 1700—1737). Geschriebener Zettel: **Taf. 34,** *No. 395.*

Stradivari, Antonio, Cremona. Geb. um 1644, gest. 1737. Schüler des Nicola Amati und grösster Meister des Geigenbaues. Benutzte nur gedruckte Zettel, die alle hinter der Jahreszahl seine mit Holzstempel aufgedruckte Marke tragen. Nur die Reparaturzettel (vergl. No. 400) sind meistens geschrieben. Die Zettel bis 1666 haben kleinere Typen und den Zusatz: „Alumnus Nicolaii Amati." Von 1667 an fehlt dieser Zusatz, die Zettel sind mit grösseren Typen gedruckt und ziemlich einheitlich, nur dass die Zettel später etwas weniger sorgfältig im Druck erscheinen und von 1730 ab der Name Stradivarius (statt wie seither Stradiuarius) geschrieben wird. Es findet sich auch von 1730 an ab und zu der eigenhändig von ihm geschriebene Zusatz über sein eigenes Alter, so z. B. im Jahre 1737: „D'Anni 93" (93 Jahre alt). Instrumente der letzten Zeit, die nicht eigenhändig von ihm gearbeitet, sondern nur in seiner Werkstatt hergestellt waren, erhielten Zettel mit dem Wortlaute: „Sotto la Disciplina d'Antonio Stradiuari F. in Cremona" (vergl. No. 402). Die hier wiedergegebenen Zettel sind Reproduktionen der von Hill & Sons in London veröffentlichten Originale. **Taf. 34,** *No. 396, 397, 398, 399, 400, 401, 402.*
(Siehe auch Teil I.)

Straub, Joseph, Röthenbach. Vermutlich Sohn von Simon Straub II. Ende des 18. und Anfang des 19. Jahrhunderts. Gedruckter Zettel: **Taf. 35,** *No. 403.*

Straub, Simon II, Röthenbach. Um 1760—1785. Mittelmässige Arbeit. Geschriebener Zettel: **Taf. 35,** *No. 404.*

Strobl, Tobias, Krems. 1726. Vielleicht ein Sohn von Johann Strobl-Hallein (gest. 1717). Gedruckter Zettel: **Taf. 35,** *No. 405.*

Tempis, Jos. von, Znaim. 1805. Geschriebener Zettel mit gemalter Schrift: **Taf. 35,** *No. 406.*

Testore, Carlo Giuseppe, Mailand. Geb. um 1660, arbeitete bis gegen 1737. Ältester und bedeutendster Meister der Familie, Vater von Carlo Antonio Testore. Verwendete gedruckte Zettel verschiedener Art: **Taf. 35,** *No. 407, 408.*

Thier (Dier), Anton II, Wien. Erste Hälfte des 19. Jahrhunderts. Vermutlich Sohn von Anton Thier I (um 1750—1798). Gedruckter Zettel: **Taf. 35,** *No. 409.*

Thier (Thir, Dir), Johann Georg, Wien. Lauten- und Geigenmacher. Um 1738—1780. Gedruckte Zettel: **Taf. 35,** *No. 73* und **Taf. 35,** *No. 410.*

Thier (Thir, Dir), Matthias, Wien. Zweite Hälfte des 18. und Anfang des 19. Jahrhunderts. Guter Lauten- und Geigenmacher. Gedruckte Zettel: **Taf. 35,** *No. 411, 412.*
(Siehe auch Teil I).

Thumhart, Stephan, Amberg, München. Um 1830 bis 1860. Arbeitete zuerst in Amberg, dann in München, wo er Kgl. Hof-Geigenmacher wurde. Gedruckte und gestochene Zettel: **Taf. 35,** *No. 413, 414.*

Tieffenbrucker, Magnus, siehe: **Dieffopruchar, Magnus.**

Tononi, Carlo, Bologna. Um 1689—1717. Sohn von Felice Tononi. Sehr guter Meister. Gedruckter Zettel: **Taf. 35,** *No. 415.*
(Siehe auch Teil I.)

Tononi (de Tononis), Giovanni, Bologna. Um 1689—1740. Guter Meister. Gedruckter Zettel: **Taf. 36,** *No. 416.*
(Siehe auch Teil I.)

Tonossi, Cesare, Novara. 1847. Gedruckter Zettel: **Taf. 36,** *No. 417.*

Tourte, François, Paris. Geb. 1714, gest. 1835. Bedeutendster Bogenmacher, der je gelebt. Etikette eines Bogens aus dem Jahre 1824: **Taf. 36,** *No. 418.*

Tresselt, Wolfgang Nicolaus, Grossbreitenbach in Thüringen. 1778. Geigenmacher. Geschriebener Zettel: **Taf. 36,** *No. 419.*

Trucco, Girolamo, Savona. Geschickter Verfertiger von Harfen, Gitarren und Geigen. Gedruckter Zettel: **Taf. 36,** *No. 420.*

Uebel (Uibel), Johann Christian, Klingenthal. Arbeitete um 1729—1782. Einer der besten Geigenmacher der Familie Uebel, deren Nachkommen noch heute arbeiten. **Taf. 36,** *No. 421.*

Ugar, Creszenzio, Rom. 1788. Gedruckter Zettel: **Taf. 36,** *No. 423.*

Ungarini, Raynaldo, Fabriano. 1806. Sohn von Antonio Ungarini. Arbeitete, wie er auf seinem Zettel angibt, nach dem Modelle von Stradivari. Gedruckter Zettel: **Taf. 36,** *No. 422.*

Valenzano, Giovanni Maria, Rom. Um 1770—1825. Mittelmässige Arbeit. Geschriebene und gedruckte Zettel: **Taf. 36,** *No. 424, 425.*
(Siehe auch Teil I.)

Vangelisti, Pier Lorenzo, Florenz. Um 1700—1745. Geigen von mittelmässiger Arbeit. Gedruckter Zettel: **Taf. 36,** *No. 426.*

Vauchel, Jean, Darmstadt. Mainz, Würzburg, Damm bei Aschaffenburg. Geb. 1782 in Offenbach, gest. 1856 in Damm. Einer der besten Geigenmacher seiner Zeit. Geschriebener Zettel: **Taf. 36,** *No. 427* u. **Taf. 37,** *No. 428.*

Veichtner, Johann Georg, Regensburg. 1760. Lauten- und Geigenmacher. Gedruckter Zettel: **Taf. 37,** *No. 429.*

Ventapane, Lorenzo, Neapel. Erste Hälfte des 19. Jahrhunderts. Gitarren, Mandolinen, Geigen, letztere im Stile der Gagliano. Gedruckter Zettel: **Taf. 37,** *No. 430.*

Vetter (Cousin), Johann Christoph, Strassburg i. Els. Gest. 1761. Guter Lauten- und Geigenmacher. Nannte sich französisch „Cousin" und verwendete auch auf seinen geschriebenen Zetteln französischen und deutschen Text. **Taf. 6,** *No. 56.*

Vinaccia, Gaetano, Neapel. Ende des 18. und erste Hälfte des 19. Jahrhunderts. Gute Gitarren und Mandolinen. Gedruckter Zettel: **Taf. 37,** *No. 431.*

Voigt, Georg Adam, Markneukirchen. Geb. 1739, gest. 1824. Tüchtiger und fleissiger Geigenmacher. Gedruckter Zettel: **Taf. 37,** *No. 432.*

Voigt, Johann Christian, Markneukirchen. Geb. 1766, gest. 1846. Er hat jedenfalls einige Zeit in Prag gearbeitet und nannte sich daher auf seinen Zetteln: „aus Prag". Geschriebener und gedruckter Zettel: **Taf. 37,** *No. 433, 434.*

Wanner, Michael, Mittenwald. Erste Hälfte und Mitte des 19. Jahrhunderts. Gedruckter Zettel: **Taf. 37,** *No. 435.*

Wassermann, Joseph, Znaim (Mähren). Um 1787-1815. Geschickter Geigenmacher. **Taf. 37,** *No. 436.*

Weil, Christian, Neuwied. 1832. Gedruckter Zettel: **Taf. 38,** *No. 437.*

Wenger, Gregori Ferdinand, Augsburg. Arbeitete um 1700—1760. Lauten, Violen, Violoncelli und Bässe von guter Arbeit. Gedruckter Zettel: **Taf. 38,** *No. 438.*
(Siehe auch Teil I.)

Wentzki (Wenske), Hans, Leipzig. Um 1645—1680. Lauten- und Geigenmacher. Geschriebener Zettel in gemalter Druckschrift: **Taf. 38,** *No. 439.*

Willer, Johann Michael, Prag. Geb. 1753, gest. 1826. Geschickter Geigenmacher. Benutzte gedruckte Zettel verschiedener Art: **Taf. 38,** *No. 440.*

Wickström, Daniel, Stockholm. Um 1780—1820. Gedruckte Zettel: **Taf. 38,** *No. 441, 442.*

Witting, Joseph, Mittenwald. 1796. Gedruckter Zettel: **Taf. 38,** *No. 443.*

Wolff, Carl, Berlin. Geb. 1795 in Bernstadt i. Schl., gest. 1854 in Berlin. Geschriebener Zettel: **Taf. 38,** *No. 444.*

Wörle, Johann Paul, Pressburg 1826. Arbeit ähnlich der Prager Schule. Gestochener Zettel: **Taf. 38,** *No. 448.*

Wörnle (Werndle), Franz, Mittenwald. 1753. Gute Arbeit. Geschriebener Zettel: **Taf. 38,** *No. 445.*

Wörnle, Christoph, Mittenwald. 1821. Geschriebener Zettel: **Taf. 38,** *No. 447.*

Wolfram, Sebastian, München. Erste Hälfte und um die Mitte des 18. Jahrhunderts Hof-Lauten- und Geigenmacher. Geschriebener Zettel in gemalter Antiquaschrift: **Taf. 38,** *No. 446.*

Zanotti, Antonio, Mantua. Um 1709—1745. Guter Geigenmacher. **Taf. 39,** *No. 449.*

Zenatto, Pietro, Treviso. Ende des 17. und erste Hälfte des 19. Jahrhunderts. Geschriebener Zettel in gemalter Antiquaschrift: **Taf. 39,** *No. 450.*

Zencker, Heinrich Gottlöb, Schreiberhau i. Schles. Anfang 19. Jahrhundert. Gedruckter Zettel: **Taf. 39,** *No. 451.*

Zerboni, Antonio, Mailand. 1829. Gedruckter Zettel: **Taf. 39,** *No. 452.*

Zwerger, Antoni, Mittenwald. Um 1750—1795. Gute Arbeit. Gedruckter Zettel: **Taf. 39,** *No. 456.*

Zwerger, Anton, Passau, vorübergehend in Salzburg. Um 1790—1824. Vermutlich Sohn von Antoni Zwerger-Mittenwald. Arbeit nach Art der Klotz. Gedruckte Zettel: **Taf. 39,** *No. 453, 454, 455.*

Zwerger, Ignaz, Mittenwald. 1752. Guter Geigenmacher. Gedruckter Zettel: **Taf. 39,** *No. 457.*

A—B

1. Philipp Achner in Mitten walde an der Yser 1798
2. FILIPPO ALBANI FECIT ANNO 1773
3. Ferdinando Alberti fece in Milano nella Contrada del Peice al Segno della Corona l'Anno 1746
4. Ferdinando Alberti in Contrada Larga di Milano al Segno della Corona F. l'Anno 1737
5. Johannes Albrecht fecit Verona 1809
6. D. Nicolaus Amati fecit Bononiæ 1737
7. Petrus Ambrosi Fecit Brixiæ 17..
8. Carl Bachmann in Berlin
9. Antonius Bagatella ..... fecit Patavij Anno 1792
10. Giorgio Batrhoff Fecit Napoli 1768 GB
11. Joseph Baldantonj Anconae fecit Anno 1856

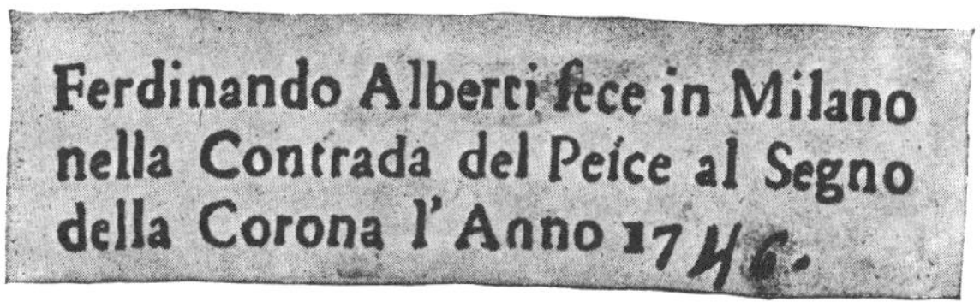

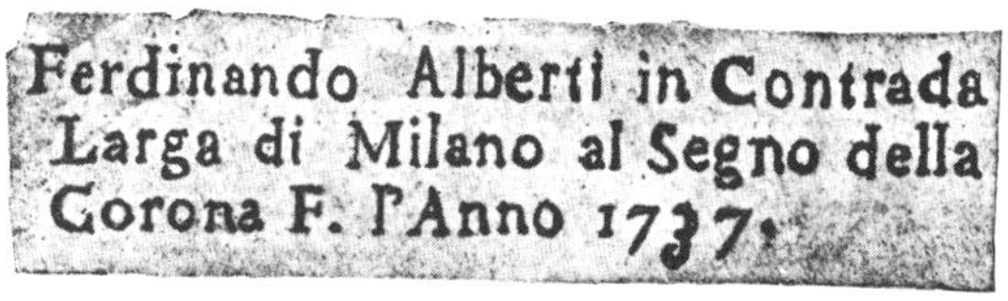

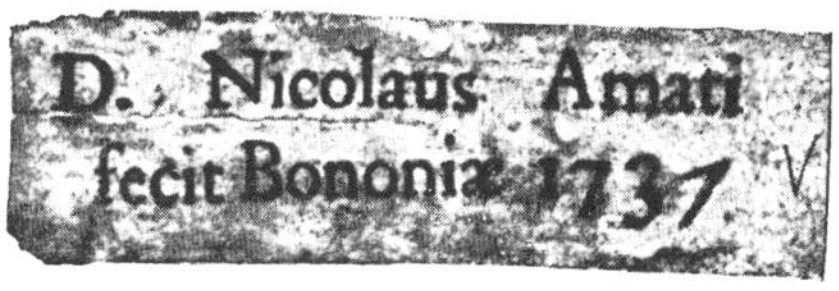

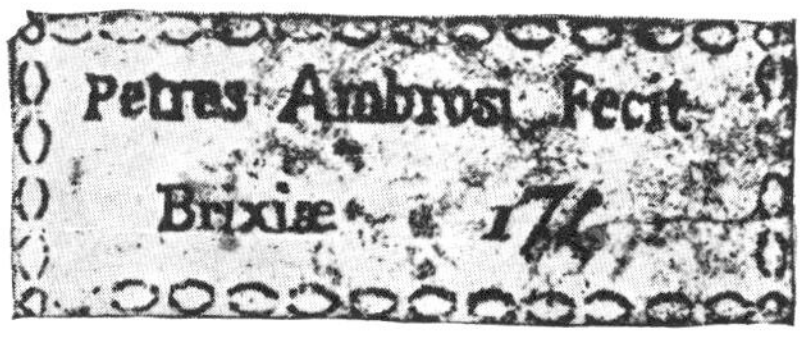

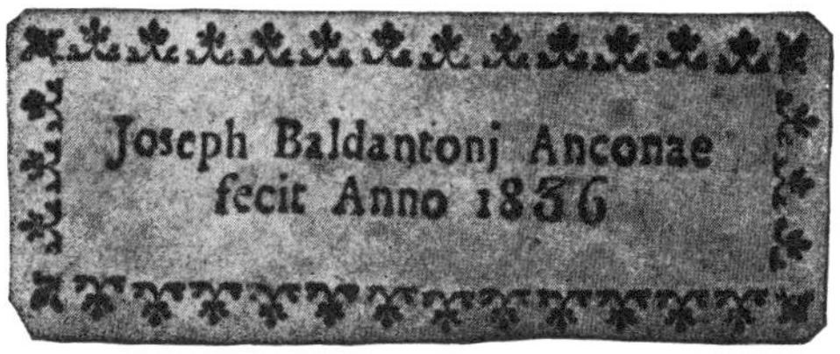

Tafel 1

B

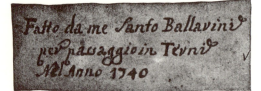

12

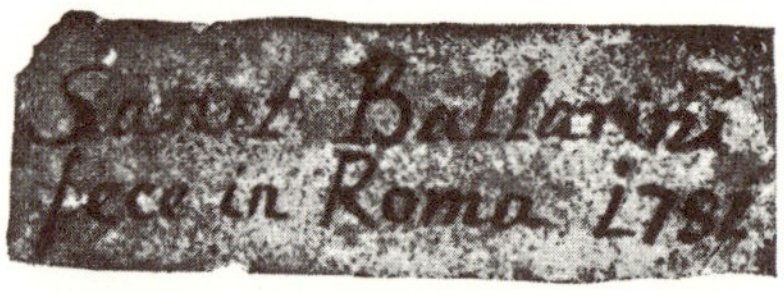

13

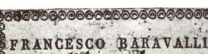

FRANCESCO BARAVALLI
ristauratore

14

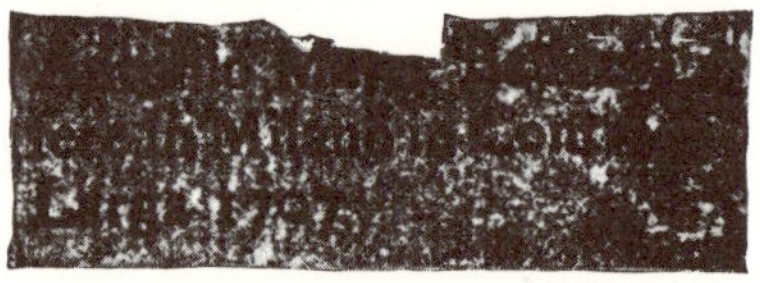

15

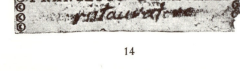

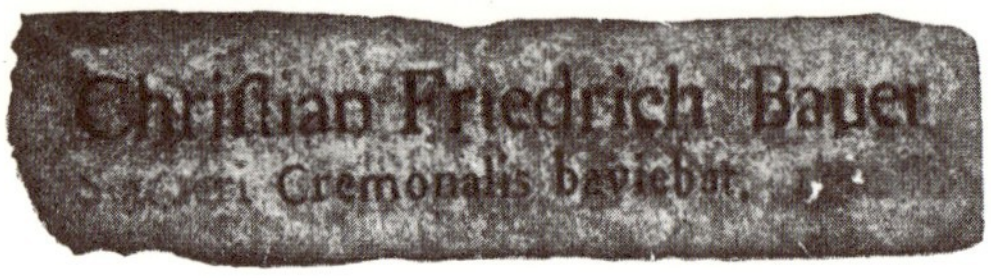

16

17

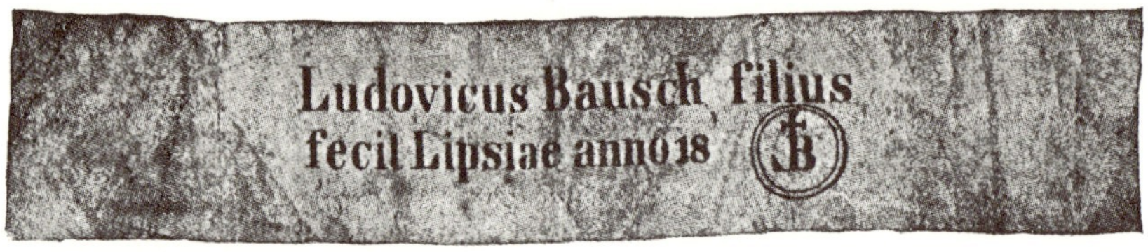

Ludovicus Bausch filius
fecit Lipsiae anno 18

18

Ludovicus Bausch filius
fecit Lipsiae anno 185?

19

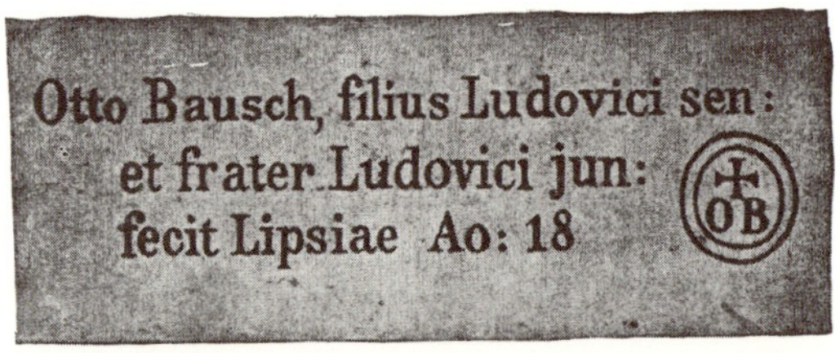

Otto Bausch, filius Ludovici sen:
et frater Ludovici jun:
fecit Lipsiae Ao: 18

20

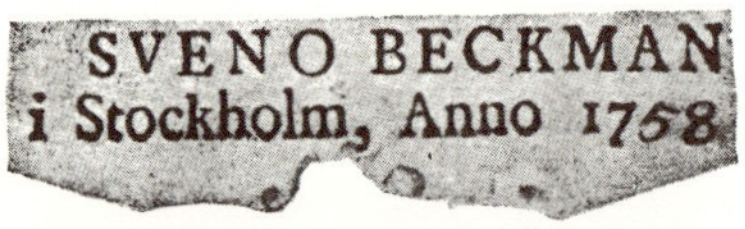

SVENO BECKMAN
i Stockholm, Anno 1758

21

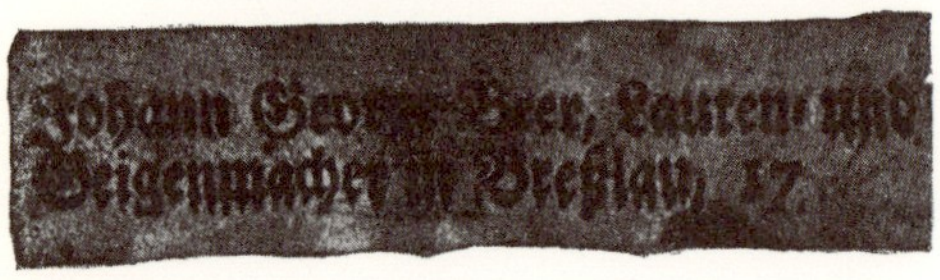

Johann Georg Beer, Lauten und
Geigenmacher in Breßlau, 17

22

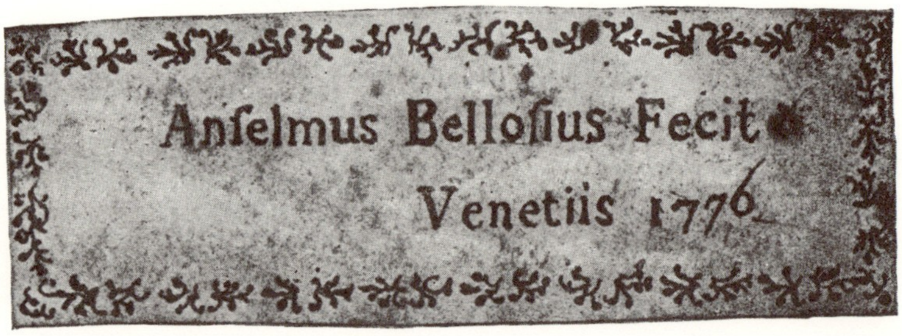

Anselmus Bellosius Fecit
Venetiis 1776

23

Tafel 2

B

24

25

26

27

28

29

30

31

32

33

34

Tafel 3

B—C

Matthäus Ignatius Brandstätter, in Vienna, fecit Anno 18

35

Francesco Brela fece, alla Scala in Mil... 170.

36

Martin Bruner, Lauten- und Geigenmacher in Ollmütz 1777

37

38

Paulo Caiftemel fecit Cremona Anno 1763

39

Antonio Calace
Fabbricante di Chitarre
Strada Mezzo-cannone. N. 32

40

BERNARDUS CALCANIUS Fecit Genuæ Anno 1760

41

Camillus de Camilli
Fecit in Mantova 1761

42

Elias Carlander Kongl. Hofmusicus i Stockholm Aº 1782

43

Joseph Franciscus Celoniat Fecit Taurini anno 1724

44

C

45

46

47

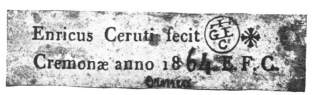
48

49

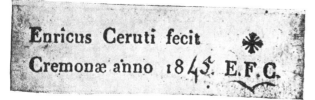
50

51

52

53

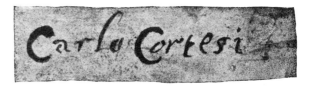

54

55

Tafel 5

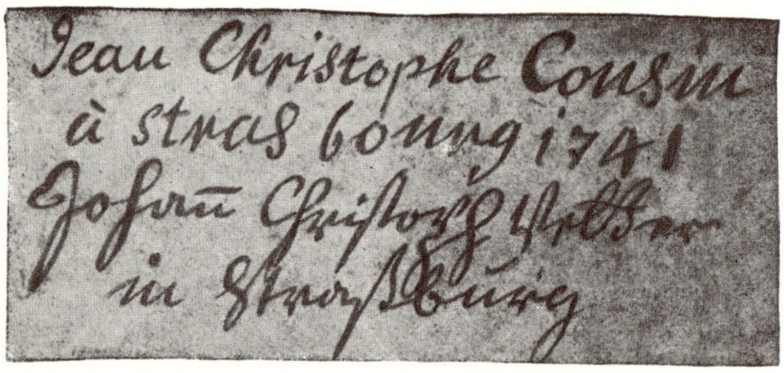

C—D

Jean Christophe Cousin
à strasbourg 1741
Johann Christoph Weber
in Strassburg

56

Johannes Cuypers,
Fecit 's Hage Aº 1769

57

JOSEPH DALL'AGLIO FECIT
Mantuæ anno 1800.

58

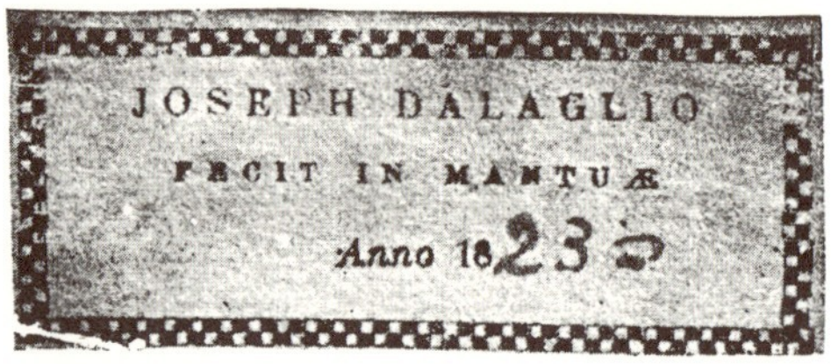

JOSEPH DALAGLIO
FECIT IN MANTUÆ
Anno 1823

59

JOSEPH DALL'AGLIO FECIT
Mantuæ anno 1814

60

JOSEPH DALAGLIO
FECIT IN MANTUA

61

N. Darche luthier
à Aix la Chapelle.
1846

62

MICHÆLE DECONET
FECIT PADUE AN.º 1772.

63

michele deconet fecit
venetiis anno 1742

64

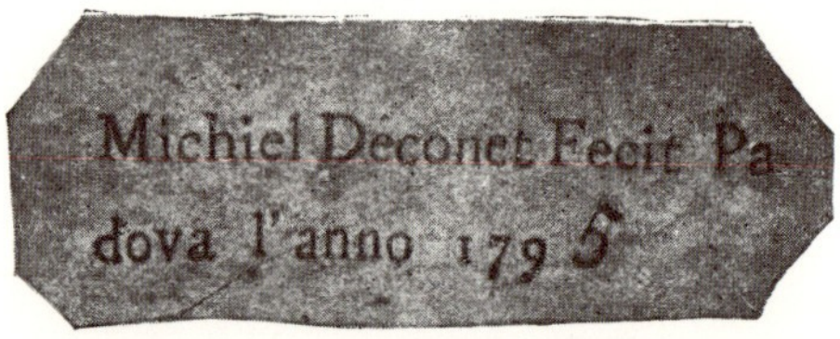

Michiel Deconet Fecit Pa
dova l'anno 1795

65

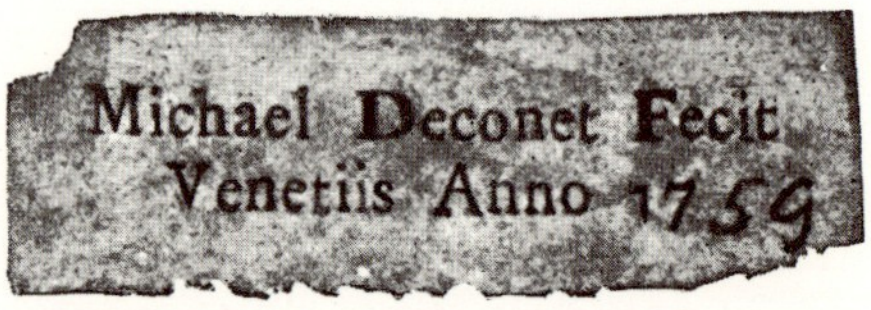

Michael Deconet Fecit
Venetiis Anno 1759

66

P. Paulus Defideri
Fecit Ripæ 1794

67

Tafel 6

D

68

69

70

71

72

73

74

75

76

77

78

79

Tafel 7

D—E

Victorin Draßegg
Instrumentenmacher
in Bregenz.
1805.

80

Ernst Dresler,
Instrumenten-Bauer
in Landeshut.

81

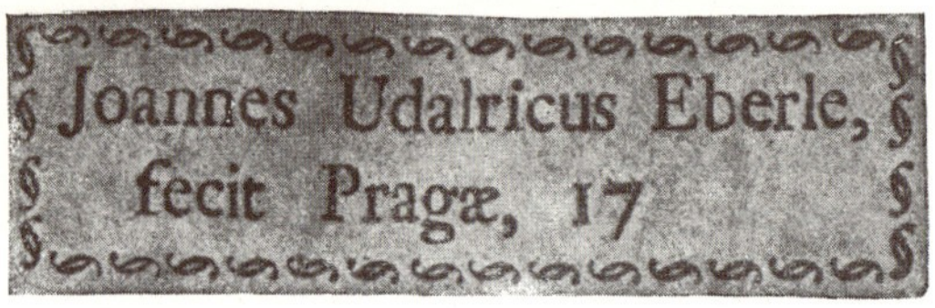

Joannes Udalricus Eberle,
fecit Pragæ, 17

82

Salis Ebentheur

83

Thomas Eberle
Fecit Neap. 1775

Gesù, e Maria.

84

THOMAS EDLINGER,

85

Johann Elemann, Violin- und
Lautenmacher in Augspurg. 18

86

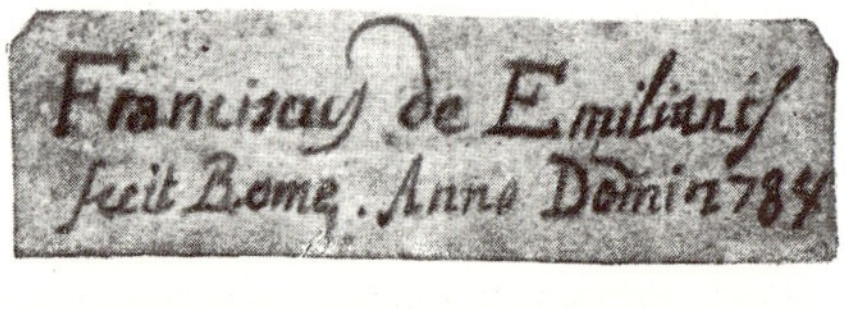

Franciscus de Emilianis
fecit Romæ. Anno Domini 1784

87

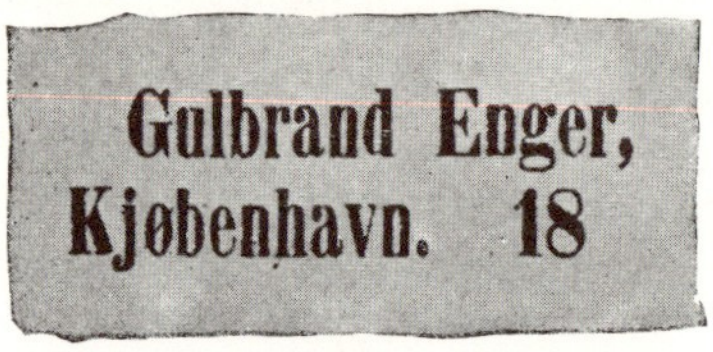

Gulbrand Enger,
Kjøbenhavn. 18

88

ANDREAS ENGLEDER,
fecit Monachii 18

89

Repareret af G. Enger
hos Kgl. Hof-Instrumentmager Th. Jacobsen brør
Sqvaldergaden 169 Kbhvn 1854

90

Christoph Entzensberger,
Lauten- und Geigenma-
chen in Füssen, 1756

91

Tafel 8

E—F

92

93

94

95

96

97 98

99 100

101 102

Tafel 9

F

103

104

105

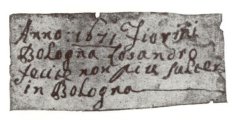

106

107

108

109

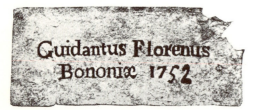

110

111

112

113

=== Tafel 10 ===

F—G

114
Johann Samuel Fritsche in Leipzig, 1795 zum Violon Cello gemacht.

115
Joh. Sam. Fritsche, Leipzig. 1794.

116
Johann Samuel Fritsche, in Leipzig, 1799.

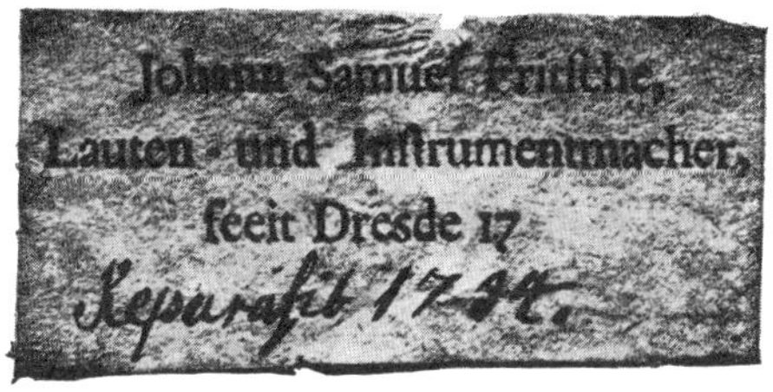

117
Johann Samuel Fritsche, Lauten- und Instrumentmacher, fecit Dresde 17 Reparabit 1794.

118
Johann Fritz Instrumentenmacher zu Innsbruck Anno 1825

119
Fritzsche, Kön. S. Hof-Instrumentmacher in Dresden, 1810 520 839

120
Joannes Baptista de Fabrichy Florentinus fecit 1739

121
Brødrene GADE Instrumentmagere Boendes i Borgergade No. 197 18 Kiøbenhavn 46

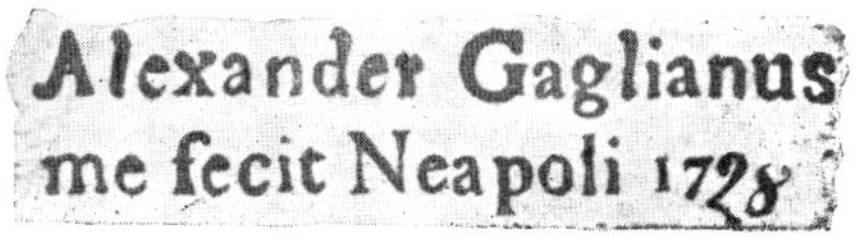

122
Alexander Gaglianus me fecit Neapoli 1728

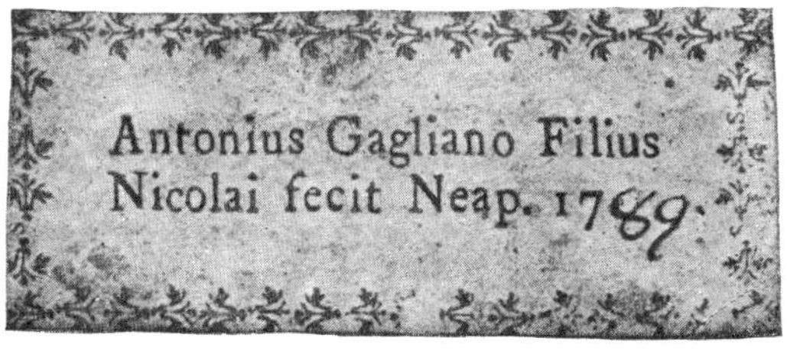

123
Antonius Gagliano Filius Nicolai fecit Neap. 1769.

124
Antonius Gagliano Nicolai filius fecit 1800

Tafel 11

G

125 — Ferdinandus Gagliano Filius Nicolai fecit Neap. 1774

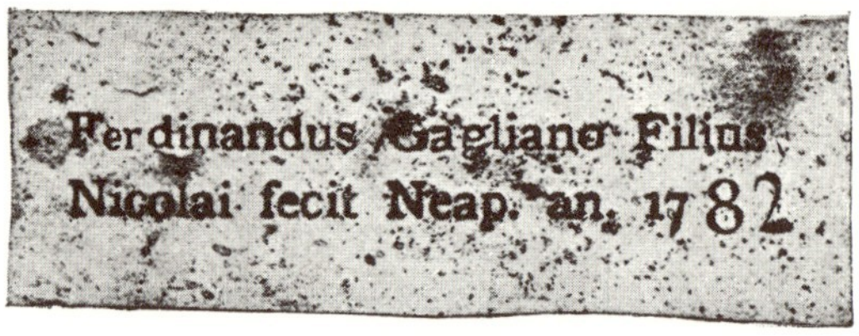

126 — Ferdinandus Gagliano Filius Nicolai fecit Neap. an. 1782

127 — Januarius Gaglianus Fecit Naapoli 1740

128 — Joannes Gagliano fecit sub Disciplina Januaris Gagliani Neapoli 1792

129 — Joseph Gagliano Filius Nicolai fecit Neap. 1768

130 — Giuseppe Gagliano di Nicola fece Napoli 1781

131 — Joseph & Antonius Gagliano Fec. Anno 17.. In Platea dicta Cerriglio

132 — Fabbrica di Violini, ed altri strumenti armonici dei Fratelli Giuseppe, ed Antonio Gagliano. Napoli 1815 Strada Cerriglio num. 37.

133 — I FRATELLI RAFFAELE, ED ANTONIO GAGLIANO FABBRICANTI e NEGOZIANTI Di Violini, Viole, Violoncelli, Contrabassi, e Corde armoniche Strada Sedile di S. Giuseppe n.° 17. prim

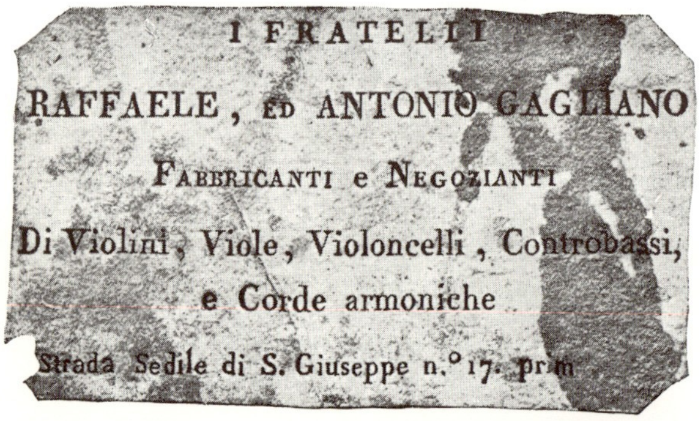

134 — RAFFAELE ED ANTONIO GAGLIANO Quondam Giovanni Napoli 18..

135 — RAFFAELE ED ANTONIO GAGLIANO Quondam Giovanni Napoli 1859

Tafel 12

G

136

137

138

139

140

141

Franciscus Geißenhof fecit.
Viennæ Anno 1805

142

Joannes Baptā: Ghirardi
fecit anno 1791. Venetijs

143

Julius Cæsar Gigli Romanus
Fecit Romæ Anno 1754

144

Johann Friedrich Glier,
erfunden von Jacob Steiner in
Apsam, probe oenipundum.

145

Johann Gottlieb Glier,
Fabrique in Neukirchen bey
Adorf im Voigtlande.

146

147

148

G

Antonius Gragnani fecit
Liburni Anno 1783

149

Ioannes Grancino fecit
Mediolani an. 1697

151

Onorato Gragniani
Figlio d' Antonio
Fatto in Livorno il 1796.

150

François Grewy
à
Paris.

152

153

GIUSEPPE GROSSI
Bologne, 18

154

corretto da Gaetano
Guadagnini. In Torino 1834

155

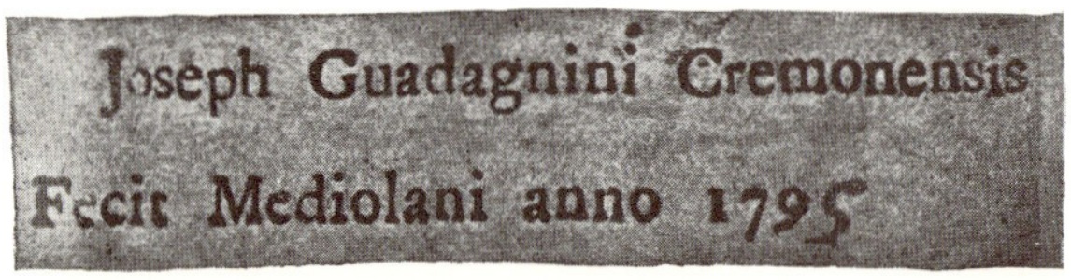

Joseph Guadagnini Cremonensis
Fecit Mediolani anno 1795

156

sub disciplina Andreę Guarnerij in elus ... S. Teresię, Cremonę 16

157

Marcus Huggemos in Füessen ... 17

158

Philippus Guarmandi Bononiensis
Fecit Anno

159

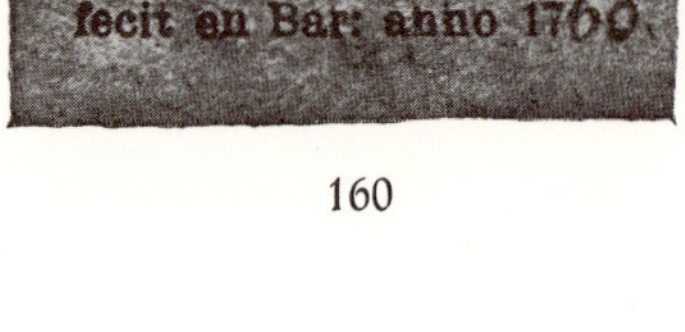

Joannes Guillami me
fecit en Bar: anno 1760

160

Tafel 14

G—H

161

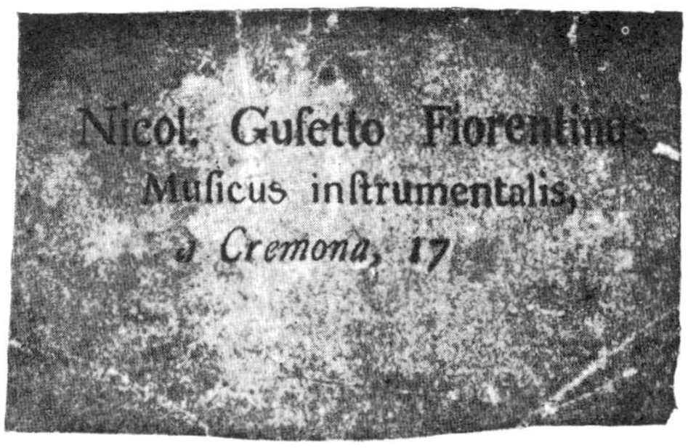

162

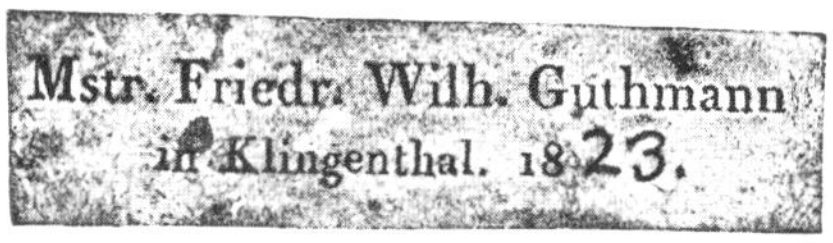

163

164

165

166

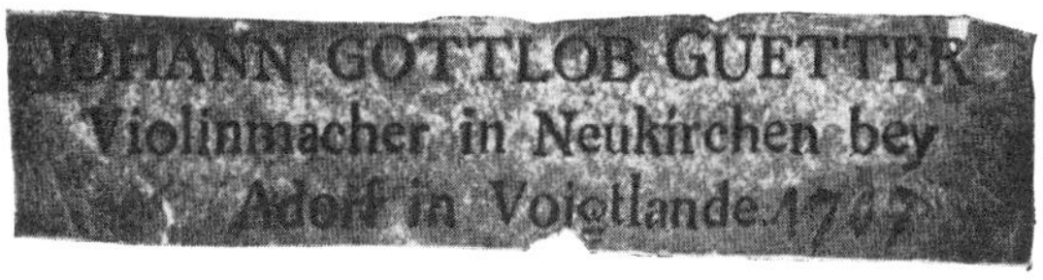

167

169

168

171

170

172   173

Tafel 15

H

174

175

176

177

178

179

180

181

182

183

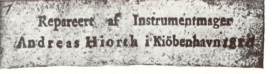

184

185

186

Tafel 16

H

Mathias Hofman
Meficit Antwerpen.
1746.

187

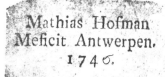

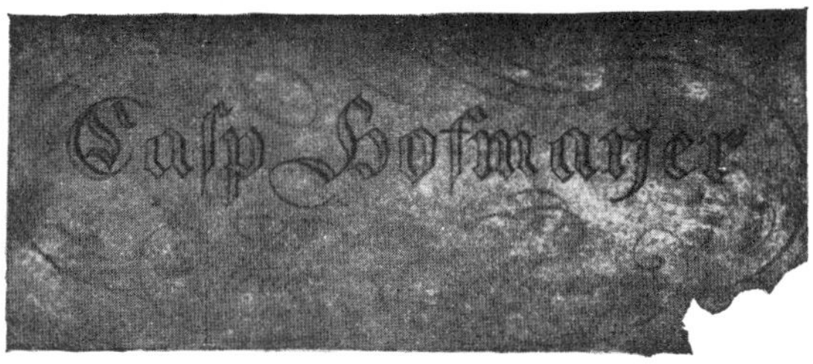

188

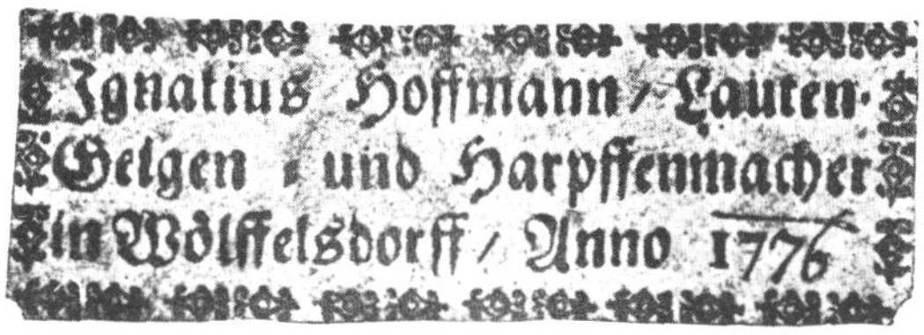

Ignatius Hoffmann, Lauten-
Geigen- und Harpffenmacher
in Wölffelsdorff, Anno 1776

189

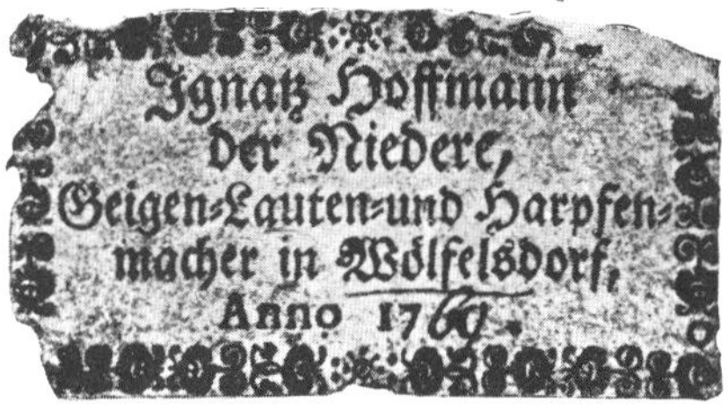

Ignatz Hoffmann
der Niedere,
Geigen-Lauten-und Harpfen-
macher in Wölfelsdorf,
Anno 1760

190

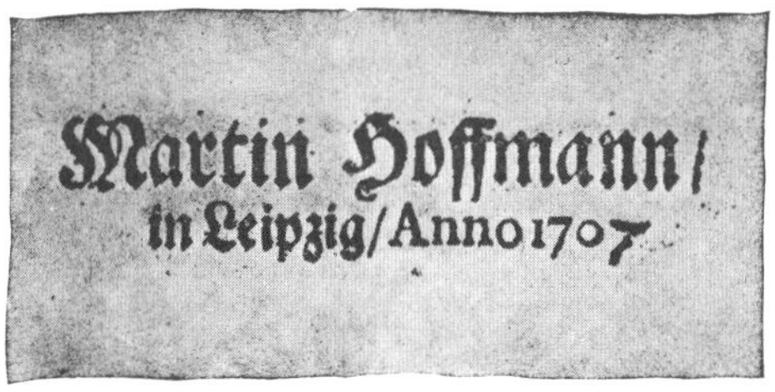

Martin Hoffmann,
in Leipzig, Anno 1707

191

192

194

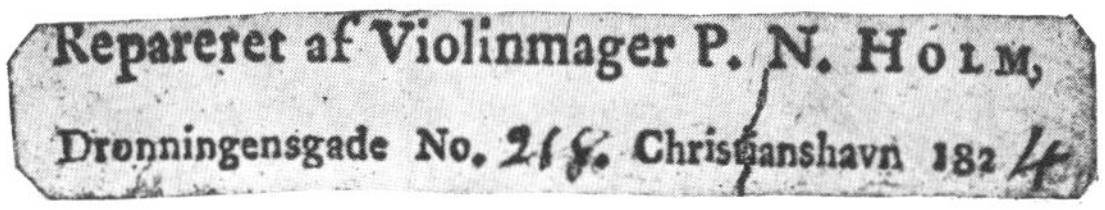

Repareret af Violinmager P. N. HOLM,
Dronningensgade No. 21 f. Christianshavn 1824

193

195

196

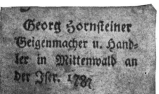

Georg Hornsteiner
Geigenmacher u. Händ-
ler in Mittenwald an
der Iser. 1787

197

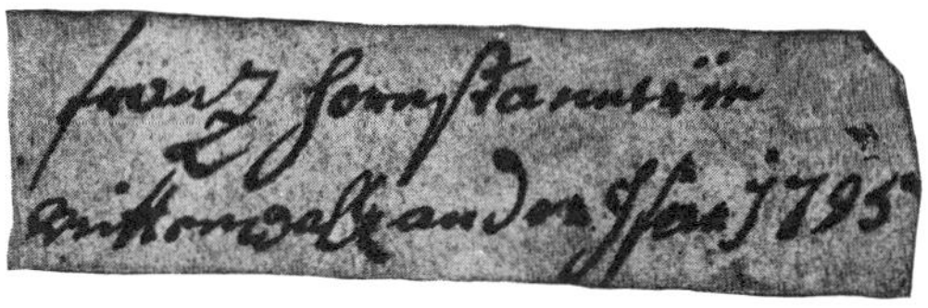

franz Hornstainer in
mittenwald an der Iser 1795

198

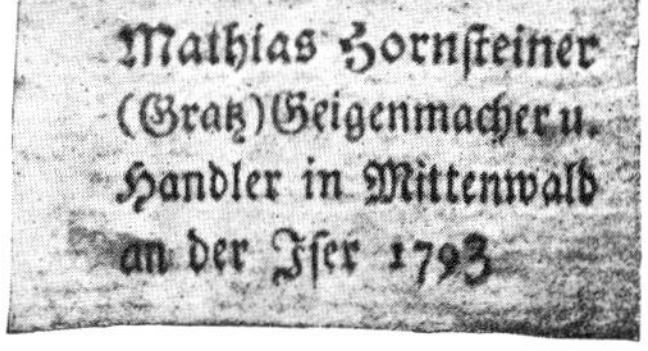

Mathias Hornsteiner
(Gratz) Geigenmacher u.
Handler in Mittenwald
an der Iser 1793

199

Tafel 17

H—I

200

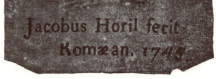

201

202

203

204

205 206

207 208

209 210

211

212

Tafel 18

J—K

213

214

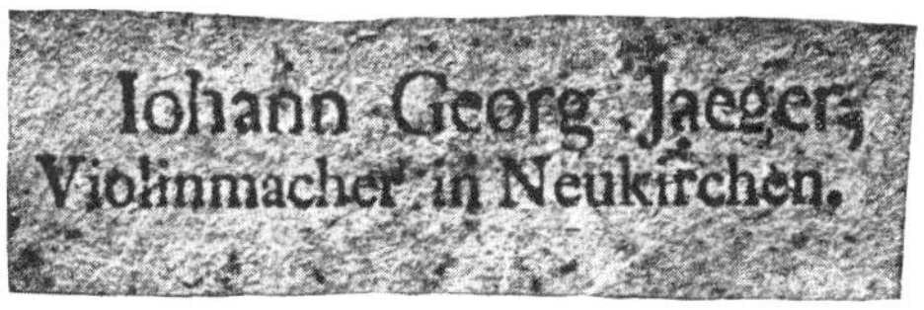

Iohann Georg Jaeger, Violinmacher in Neukirchen.

215

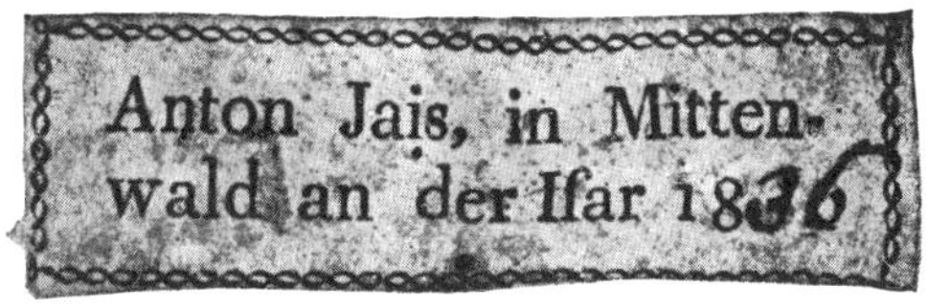

Anton Jais, in Mitten-
wald an der Isar 1836

216

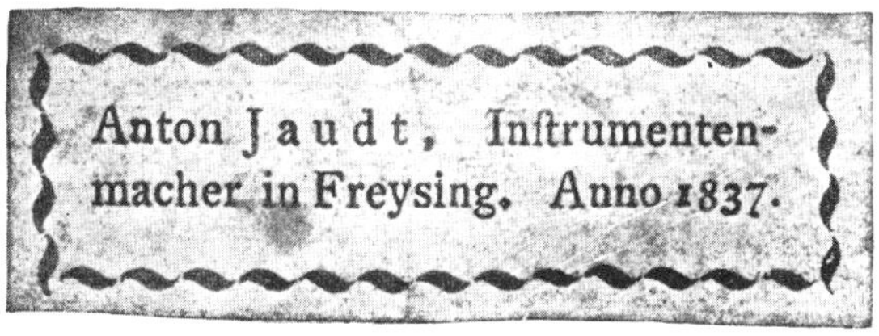

Anton Jaudt, Instrumenten-
macher in Freysing. Anno 1837.

217

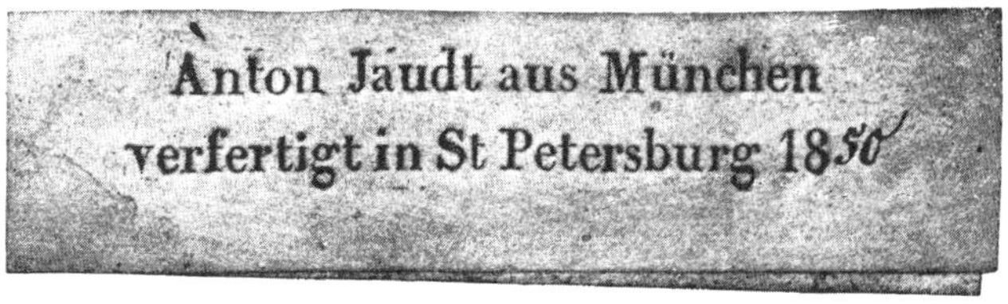

Anton Jaudt aus München
verfertigt in St Petersburg 1850

218

219

220

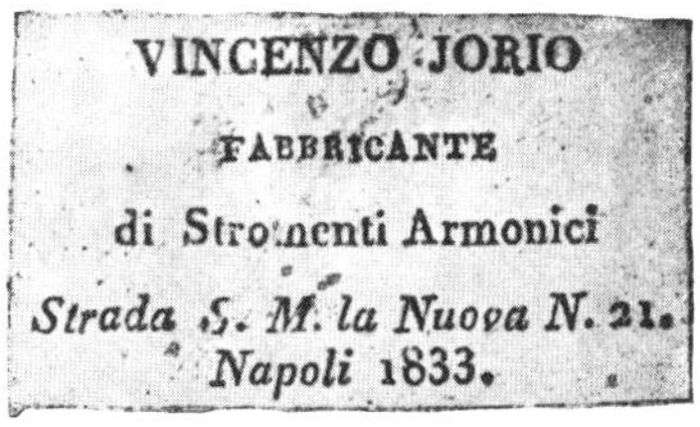

VINCENZO JORIO
FABBRICANTE
di Stromenti Armonici
Strada S. M. la Nuova N. 21.
Napoli 1833.

221

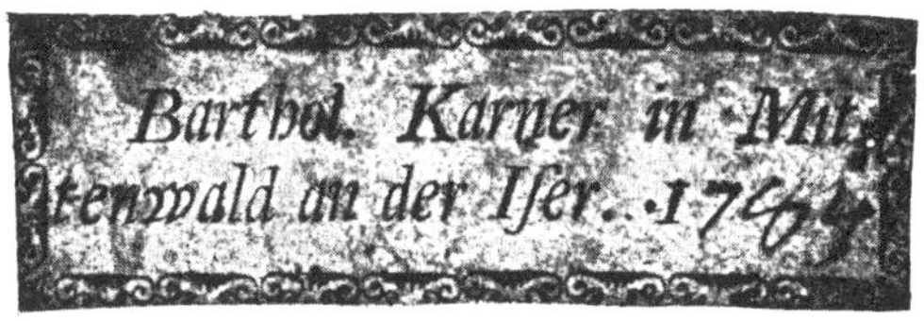

Barthol. Karner in Mit-
tenwald an der Iser. 1764

222

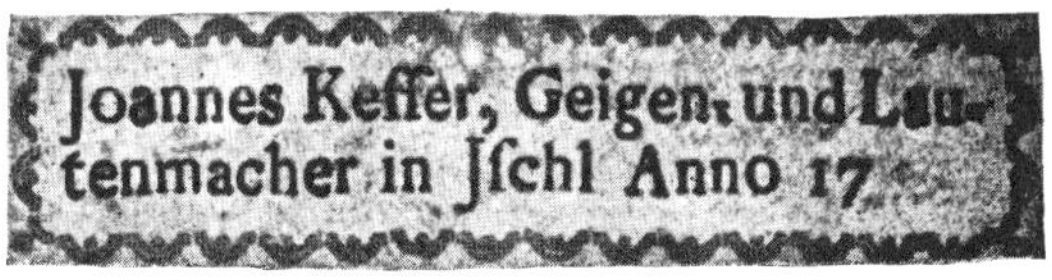

Joannes Keffer, Geigen- und Lau-
tenmacher in Jschl Anno 17

223

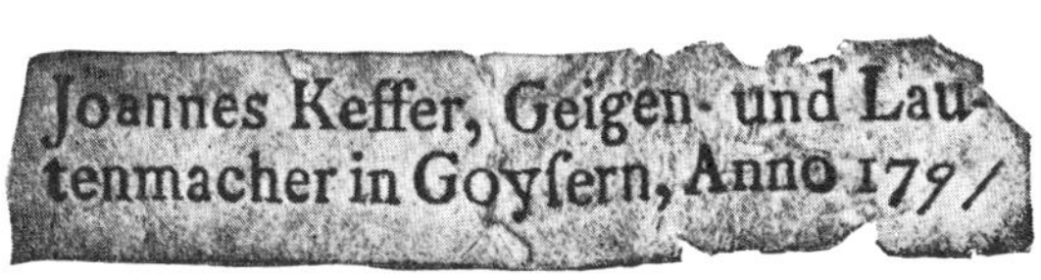

Joannes Keffer, Geigen- und Lau-
tenmacher in Goysern, Anno 1791

224

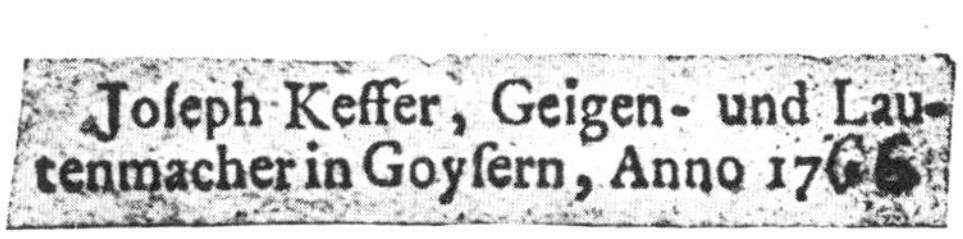

Joseph Keffer, Geigen- und Lau-
tenmacher in Goysern, Anno 1766

225

Tafel 19

1834

226

Andreas Kempter, Lauthen- und
Geigenmacher in Dillingen. 1758

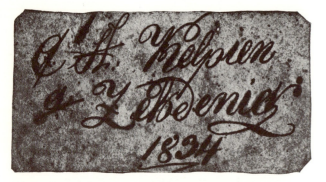

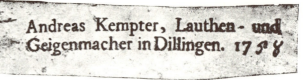

227

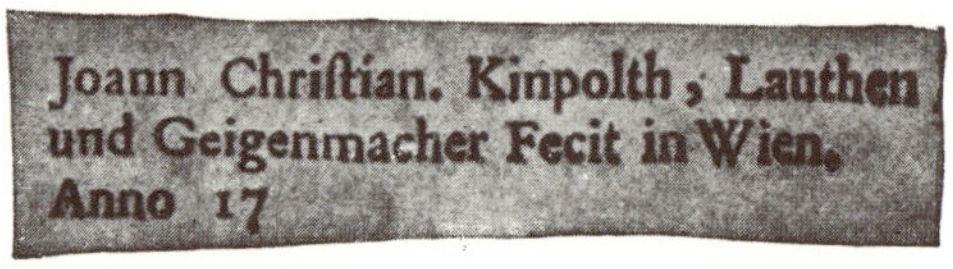

Joann Christian. Kinpolth, Lauthen
und Geigenmacher Fecit in Wien.
Anno 17

228

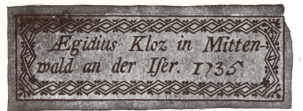

Ægidius Kloz in Mitten-
wald an der Iser. 1735

229

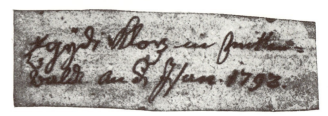

230

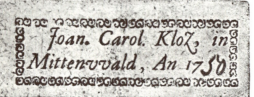

Joan. Carol. Kloz, in
Mittenvvald, An 1750

231

J Joseph Kloz in Mittenwald
an der Isar ao: 1795

232

Joseph Kloz Senior
in Mittenwald 1807 N: 308

233

234

Mathias Khloz Lautenmacher
in Mittenwaldt Anno 17

235

Mathias Knilling geigenmacher
in Mittenwald an der Iser 1837

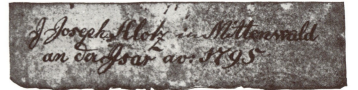

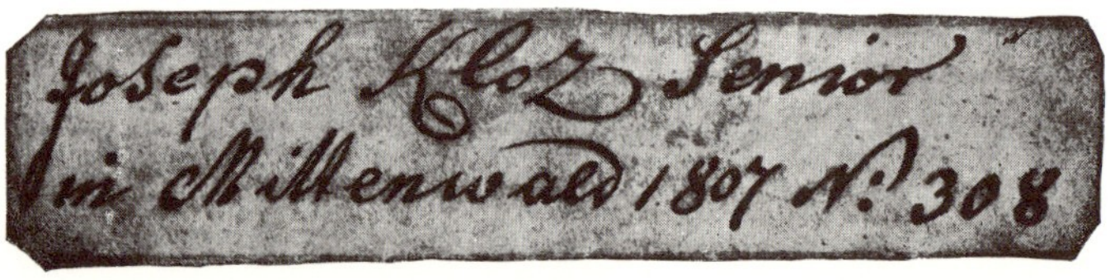

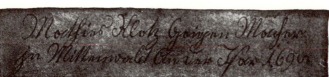

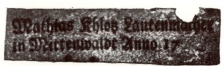

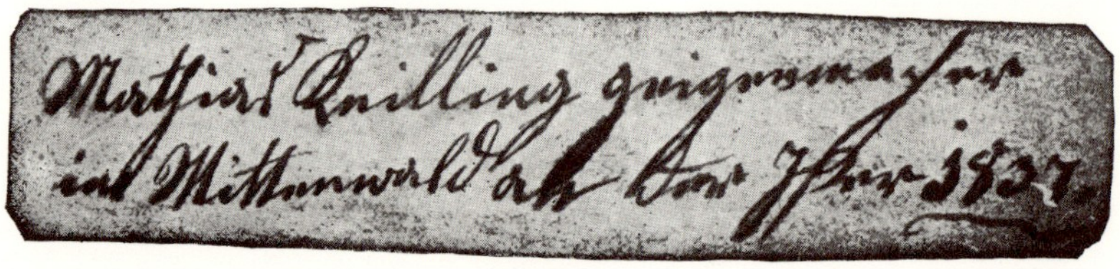

236

Tafel 20

K—L

237 Joseph Knitl, Lauten- und Geigenmacher in Mittenwald an der Isar. An. 1784

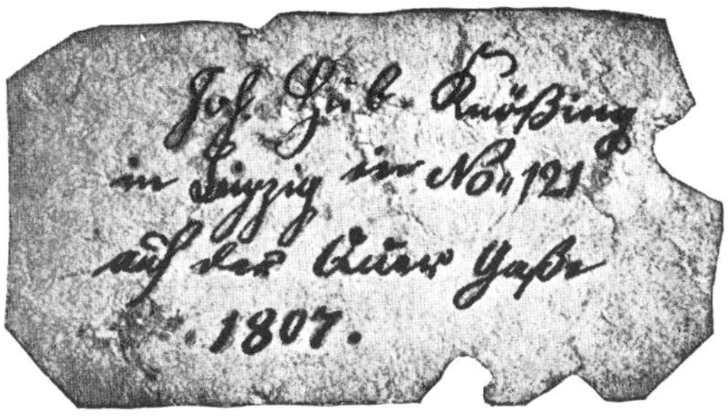

238 Joh. Gottl. Rüßing in Leipzig in No. 121 auf der Auer Gasse 1807.

239 Johann Valentin Köllmer, Violin- und Instrumentenmacher in Crawinkel. 1800

240 Peter Köpff, Lauten macher in München Anno 1652

241 Ferdinandus Andreas Kosler Ratisbonæ. Anno 17..

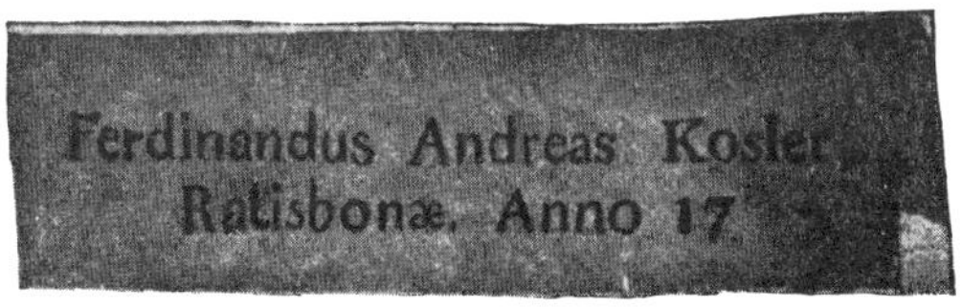

242 Jacobus Kostrzewski reparavit Leopoli, Die 20. Aug. Anno 1780.

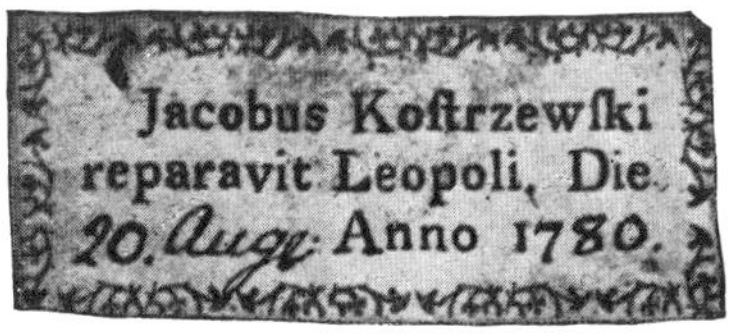

243 Heinrich Kramer, Lauten und Geigenmacher in Wienn. 17..

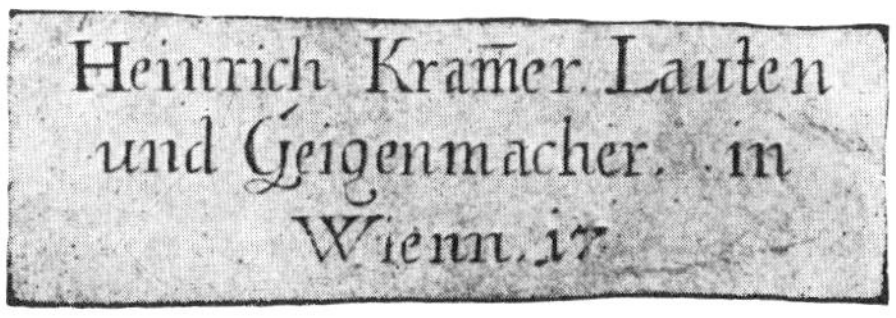

244 Georg Adam Krausch Geiger und Lautenmacher in Wien 18..

245 Johann Adam Kretzschmann, Violinmacher in Neukirchen. 17..

246 Simon Kriner, Geigenmacher in Mittenwald an der Isar. 1820

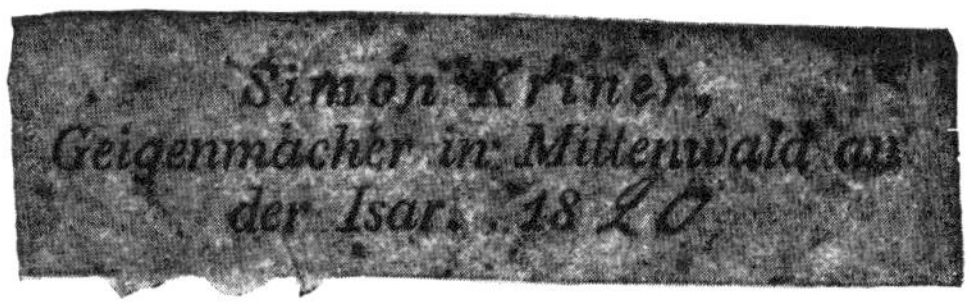

247 Johann Künzl, Instrumentenmacher in Znaim. Anno 1864

248 J. Lafeber à Amsterdam 1805.

249 Louis Lagetto, Luthier rue de saints Peres, faubourg St. Germain a Paris 1724 a la ville de Cremone.

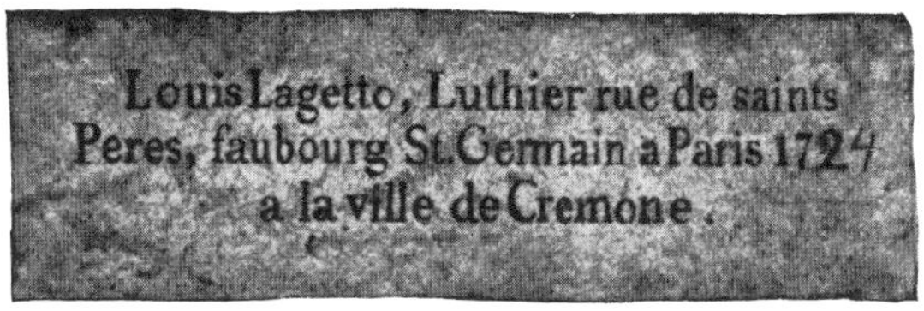

Tafel 21

L

250 — Carlo Ferdinando Landolfi in Milano 1750

251 — Revisto da Carlo Ferdinando Landolfi l'Anno 1788

252 — NICOLAUS LANGER Hof Lautenmacher in Mannheim 1811

253 — Ferdinand Lantner HOUSLAŘ V PRAZE r. 1848.

254 — Andreas Carolius Leeb Viennæ 1796

255 — Andreas Carolus Leeb fecit Viennæ 1813

256 — Joannes Georgius Leeb, fecit Posonii, 17..

257 — Johann Christoph Leidolff, Lauten- und Geigenmacher in Wienn, 17..

258 — Josephus Ferdinandus Leidolff fecit Viennæ, 17..

259 — Christoph Leißmiller in Krin bey Mittenwald

260 — Baptiste Lenoir, Strasbourg 1778

261 — John Frederick Lentz, fecit, No. 1, Lower Sloane Street, Chelsea. 1814

262 — FERDINANDO LEONI Parma. 18..

263 — J.ⁿ LÉTÉ, Luthier a Nantea 1834

Tafel 22

L—M

Eduard Lieves, Mechanicus und musicalischer Instrumentenmacher zu Königsberg in Preussen

264

Mathias Thir, Geigenmacher in Benedictbeyrn.

265

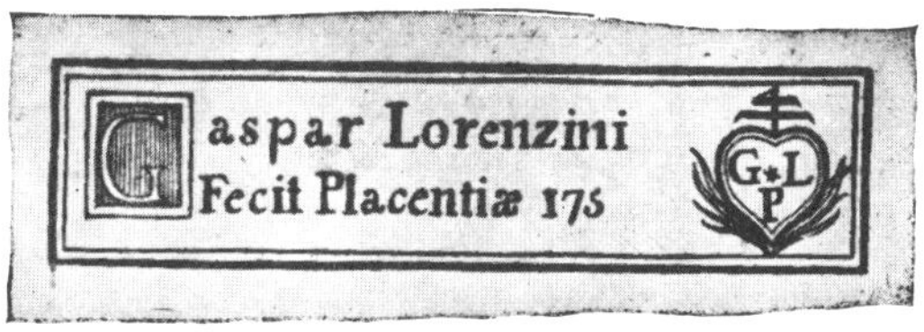

Gaspar Lorenzini Fecit Placentiæ 17s

266

J. F. LOTT, MAKER, LONDON.

267

Vincentius Lucarini Restavravit Faventiæ An. 1804

268

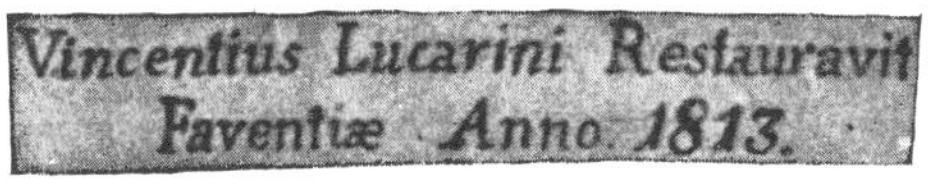

Vincentius Lucarini Restauravit Faventiæ Anno 1813.

269

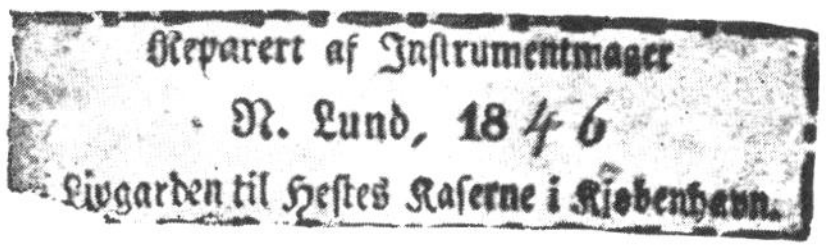

Reparert af Instrumentmager N. Lund, 1846 Livgarden til Hestes Kaserne i Kiøbenhavn.

270

Francesco Mantegazza nella Contrada di Santa Margarita in Milano l'anno 1787

271

Aloysi Marconcini Bologna fecit 1767

272

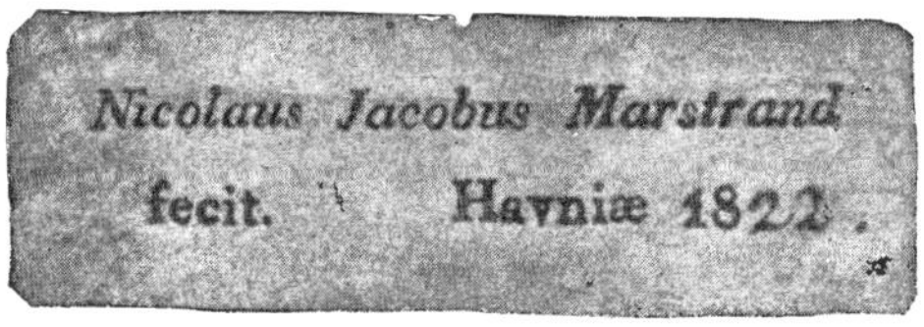

Nicolaus Jacobus Marstrand fecit. Havniæ 1822.

273

Giacomo Aless. Mastini Penna 1730

274

Juan Matabosch Fecit. Barcelona 1797.

275

Tafel 23

M

276

277

278

279

280

281

282

283

285

284

287

286

Tafel 24

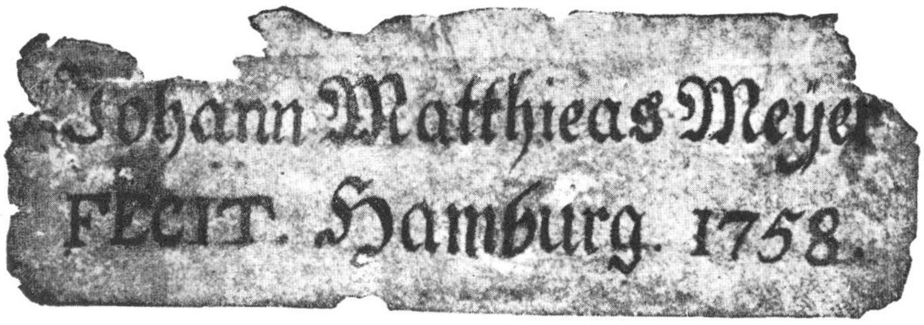

M—N

Johann Matthieas Meyer
FECIT. Hamburg. 1758.

288

289

290

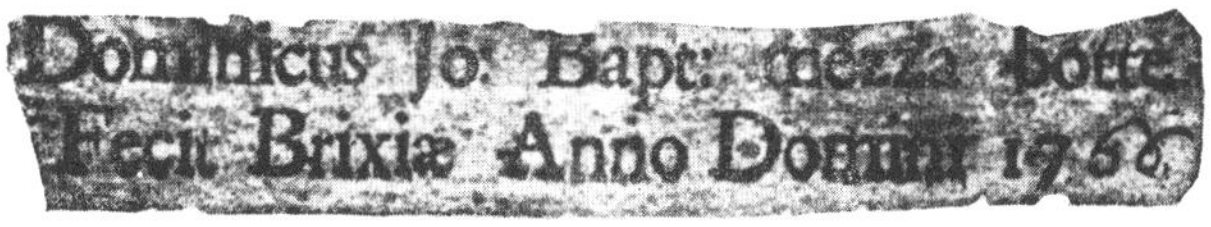

292

291

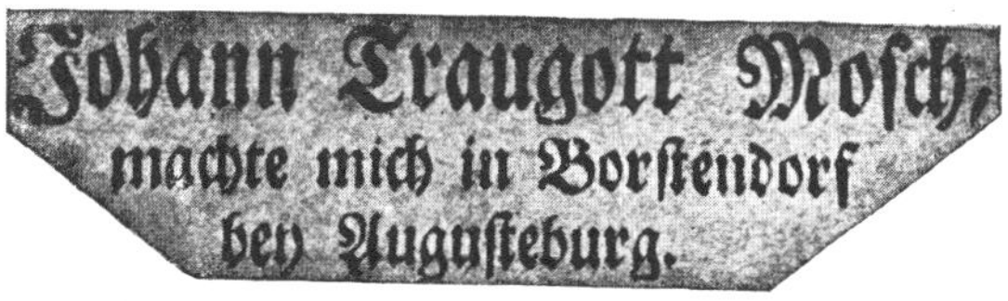

Johann Traugott Mosch,
machte mich in Borstendorf
bey Augusteburg.

293

294

295

296

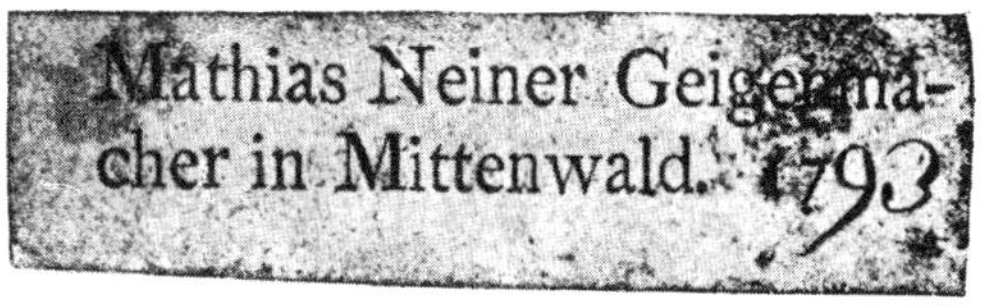

Mathias Neiner Geigenmacher in Mittenwald. 1793

297

Tafel 25

N—O—P

298

299

300

301

303

304

305 306

307

308 309

Tafel 26

P

310

Ildebrandus Pasius Restauravit
Faventiæ

311

312

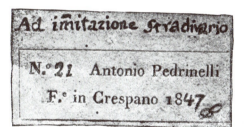

313

314

Ad imitazione Stradivario

N.º 21   Antonio Pedrinelli
F.° in Crespano 1847

315

316

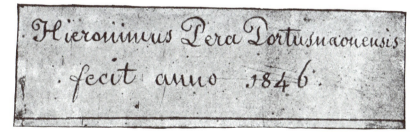

317

318

Joseph Petr Geigen- und Lauten-
macher in Goßern 17..

319

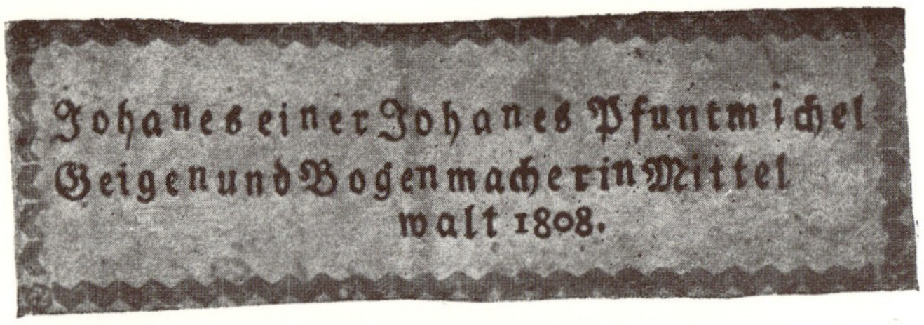

P

Johanes einer Johanes Pfuntmichel
Geigen und Bogenmacher in Mittel
wald 1808.

320

CLAUDE PIERRAY
proche la Comédie
A PARIS 17

321

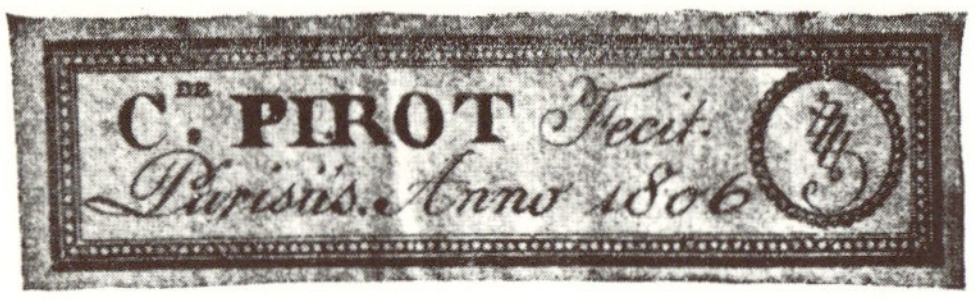

C.n PIROT Fecit
Parisiis. Anno 1806

322

323

324

325

Michael Poller Geigenmacher in
Mittenwald an der Jsar. An. 1803

326

ANTONY POSCH
KAŸ HOFF LAUTHEN
MACHER in WIEN A° 1733

327

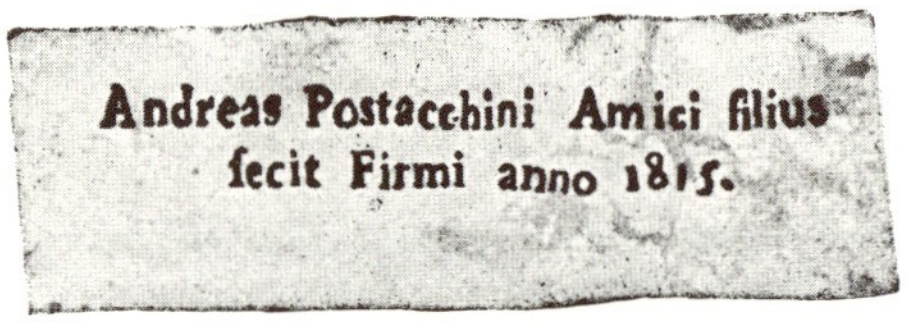

328

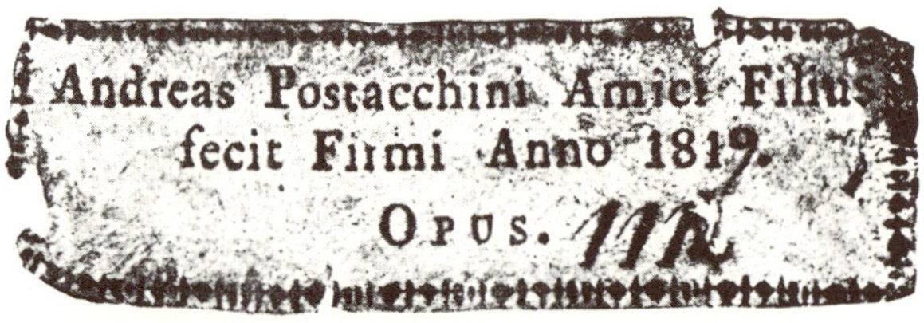

329

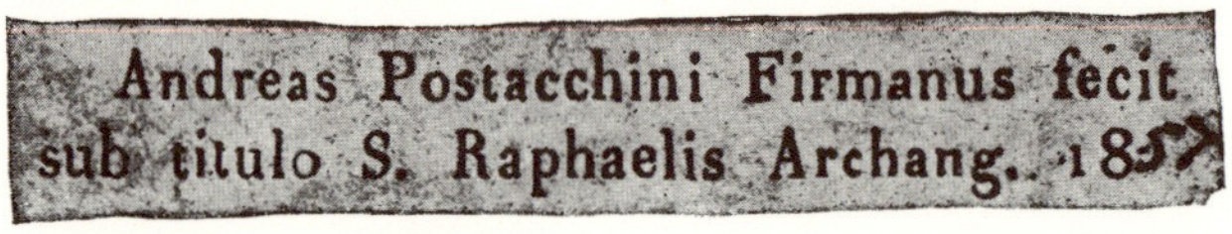

Andreas Postacchini Firmanus fecit
sub titulo S. Raphaelis Archang. 1857

330

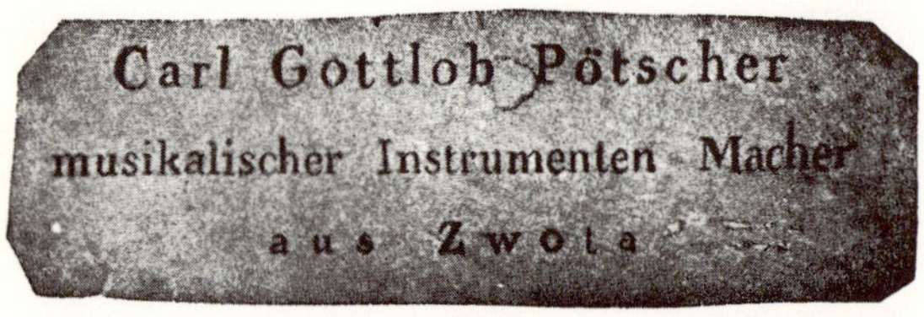

Carl Gottlob Pötscher
musikalischer Instrumenten Macher
aus Zwota

331

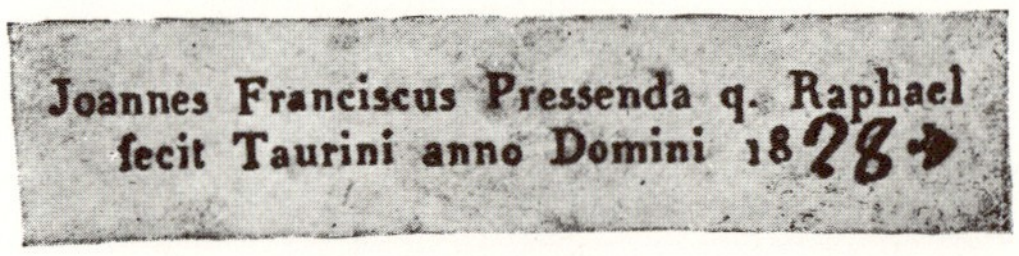

Joannes Franciscus Pressenda q. Raphael
fecit Taurini anno Domini 1828

332

Tafel 28

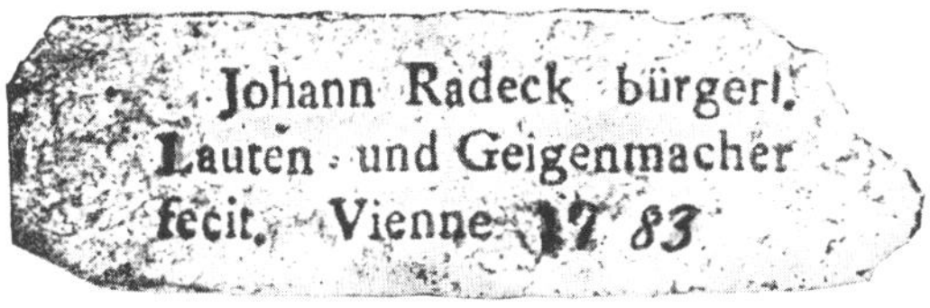

R

333 — Johann Radeck bürgerl. Lauten- und Geigenmacher fecit. Vienne 1783

334 — Giovanni Railich Lautaro in Padova

335 — Jacob Rauch Hoff-Lauten- und Geigenmacher in Mannheim. Anno 1756

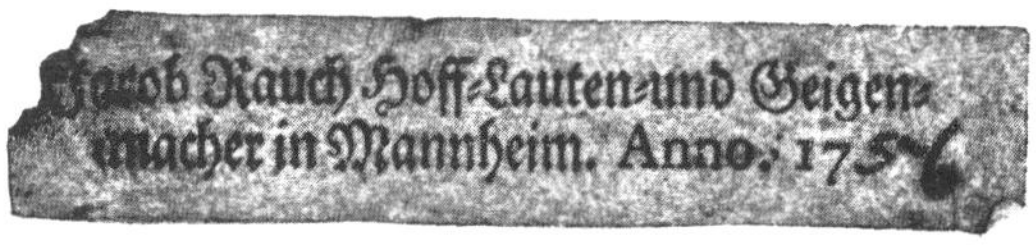

336 — Johannes Rauch, Lauten und Geigenmacher in Commothau 1731

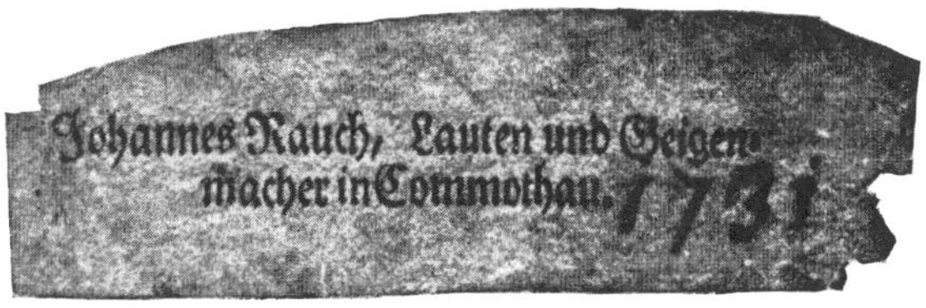

337 — Joseph Rauch Lauthen- und Geigenmacher in Commothau 1763

338 — Josephus Ranch me fecit Commotovii An. 1768

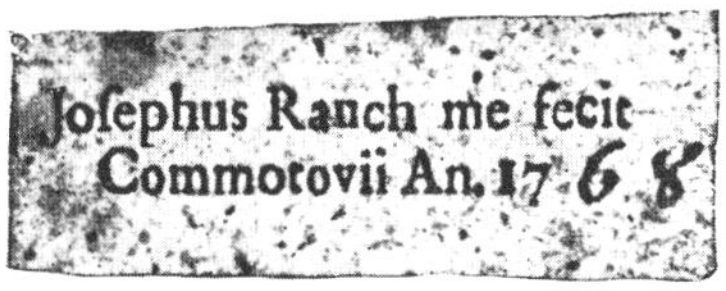

339 — Sebastian Rauch, Lauten- und Geigen-Macher in Leitmeritz 1768

340 — Sebastianus Rauch me fecit, Wratislaviæ 1759

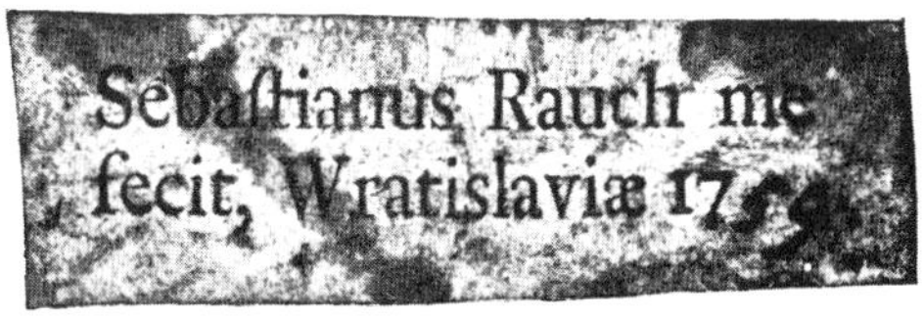

341 — Johann Adam Reichel musicalischer Instrumentenmacher in Neukirchen Ao. 1804

342 — Johann Adam Reigeld, Violinmacher in Neukirchen, Ao. 17..

343 — Aux Amateurs Renaudin Luthier; Fait toutes sortes d'Instruments rue St Honoré près l'Opera a Paris 1784

344 — Renault & Chatelain, rue de Braque, au coin de la rue Ste Avoye. A Paris, 1766

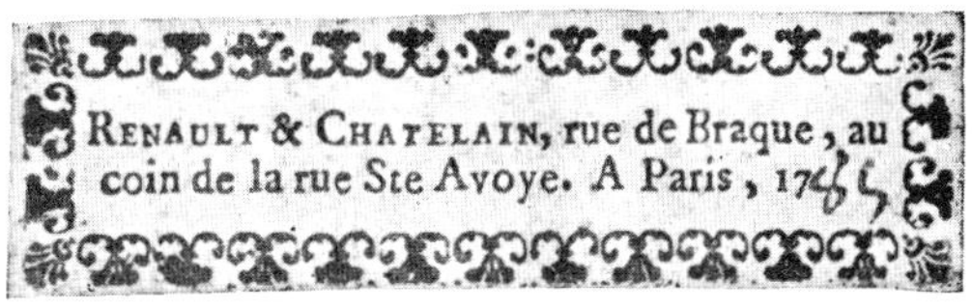

345 — Johann Riber Wien 1836

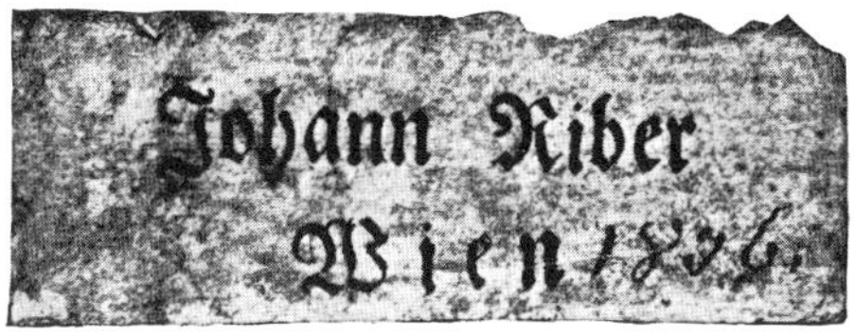

346 — Mathias Riedele lauthen und geigenMacher fecit Augustæ avvo 1783

Tafel 29

R

347

348

349

350

351

352

353

354

Tafel 30

R—S

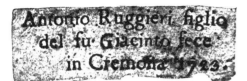

355 — Antonio Ruggieri, figlio del fu Giacinto, fece in Cremona 1723.

356 — Francesco Ruggieri detto il Per fece in Cremona l'anno 1675

357 — Wilhelm Rupprecht fecit Vinne.

358 — Gasparo da Salo.

359 — Giuseppe Salvadori in Pistoja 1863

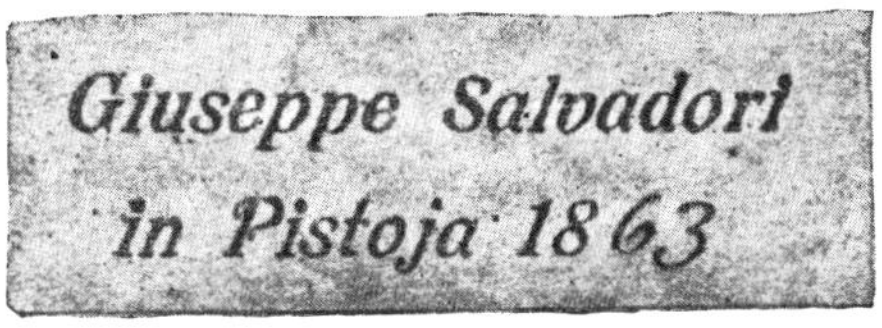

360 — JACINTUS SANTAGIULIANA FECIT VICETIAE Anno 1815

361 — Joseph Karl Sottler, Geigenmacher in Graßlitz.

362 — Anton Schændl, Geigenmacher in Mittenwald An. 1829

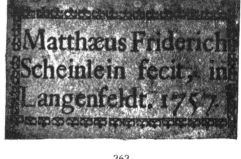

363 — Matthæus Friderich Scheinlein fecit in Langenfeldt. 1757

364 — Wilhelm Schlick, K. S. Kammermusikus, DRESDEN 1844

365 — Johann Cristian Schloßer, Violinmacher in Klingenthal.

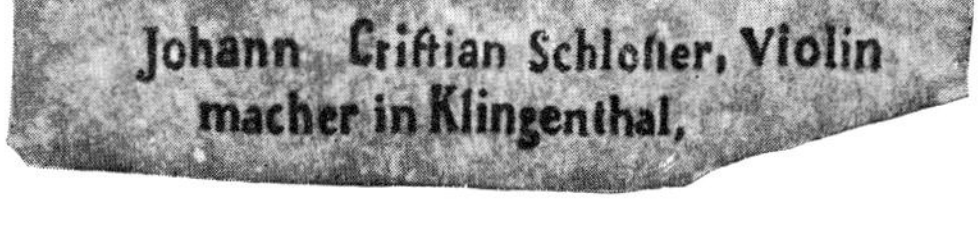

Tafel 31

S

Johann Georg Schloſſer, Violin-
macher in Klingenthal. 1702.

366

Carl Schneider, Violin-
macher in Klingenthal. 1777

367

Daniel Scholtz
Gukrau Ano 1789.

368

Johann Christian Schönfelder,
Violinmacher aus Markt Neukirchen

369

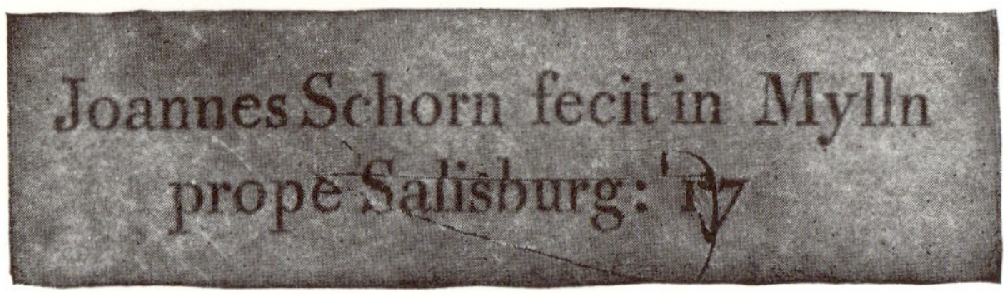

Joannes Schorn fecit in Mylln
prope Salisburg: 17

370

Joh: Gott: Schramm
Anno 1805 in Gotha

371

Joseph Schuster, musik. In-
strument Fabrik in Schönbach
bey Eger.

372

Leopold Schwaicher
Lauten und Geigenmacher in
Floridsdorf nächst Wien

373

Anton Schwarzmann, Musi-
kant und Geigenmacher in
Mitterwald in Tirol

374

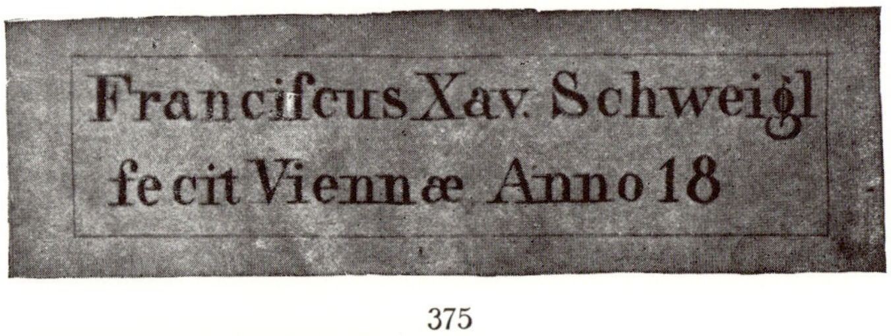

Franciscus Xav. Schweigl
fecit Viennæ Anno 18

375

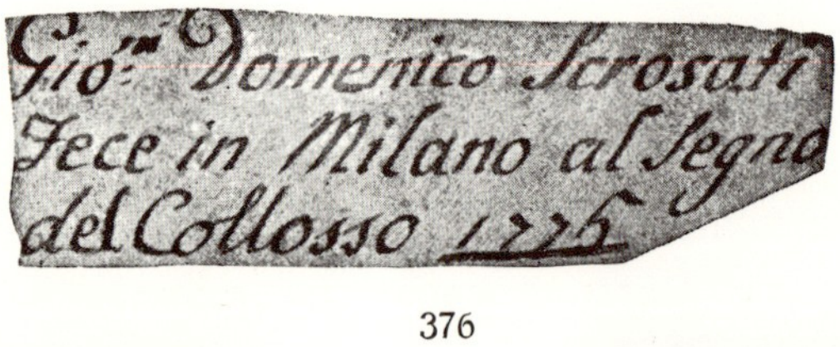

Gio: Domenico Scrosati
fece in Milano al segno
del Collosso 1725

376

Reparirt von Georg Seitz
in Bayreuth. 1843.

377

Johannes Seitz in
Mittenwald 1777

378

Tafel 32

S

379

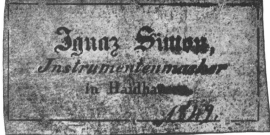

380

381

382

383

384

385

386

387

389 388

Tafel 33

390 Verfertigt von Mart. Steininger in Aschaffenburg. 1803.

391 Hinrich Frantz Sternberg fecit, Luneburg 1729

392 Laurentius Storioni fecit Cremonæ 1770.

393 Johan Stoß me fecit Pragæ Ano ...

394 MARTINUS STOSS fecit Kiennæ 1810

395 Georg Stoß neuer Lauten Geigen Macher in Augspurg ao 1718

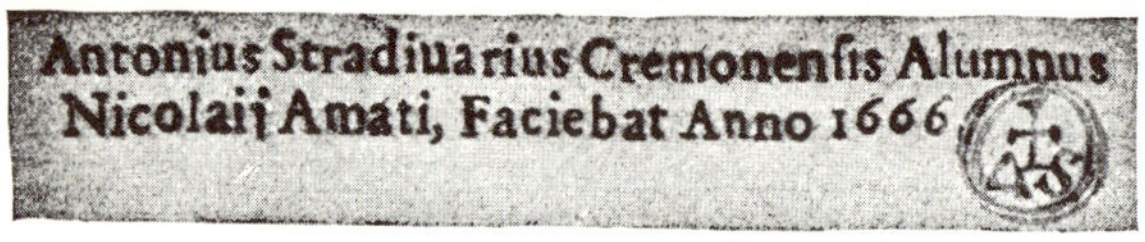

396 Antonius Stradiuarius Cremonensis Alumnus Nicolaij Amati, Faciebat Anno 1666

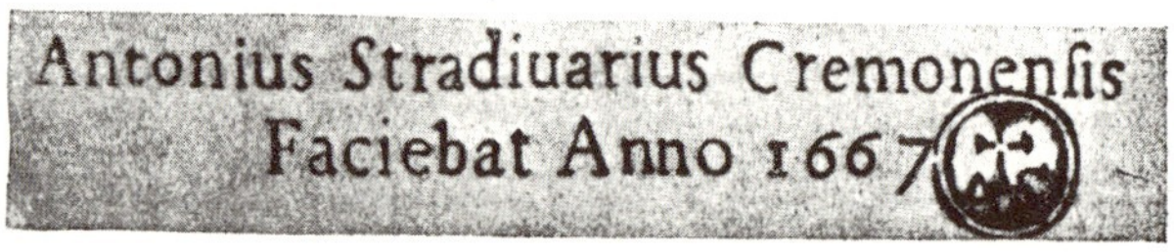

397 Antonius Stradiuarius Cremonensis Faciebat Anno 1667

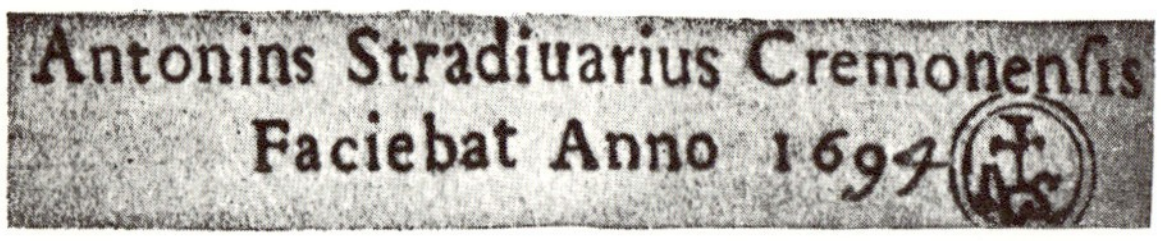

398 Antonius Stradiuarius Cremonensis Faciebat Anno 1694

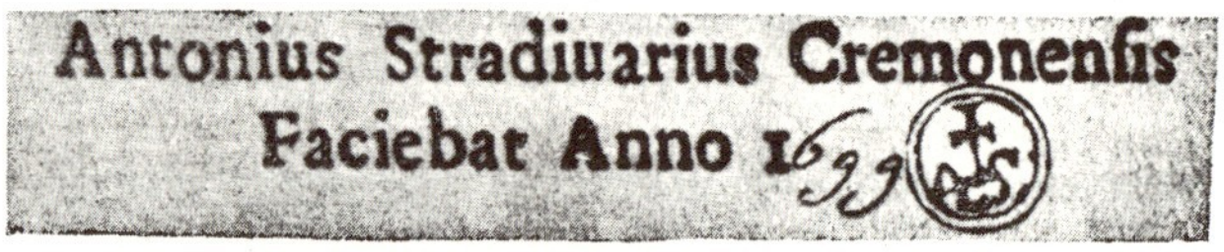

399 Antonius Stradiuarius Cremonensis Faciebat Anno 1699

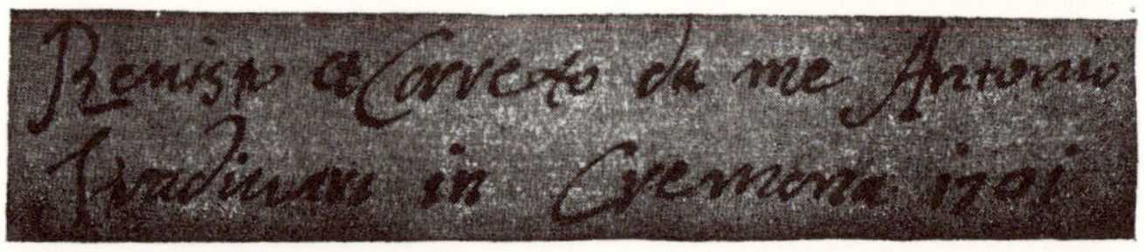

400 Revisto e Coretto da me Antonio Stradiuari in Cremona 1701

401 Antonius Stradivarius Cremonensis Faciebat Anno 1737 D'Anni 93

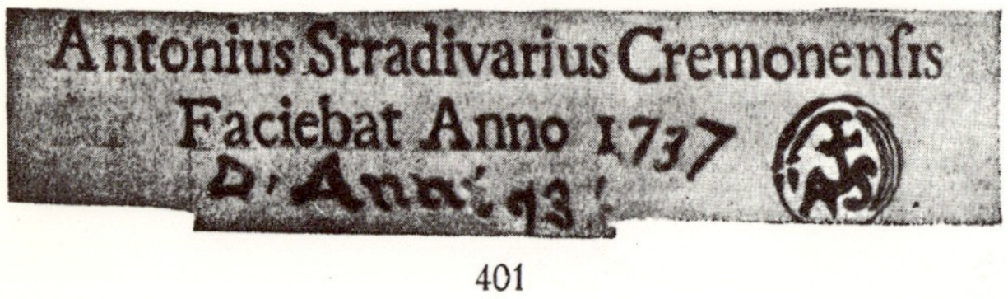

402 Sotto la Disciplina d'Antonio Stradiuari F. in Cremona 1737

Tafel 34

S—T

403 Joseph Straub; Geigenmacher bey Neustatt in Rothenbach. 1806

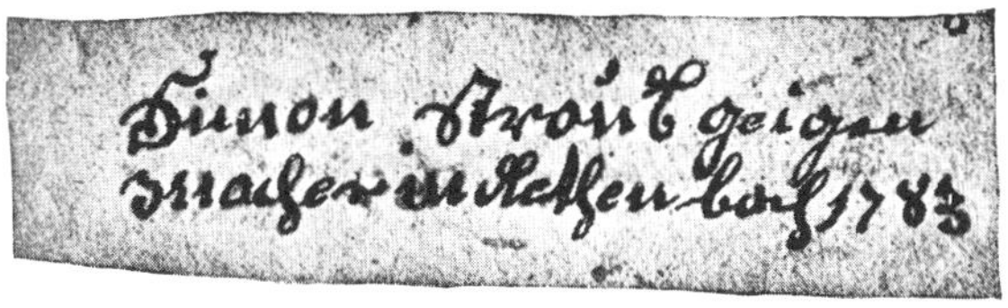

404 Simon Stroh Geigenmacher in Kaltenbach 1783

405 Tobias Ströbl, Geigenmacher in Crembs, 1726

406 Von mir Jos. von Tempis Znaim. 1805

407 Carlo Giuseppe Testore fecit in Contrada Larga di Milano al segno dell'aquila an. 1737

408 Carlo Giuseppe Testore in Contrada Larga di Milano al Segno dell'Aquila 1715

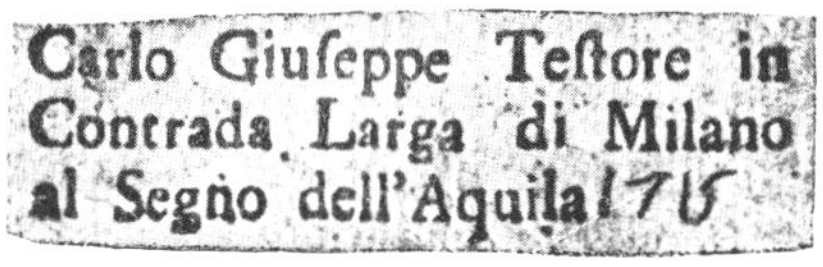

409 Antonius Thier filius; Mathias fecit Vienne, Anno 1812

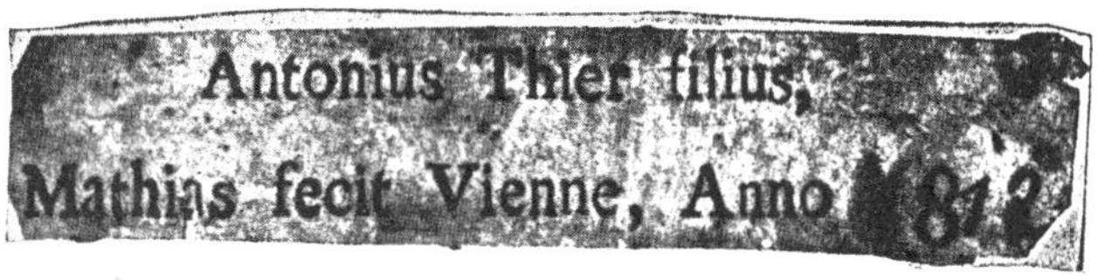

410 Johann Georg Thier, Lauten- und Geigenmacher in Wien. 1708.

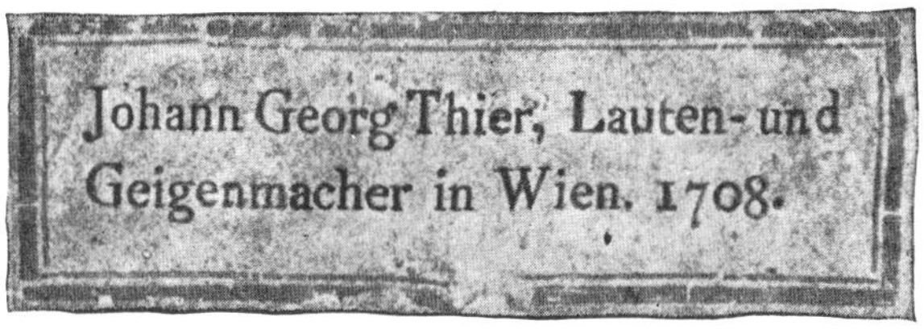

411 Mathias Thier fecit, Viennæ, Anno 1782.

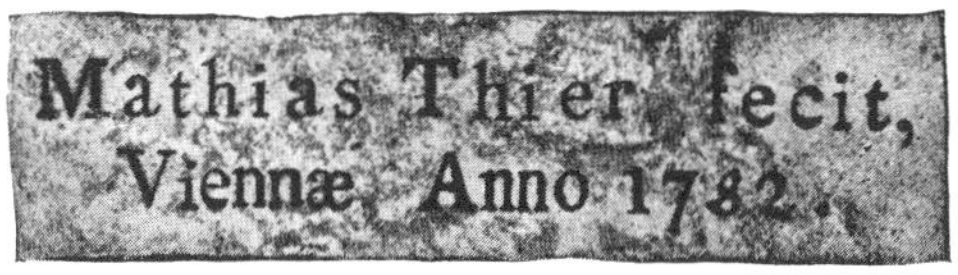

412 Mathias Thier, in Wien, Anno 1806.

413 Stephan Thumhart in Amberg 1850

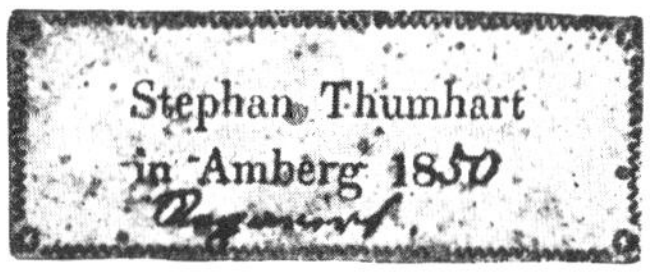

414 Stephan Thumhart Hofbürgl. Geigenmacher in München. Anno 1829

415 Fornito di me Carlo Tononi in Bologna in S. Mamolo all' Insegna di S. Cecilia. Anno 1715

Tafel 35

T—U—V

416

417

418

419

420

421

422

423

424

425

426   427

Tafel 36

V—W

428

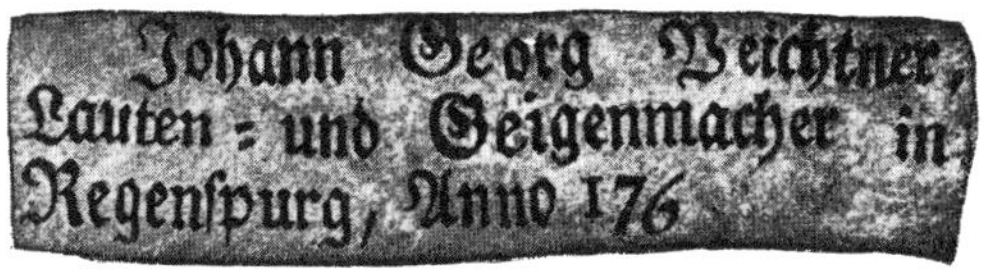

429

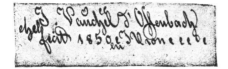

430

431

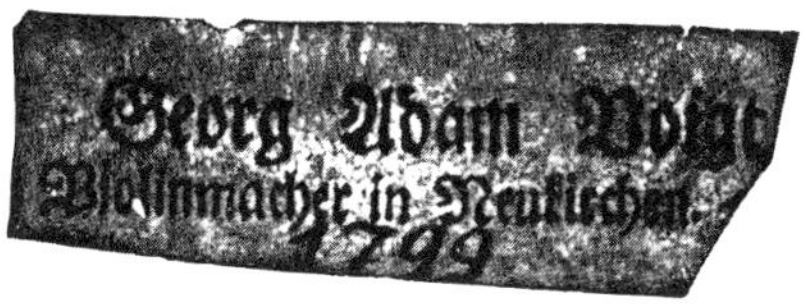

432

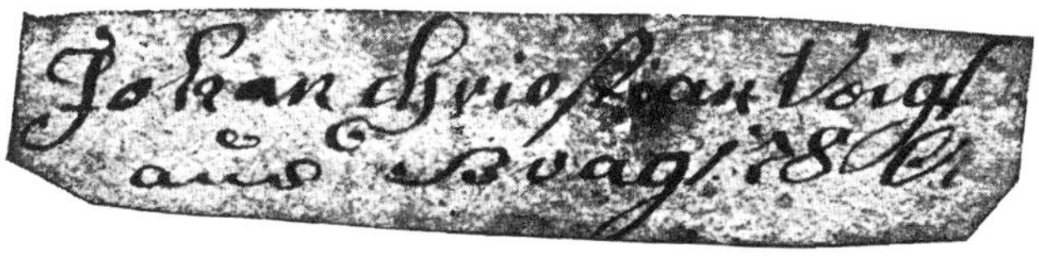

Johann Friedrich Voigt
aus Prag 1773

434

433

Michael Wanner
Geigenmacher
Mittenwald, Oberbayern.

435

Joseph Walfermann fecit
in Znaim 1787

436

Tafel 37

437

438

439

440

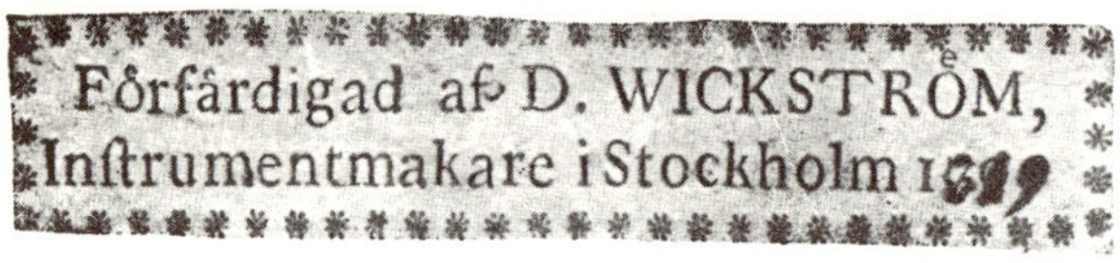

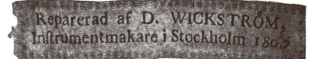

441   442

443

444

445

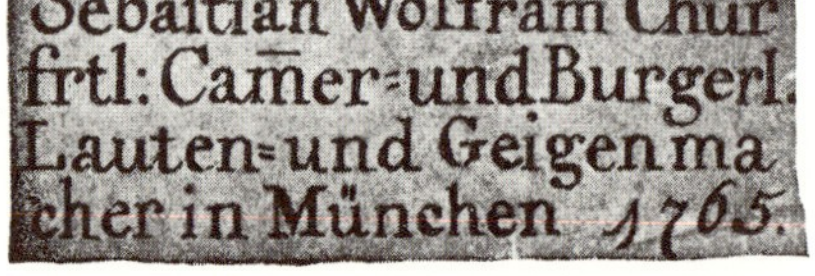

Sebastian Wolfram Chur
frtl: Camer- und Burgerl.
Lauten- und Geigenma
cher in München 1765.

446

447

448

Tafel 38

Z

449

450

451

452

453

454

455

456

457

Tafel 39

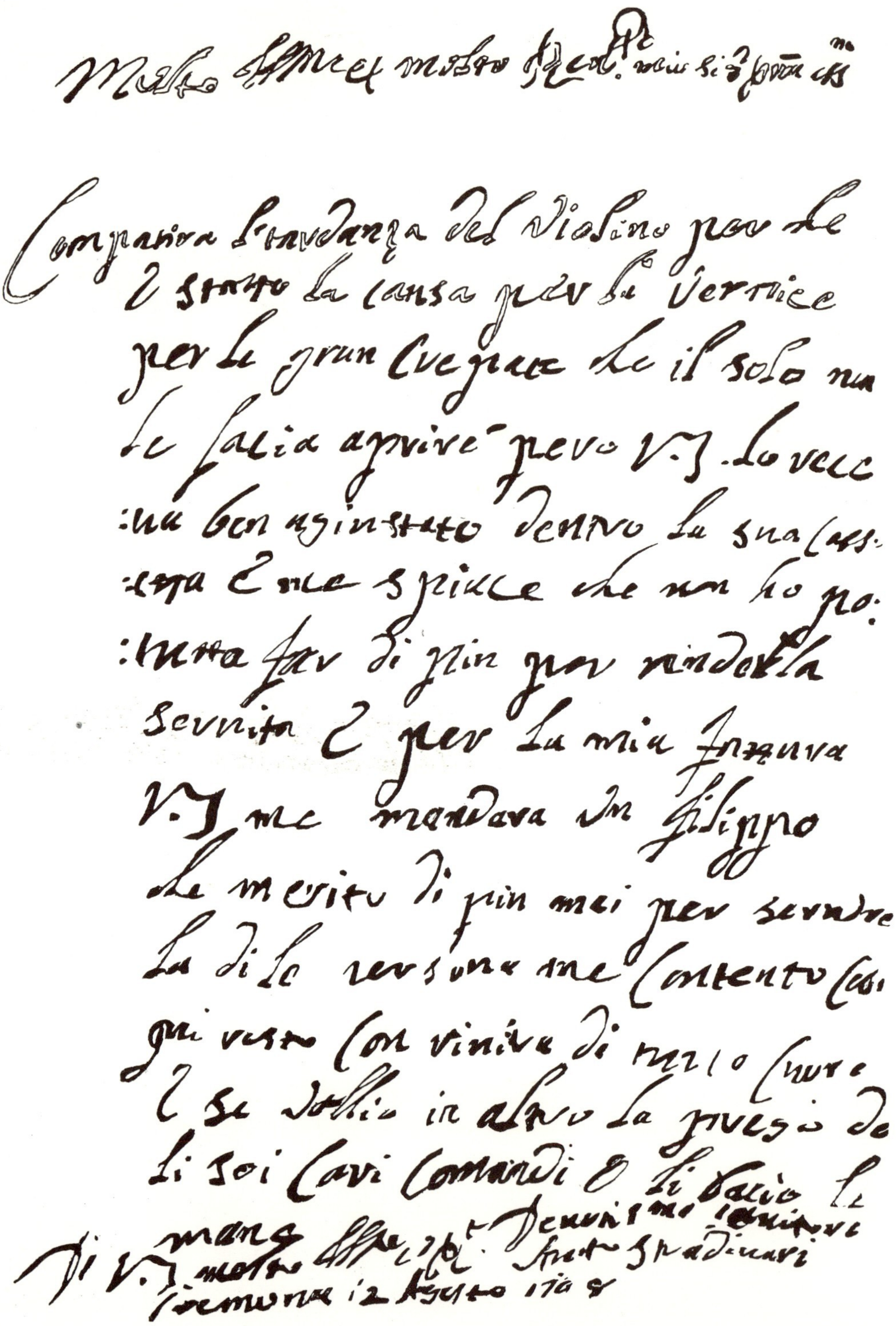

Facsimile eines Originalbriefes von Antonio Stradivari aus dem Jahre 1708.

Tafel 40